アウシュヴィッツ以後、正義とは誤謬である

アーレント判断論の社会学的省察

橋本摂子 著

東京大学出版会

After Auschwitz, Justice is Just a Fallacy:
A Sociological Reflection on Arendt's Theory of Judgment
Setsuko HASHIMOTO
University of Tokyo Press, 2024
ISBN 978-4-13-050211-5

アウシュヴィッツ以後、正義とは誤謬である

目　次

序　章　アーレント「純粋政治批判」を解読する――― 1

　　はじめに　1／テクストをめぐる磁場　5／カントから
　　アーレントへ　11／本書の構成　15

第1章　アーレント判断論をめぐって ――――――― 19

　　1　アーレント思想の受容と背景　19

　　2　判断論の成立と展開　27

　　3　「政治理論」への還元　32

第2章　ホロコーストと社会学的想像力 ―――――45

　　1　ファシズム、大衆、社会学　45

　　2　核心としての「絶滅収容所」　48

　　3　大衆社会論からの離脱　52

　　4　社会科学と「悪の凡庸さ」　56

　　5　全体主義と「事実」の位相　59

第3章　全体主義と道徳哲学――――――――――67

　　1　始まりの場所　67

　　2　アイヒマンの弁明　70

　　3　実践知と実践理性　79

　　4　第三帝国の定言命法　85

　　5　「行為」の公共性　88

　　6　思考放棄の先へ　94

第4章　廃墟からの公共性――――――――――――――――109

　　1　カント『判断力批判』の発見　109

　　2　共通感覚と伝達可能性　114

　　3　趣味判断から政治的判断へ　119

　　4　共通感覚の系譜　125

　　5　リアリティと共通感覚　133

　　6　純化の思考　139

第5章　排除の政治とその始源のアポリア――――――151

　　1　道徳哲学の誤謬　151

　　2　真理と生命の棄却　157

　　3　創設＝基礎づけの革命論　163

　　4　オートポイエティック・システムとしての政治／言論　168

　　5　複数性再考　176

補　論　真理をめぐるコミュニケーション―――――――193

　　1　正解のない判断論　193

　　2　美学化への抵抗　200

　　3　手すりなき思考から共同討議へ　204

　　4　「討議倫理」の迷走　215

　　5　純粋政治とは何か　221

終　章　不正を理解すること ——————————— 235

その視線の先へ　235 ／ 2011 年、福島から見えた風景
236 ／被ばくのリスク認識と住民の分断　240 ／「復興」
の理想と現実　244 ／ Never Again – But What?　248

文　　献　257

あとがき　269

人名索引　271

事項索引　273

序章

アーレント「純粋政治批判」を解読する

はじめに

　20世紀を生きたハンナ・アーレントのテクストを読み解き、その思考の強靭な一貫性を示すとともに、社会学知との共鳴を通じて、彼女の思考を「純粋政治批判（Kritik der reinen *Politik*）」として描き出す。もっとも簡潔にあらわすなら、本書の試みはこの一文に要約される。とはいえ、急いで注釈を入れておきたい。本書で目指したのは、社会学や社会理論の伝統的な問題構制に沿うよう、アーレントを──いかなる意味においても──恣意的に読みかえたり改変したり応用したりすることではない。あるいは、アーレントを通じてなにか社会学に資するような有益な知見をもたらそうという意図もない。ただ単純に、アーレントの残したテクスト群の有機的なつながりとその核心にあるものを、既存の社会学知の枠組みを用いて、それ自体において理解しようとする試みである。

　本書で示されるアーレント像は、もともと社会学との関連のなかで構想されたものではなかった。というより、私がアーレントの思考に社会学知との近接性を読み取るようになったのは、彼女の著作を読み始めてからすでに大分時間がたった後のことだった。社会学との接点について、それまでまったく考えが及ばなかったのは、私のアーレントへのそもそもの関心が学術的なものではなく、きわめて個人的かつありふれた恐怖の感覚に根ざしていたためである。特段めずらしくもない動機だが、それが何についての恐怖だったのかを改めて言葉にするのは難しい。やや乱暴にいえば、「閉鎖空間における思考喪失」に対する、漠然とした恐怖の感覚といえるかもしれない。閉ざされた場所、逃げ場

のない（と自ら思い込んだ）空間で人びとがしばしば陥るある種の麻痺状態、あるいは自分を取り巻く異様な状況への順応、受容、内面化——社会学では総じて「社会化」ともいわれる——と、その果てに生じる惨事のすべてを対象とする。それはどれほど小さな集団であっても、そこに人びとの集合があるかぎり起こりうる精神の腐食過程である。目に見える物理的な壁があるかないかもそれほどかかわりがない。かつて異様だったはずのものに慣れ、徐々に同化と正当化が進み、気付かないまま常軌を逸し、他者への強要と並行して〈外〉への想像力をなくしていく。見かけや規模にかかわらず、その奥に潜むものが同じである限り、すべては同一の事態である。

　私にとってナチスによる大量虐殺、通称ホロコーストは、端的にそうした事象が史上最大の規模で生じた一つの事例を意味している。ありふれた日常生活に埋まった些細な違和を史上類のない行政的大殺戮と地続きに並べるのは、本来許されざる矮小化なのかもしれない。しかしそれゆえにこそ、私には20世紀半ばに起きたこの出来事が、過去に起こった遠い災禍ではありえない。人間が他の人びとと共にある存在であるかぎり、その端緒は現在われわれがあたりまえに営んでいる日常生活のあらゆる場面に胚胎する。それらはホロコーストに教訓を求める巨大な言説群——権威主義、極右排外主義、左翼社会主義、カリスマ信奉のポピュリズムを含むその他諸々の国家（社会）体制批判から、官僚制の逆機能を憂う組織文化論、誇大妄想的な陰謀論、あるいは優生思想や生命倫理の道徳論議に至るまで——すべてを越えて、今ここで自分を脅かす、具体的で切実な恐怖の範型である。

　私から見えるアーレントとは、過去の誰よりもそうした恐怖に対峙した人であり、ゆえに彼女への関心はきわめて個人的な動機に基づいている。私はただ、その思考の軌跡をアリアドネの糸として、不快なものの侵食をはね返す思考の強度を支えるものは何なのか、という単純な問いに対する答えを見つけようとしたにすぎない。複雑に錯綜する膨大なテクストを徹底的に解体し、形式化し、断片をつないで再構成をかけた後に残る、彼女の思考の核のようなものを取り出してみたかった。たとえば、暗黙の前提に飲まれそうになったとき「それはおかしい」と口に出して言うことができる条件はなにか。支配も服従もしないと決めたときその抵抗の依って立つ根拠はなにか。私が本書のなかで、アーレ

ントに倣って公的（public）あるいは政治的（political）と呼ぶものは、その「なにか」にほかならない。それは第一に、正しさ／正しくなさの判断を支える思考の自立性の源泉を指している。「正しさ」というのはもっと単純に「まともさ」と言いかえてもいい。正義などという胡乱な言葉で語られる以前の、もう少しプリミティブでささやかな感覚のことである。

　要するに私は、アーレントについて考え始めた当初、ごく私的な欲望にしたがっていただけであり、自分の専門領域である社会学との近接性を明らかにしたいという意図は微塵も持ち合わせていなかった。にもかかわらず、本書での議論は、結局のところ「言論（コミュニケーション）とは何か」という——社会学においてはほぼ「社会とは何か」と問うに等しい——根源的な問いにまでさかのぼる事態となった。それはひとえにアーレントの思考のもつ広がりと深さゆえであり、本書の議論が社会学の文脈のどこかに位置づけられうるとすれば、それはあくまでも副次的かつ派生的な結果にすぎない——ただし、今では逆に、もし社会理論が単なる「規範」を超えた正しさについて語る資格をもつのならば、おそらくこういうやり方しかないのではないか、とも思っているのだが。

　ゆえに本書は、何よりもまず、善悪、正不正にかかわる判断力の理論として書かれている。ホロコーストをへた後の世界で、われわれがなお正しさを判断することはいかにして可能か。この問いの立脚地点は、たとえば今日の公共性——公益（public interest）や公共空間（public space）、公共圏（public sphere）など——のあり方を論じるその他の公共性論とは本質的に異なる。そのため、実のところ本書の中で「公的」あるいは「政治的」という言葉を使うこと自体に大きなためらいがあった。しかし公共性（Öffentlichkeit）とは本来、すべての人びとに開かれていること（open to the public）を意味する。ならば、公的な視点をもつこととは、根源的には閉ざされていないこと、つまり今いる場所の〈外〉と〈他〉に対する感覚を失わずにいることと同義ではないだろうか。その意味において、本書の問いはまぎれもなく公共性への問いとつながっている。

　このことは同時に、「なぜ今（なお）アーレントなのか」という問いに対する、私自身の答えにもかかわる。90年代以降、アーレントのテクストは世界的に

評価を得たが、私にとってのアーレントは、リベラル・デモクラシーの諸矛盾を超克する脱近代的な政治哲学の旗手でもなければ、多文化社会に光をもたらす市民的公共性の提唱者でもない。私にとっての彼女は、全体主義という、世界規模で人間の思考と言葉が徹底的に無意味化された暗い時代を生き延びた人びとの一人であり、常態化した狂気と暴力にまみれても自立した思考を保ち続けることがいかにして可能かを考え抜き、身をもって示した思索者である。それゆえに本書におけるアーレント読解は、既存の公共性論だけでなく、おそらく彼女の議論から特定の党派や立場とのかかわりを引き出そうとするどのような「政治的」読解とも相容れない特殊な位置を占めるだろう。

　しかし、意図と結果の乖離に関するこのような言い訳を挿みながらも、その実、私は自分のアーレント理解が彼女の思考の核心に近いことをかなり強く確信している。通常は政治思想家や政治哲学者に分類されるアーレントだが、その思考には明らかに、理想的な政治システムのあり方をデザインする企図が含まれていない。彼女の関心は、多くの読み手が期待するであろう、社会の全体主義化を未然に防ぐことのできる画期的な政治体制の考案にはなかった。むしろ彼女が目指したのは、全体主義支配の下で人びとから失われていったものが何であったのかを、その不在を通じて復元することである。その意味で、アーレントは決して政治哲学者ではなかったし、少なくとも「テロル」が「政治」とはいえないのと同程度に、彼女の洞察は通常の政治思想からも隔絶している。その眼差しがつねに全体主義支配そのものよりも、それをも可能にする「世界」の理解へと向けられていたことを踏まえれば、特定の政治的文脈に与する訓戒や警鐘、あるいはいかなる時代診断ともかかわりなく、アーレントはただ純粋な思索者として捉えられるべきではないか。

　もちろんこうした「判断」への裁定は、直接的には読者にゆだねられるほかない。ただしその妥当性を傍証する一つの状況証拠として、アーレント研究において長らくつづいているある種の混乱状態、つまり既存の政治理論の枠内にアーレントを配置しようとする試みのほとんどが一様に失敗しつづけているという状況を指摘したい。現状においてアーレントの思考は政治思想史上ほぼ分類不能な位置づけにある。詳細は次節以降に譲るが、そのもっとも単純な理由の一つは、アーレントの言う「政治」が、伝統的な政治体制のどの分類項に該

当するのかが判別できないことにある。議論の特異性ゆえにどのような政治的立場とも相容れない、あるいはテクストの過剰な多義性が一意の解釈を許さない、といった理由からではない。問題はむしろ、アーレントの政治概念があらゆる立場を受け入れてしまうところにある。なぜなら、彼女が「政治」と呼んだのは、全体主義支配を陰画とする反転像、つまり反 - 政治の極致である全体主義体制をさらに反転させた像であったためである。二重否定の後にあらわれるその括弧付きの〈政治〉は、過去あるいは未来における理想の統治モデルではありえず、むしろ「政治」という言葉に含まれる冗長性を極限まで削ぎ落とした果てに見出される、原政治とでも言うべきなにかであった。まるでオッカムの剃刀をふるうかのように、彼女が鋭く示すのは、政治についてのもっとも根源的かつ純粋な始源の像であり、同時にあらゆる政治が政治として成り立つための最小の絶対条件（sine qua non）でもある。したがって、どんな党派の政治的主張もそれが「政治的」であるかぎり、必然的にアーレントの原政治をその内に含む。しかし同時に、それらのいずれもが、アーレントの描く〈政治〉と完璧に一致することはない。そこにアーレント解釈をめぐる現状の混乱が生じているのではないか。

　結論の先取りになるが、私はこうした理解の外延上で、アーレントの思考を、政治理論であるよりも、カントを継承する政治批判として捉えている[1]。カントが、まず理性の限界を示すことによってその上に形而上学を打ち立てる土台を作ろうとした——結局土台のみで終わり、その上部が構築されることはなかったが——のと同様に、アーレントもまた、あらゆる政治の可能性の条件、つまり政治がいっさいの経験とかかわりなくア・プリオリに成立するための条件として〈政治〉を規定した。「政治とは何か」という彼女の問いは、おそらくその純粋性ゆえに、ある地点から、はからずも既存の「政治」という強固な枠を突き抜けて「言論（コミュニケーション）とは何か」という問いと重なっていく——以上が、本書においてアーレント思想を、あらゆる政治の可能性の条件の探求、つまり「純粋政治批判」として捉えることの理由である。

テクストをめぐる磁場

　したがって、本書に収められた一連の考察は、従来のアーレント論への圧倒

的な違和感を出発点とする。本書の見取り図を説明する前に、まずそうした違和感の所在、つまりアーレントのテクストをとりまく現況について簡単に概観したい。

90年代以降の再評価の高まりをへて、アーレントのテクストはいまや古典の一つに数えられる。政治的なもの、あるいは公共性のあり方をめぐってアーレントへの関心はなお広がりを増しているが、世界規模で膨大な論考が蓄積される一方で、包括的な視点からアーレント思想の全体像を解明しようとする試みはそれほど多くない。というより、アーレントのテクスト読解の変遷を語るときに、最初に目に付くのは、寄せられる関心の大きさに比して、奇妙なほどテクストそのものが正面から扱われないことである。政治思想史におけるアーレント受容の変遷は、意図的なものと意図せざるものとを含め、誤読、曲解、局所的な切り取りと流用、改変による断片化の歴史といっても過言ではない。そうした事態が生じる原因の一部は、思想家としての彼女の出自の特殊性に起因するテクスト自体の読みにくさだろう。周知のように、政治に対するアーレントの態度を決定的に方向付けたのは、ファシズムと全体主義の席巻するヨーロッパをユダヤ人として生き延びた彼女自身の過酷な時代経験であった。1906年のドイツに生まれ、ワイマール期に青年時代を過ごしたアーレントは、民主主義に基づく議会政治が自らを通じて機能不全に至るさまを、もっとも多感な時期に目の当たりにした世代である。それは同時に、反ユダヤ主義を掲げる国家社会主義ドイツ労働者党（NSDAP、以下ナチス）が徐々に頭角をあらわし、合法的に独裁政権を獲得していく過程でもあった。全体主義運動が、彼女自身も深くかかわっていたドイツ哲学による思想的な承認に支えられていたことは、後に彼女が哲学的伝統との訣別を決意する契機となる。全体主義を育む土壌となったのは近代に生じた政治の退化と自由の喪失、それにともなう無世界性（worldlessness）の進行にあり、この大規模な政治的破局に対し、西欧形而上学の系譜に連なる知のすべてが浅からぬ責を負う——こうした洞察のもと、アーレントは自由が姿を現しうる公的領域の創出こそを政治本来の意義として定め、古代ギリシアの都市国家ポリスやアメリカ独立宣言のなかに、形而上学から切り離された純粋な「政治的なもの」の発現を見出した。

あらゆる伝統から断絶したホロコースト以後の世界において、政治とは何か

と問うことを、アーレント自身は「既になく、未だない（no longer and not yet）」ものの不可能な架橋だと表現した。こうした特有の問題意識は、古代ギリシャ・ローマから中近世、近現代まで、西欧形而上学の伝統全体に懐疑と批判のまなざしを向ける広大な射程と、諸領域の知を横断する複雑な文体を生み出した。彼女のテクストには確かに一貫したパースペクティブへの還元を強く拒む側面があり、それが体系的理解の妨げとなっていることは、多くの評者によって共有される見解である。

　テクスト自体の困難に起因する包括的視点の成り立ちにくさは、アーレント評価の最初期からみられ、かつ今もなおつづく問題である。だが、テクスト受容にみられるより深刻な混乱、つまり曲解や改変、恣意的な流用による断片化は、90年代以降のアーレント再評価のなかで進んでいった。当初の混乱がテクスト内の問題に起因していたとすれば、90年代以降の混乱はテクスト外在的な問題、つまり読み手側の事情によるものが大きい。おそらくその実情をもっとも直截に示すのは、90年代以降のアーレント再評価の端緒を担ったM. カノヴァンであろう。

　カノヴァンは著書『ハンナ・アーレント──その政治思想の再解釈』（Canovan 1992）のなかで、彼女以前のアーレント評価を批判し、二つの重要な指摘をおこなった。一つ目は、すでに触れたように、アーレントのテクストを扱う際にみられる包括的視点の欠如である。カノヴァンは、先人たち──そこにはカノヴァン自身がアーレント入門書として出版した『ハンナ・アーレントの政治思想』（Canovan 1974）も含まれる──はアーレントの正当な評価に失敗してきたが、その主要な原因は「政治思想へのアーレントの貢献」（Canovan 1992: 7）の始まりを『全体主義の起源』をとばして『人間の条件』に見出す知的風潮にあると指摘した。たしかにアーレント著作群のなかで『人間の条件』はもっとも系統立った著作であり、文体の扱いやすさから、初期のアーレント評者の関心はこの本に集中する傾向があった。カノヴァンは、これまでの偏向したテクスト選択に異議を立て、一見非体系的な装いをもつアーレントのテクスト群には、その下に個々の思索をつなぐ確固とした有機的連関が存在すること、それゆえ全体への配慮なしにその一部を理解することはできないと主張した。

二つ目の指摘は、アーレントの議論に本来備わる現実の政治との連接関係が看過されてきたことである。カノヴァンは、アーレントの思考があくまでも彼女自身の直接的な政治経験に由来していることを強調する。ともすれば、奴隷制に立脚する古代ギリシアの都市国家に政治の理想像を求めるかにみえるアーレントの身振りは、しばしばノスタルジックな古典主義、あるいは現代民主政治の放棄とみなされ、カノヴァン以前の評者からは多大な非難を浴びてきた。しかしそうした見解は、アーレントが身を置いていた現実的文脈への無配慮によるものであり、どれだけ抽象的にみえても、「アーレントの思考の根幹には、つねに全体主義という政治的カタストロフィへの反省がある」（Canovan, 1992: 7）とカノヴァンは続ける。それゆえにアーレントの政治思想は、現実世界の具体的な文脈へと紐付ける作業を欠いては、適正に評価することができないのである。

　包括的視点と現実政治への接岸に対するカノヴァンの指摘は今も重い。彼女はもっとも早い時期に、現代社会の政治的要請に即してアーレント思想の全体像の解明を試みた論者であり、その視座は90年代以降に本格化したアーレント再評価の礎となった。ただし、そのなかでカノヴァンの提唱した「体系的な読解」が進められたかといえば、答えは否と言わざるをえない。個々のテクストをつなぐ連接関係への無配慮は、むしろカノヴァン以降において進行していった向きもある。それは皮肉にも、カノヴァンが包括的理解の必要性と共に挙げた——そして包括的理解の到達目標とみなした——現実政治への応答可能性の探求に深くかかわっている。端的にいえば、90年代以降の再評価の中心を占めたのは、アーレントを現実社会の政治的文脈へと再配置する作業であり、それこそがテクストの局所化と断片化を招くことになったのである。

　カノヴァンが批判した初期の評論と、彼女を含めたそれ以降の読解との明らかな違いは、後者が主としてアーレントの思考のなかに今日的な政治課題と結びついたアクチュアリティを求めた点、いわば、アーレント思想を通じた「実践的」なテクスト解釈であったといえる。そのなかで、なぜテクストの断片化が進み、個々の思考が分断され、全体像への視座がうしなわれていったのか。すでに触れたように、その原因はアーレントの言う〈政治〉の分類不能性にほかならない。アーレントは「誰が統治し、誰が統治されるのか」を中心とする

従来の政治観を覆したが、その逸脱性は同時に、彼女の思考を既存の政治（学）的文脈に配置することの難しさをあらわしている。ある種例外的な位置を占めるアーレントの〈政治〉を既存のカテゴリーに紐付けようとするこれまでの試みは、結果として無数の「アーレント像」を生み出してきた。それらは実に、市民的共和主義、アリストテレス的共同体主義、熟議民主主義、社会平等主義、カント的リベラル・デモクラシーからニーチェ＝ハイデガーの系譜に属する政治的実存主義など、考えられる限りの立場に及ぶ。これらの視座はかならずしも相容れず、しかもそれぞれがアーレントに依拠する一定の論拠をもっている。無論、こうした事態を、多様な立場からの解釈に耐えうるテクストの多義性や開放性のあらわれと受け取る向きもある。しかしその実情は、単純に、アーレントを包摂するのにちょうど良いラベルが見当たらないというプラグマティックな理由が大きい。

　そして多種多様なアーレント像が乱立する一方で、党派を超えて広く一致をみせるのは、彼女によって定義される〈政治〉が現実世界の政治から大きく乖離し、社会問題への適用には多大な困難と危うさを抱えていることである。次章で見るように、多くの評者が、アーレントの議論から現実社会への「有用なインプリケーション」を引き出すためには根本的な修正が必要だと考えた。実際、ポリスを政治の範とし、「私的領域（oikos）」にかかわる利害や欲望を公的関心から完全に切り離すその視座から、近代社会が抱える政治的争点への直接的な処方箋を引き出すことはほぼ不可能であろう。つまりカノヴァンが提示した体系的読解と現実への応答性という二つの条件は、見出されるべき現実との繋留点が、既存の——すなわち、アーレントがそこから身を引き離した——「政治」の枠内にとどまるものである限り、決して両立しえない。そのために、カノヴァン以降、アーレントをどのように読むかという政治思想の問題は、いかにしてテクストを読みかえて別の文脈へつなげるかという理論的課題にすり替わっていった。

　問題を要約すると次のようになる。つまり、正当な評価には包括的な視点が不可欠だが、精緻で体系的な読解を進めるほどに、アーレントは伝統的な政治思想の分類表からこぼれ落ち、現実政治から遊離していく。こうした困難は「政治的要請」の名の下にテクストのさらなる断片化を促し、「生産的」な解釈

を引き出そうとする読み手側の善意の熱意が、論評者の主張に適合する箇所のみを抜き出して恣意的に改変・修正していくような読み方に正当性を与える結果を招いた。『人間の条件』のみに焦点が置かれた初期よりもさらに、それ以降の過程で体系性への視点が失われていった背景には、テクスト受容をめぐるこのような力学が見出される。

したがって、アーレント研究においては、難解な文体や射程範囲の広さなどの困難以上に、その政治概念の突出した異質さをどう捉えるかが最大の障壁となる。結局はカノヴァン自身も、アーレントの立場を古典的な共和主義者へと還元してみせるように、アーレントの思考を現実の具体的な政治的文脈へ位置づけるという課題は、なぜか必ず彼女の思考のうちに響く伝統的な政治観との不協和音を覆い隠し、その軋轢を解消する試みへと転化する。しかし、アーレントの思考から現実感覚（reality）を引き出すことと、その「限界」の「批判的克服」をへて特定の政治的立場へと還元することとは、決して同義ではない。本来、内なる体系性と外への応答性とは、互いが互いの条件をなす。テクストの内的な連続性をたどることによってのみ、外への応答性が出現し、現実への接続点を核として思考の体系性が確立されるのである。もしこの二つが両立しえないのならば、それは単に、つなげようとする文脈が間違っているのだと考えた方が自然ではないか。ならばアーレントの思考がもつリアリティは、既存の「政治」との偏差にあらわれるその独自性にこそ見出されなければならないだろう。現実への応答可能性を問うことは、つまり既存の理解枠組みに回収されえない独自性の根源がどこにあるのかを見定めることから始まるのである。

なぜアーレントの思考が、伝統的な政治哲学の志向と適合しないのか。それは彼女があらかじめ理論（観照・哲学）と政治行為（実践）とを切り離し、両者の混同を徹底して拒絶するためである。政治哲学が自らの存在意義を理論と実践の統合に見出す立場であるかぎり、アーレントと相容れないのは当然の帰結であろう。厳密にいえば、アーレントが拒絶したのは、理論を超越的理念（idea）の実現のための行動指針とみなす態度の奥にある、政治への特定の理解様式であり、つまり政治に対する目的論的な視座そのものの拒絶である。

アーレントにおける目的論（teleology）の拒絶については、すでに R. D. ヴィラ（Villa 1996）によって重要な指摘がなされている（本書補論参照）。政治

の目的論的な理解とは、政治的行為を手段 – 目的カテゴリーの中に配置し、政治を究極目的（telos）の実現に資する手段とみなす思考全般を指す。目的論の長い伝統のなかで、たとえば政治とは「善き生活（最高善）」を実現する手段であったり、「共同体＝国家」を形成・維持する手段であったり、あるいはイデオロギーや利害、欲望をめぐる政治＝社会的紛争を解決するための手段とみなされてきた。しかしアーレントの〈政治〉には、そのような究極目的は存在しない。というより、アーレントが政治から取り除こうとしたのは、政治をより高次の目的の手段とみなし、その価値や意味を上位の理念に従属させようとする思考様式にほかならない。なぜなら、政治の存在理由に政治以外の超越的な根拠を見出そうとする知的態度の根底にはかならず、「自由」の出現に不可避的に付随する偶然性と不確実性とを必然性によって完全に塗りつぶし、人間事象の全てを支配しようとする全体主義的な欲望が潜んでいるためである。こうしたヴィラの指摘は、政治哲学とその系譜にある政治理論研究の視座が、なぜつねにアーレントの〈政治〉を捉え損なうのか、その理由を端的に説明する。

カントからアーレントへ

　したがってアーレント研究の系譜からみると、本書は間接的にカノヴァンとヴィラによる問題提起の系譜に属する。その上で、さらに Z. バウマン（Bauman［1989］2000）による次のような問題意識を共有する。つまり、近代文明はホロコーストの必要条件であり、近代を生きるわれわれの日常にはつねにすでにホロコーストの再発条件が内包されている。こうした視座のもと、ともすればアーレントを啓蒙主義の目的論的地平へと押し戻す力学に抗し、本書では全体主義の時代経験を起点に、アーレントの思考を政治哲学の外から包括的・体系的に捉えることを試みる。本書の関心の所在はアーレント執筆活動の初期の行為（action）よりも、後期に主題化された判断（judgment）にあるが、扱うテクストはパリ亡命時代以降に書かれたテクストすべてを対象としている[2]。そしてアドルフ・アイヒマンの裁判以降、アーレントがその思索の重心を徐々にカントへと移していったことに対応して、判断をめぐるアーレントの思考は、ハイデガー以上にカント哲学との連続性のなかで捉えられねばならないという前提に立つ。

ただしそれは決してカントとの間に見られる表層的な類似性ゆえではない。たとえば、理論理性における自由のアンチノミーを超え、実践理性に支えられた道徳的自由の確立へと移行するカント第一、第二批判が、自由を政治の第一義としたアーレントの志向と重ねられる、といったような意味ではない。実際には、カントの言う実践理性はアーレントの〈政治〉と完全に相反する。むしろアーレントは、実践理性による道徳判断に全体主義下における無人支配との類縁性を看取していた。同様に、カントとアーレントの連続性は、カント第三批判前半部の美的判断論に対するアーレントの「政治的」活用ともほとんどかかわりがない。確かにアーレントはカントの美的判断を範型として独自の判断論を展開したが、それらはアーレント固有のカント解釈に支えられた議論であり、そこに見出されるカントの影響はきわめて限定的かつ局所的なものにとどまる（本書第4章参照）。

では、なぜアーレントをカントに即して読むことが重要なのか。その理由は、従来の政治哲学に対峙するアーレントの知的態度が、カント哲学がそれ以前の形而上学全体に対して果たした役割と機能的な等価性をもつと考えられるためである。アーレントは、「政治」の構成要素から自由を破壊する必然的強制力を極限まで排除することで、自己のみによって成立する自律的な政治領域を描き出した。彼女が示すのは政治的なものの核心であると同時に、全体主義が徹底的に抹消しようとした人間の複数性——「地上には単数ではなく、複数の人間がいる」（HC: 7）こと——が、世界の事実でありつづけるための条件でもある。なぜなら人びとが単独者ではなく複数者としてあるというその事実こそが、アーレントにおいて、思考の自立性を支える唯一の根拠となるためである。自立的思考は各人の判断力と言論を通じて再び世界の複数性を形作る。この円環のなかで、自由の成立可能性を問うこととは、つまり、正しさを希求するための条件を保持しつづけることはいかにして可能か、と問うことに等しい。いいかえれば、アーレントは判断力の省察を通じて、政治哲学の中心を占めてきた「正義（善）とは何か」という旧来の問いから、「正しさを判断することはいかにして可能か」という、可能性の条件の探求へと問いのあり方を変容させたのである。アーレントのおこなった転換は、まさにこの文脈において、「真理とは何か」から「真理の認識はいかにして可能」へと向かう認識論的転回をな

し遂げ、形而上学を神学（theology）から解放したカント哲学と重ねることができるのではないか。

この類似は偶然ではない。アーレントが言うように、全体主義とは「人間の全生活がまさしく丸ごと政治化した」（WIP: 3a＝邦訳：21）統治形態であり、政治への教条的な肯定であったとすれば、全体主義は同時に、政治への伝統的な信頼をも徹底的に破壊しつくした。全てが終わった廃墟の中でアーレントが直面したのは、「全体主義の後、なお政治は可能か」という問いである。全肯定と全否定との間で、両方を棄却しつつ、政治の存在理由を再び見出し救済することができるのか——あるいは、救済すべきものがあるとすれば、それは何なのか——という問いであった。その問題意識は、デカルトの理性信仰とヒュームの懐疑論との間で理性の救済を目指したカントの問題意識に通じる。その意味で、アーレントが真にカントから継承したのは、カント哲学の根底にある「批判」の精神——盲目的な信仰と底なしの懐疑論との不毛な対立を抜け、理性の限界、精確にいえばその可能性の条件を明示することによって、理性の可能性自体を救出すること——そのものであった。ゆえに、彼女はカントの企図の継承者であり、その政治的思考は、一つの「純粋政治批判」として解されるのである。

カントは「われわれの理性は真理を知りうるか」という問いから始め、真理の認識の条件、つまりあらゆる経験から独立した先験的判断が可能であるための条件の探求へと移行した。同様に、アーレントもまた、正邪善悪に対する人間の弁別能力への期待と信頼が砕け散った場所から、人は果たして善悪、正不正を判断しうる権能をもつのか、と問いかける。もし人間にとって、時代や状況から生じる一切の経験的な制約にかかわらず、正しさを判断することがア・プリオリに可能であるといえるならば、その条件は何か。あるいは、政治的能力としての判断力がア・プリオリに保証されるために、われわれは何を必要とするのか。これが、判断をめぐるアーレント思想の最深部に横たわる問いである。

多くの評者が指摘するように、アーレントの政治思想は、政治哲学（政治理論）であると同時に近代批判という側面をもつ。彼女は「別様にもありうること」を提示することで、「政治的なもの」に対するわれわれの感覚が、歴史的

かつ社会的に構築されたものであることに気付かせる。しかし、アーレントの思考は、政治を単なる相対性のなかに投げ入れて終わるものではない。カント哲学との対比から導かれるのは、彼女の思想が同時に、政治的なるもののア・プリオリな条件として、時代や文脈から独立した非歴史的な本質を提示しようとしていることである。その「本質」として示されるのが、彼女の思考の核となる概念、つまり地上に生きる人びとの複数性にほかならない。複数性とは、政治からすべての必然性と手段性が取り払われた後に残る、政治的なもの——というより、政治的にあること——ただそれ自体がもつ意味と価値であり、彼女はそのことを明らかにした、おそらく初めてにして唯一の思想家といえるだろう。

そのように考えるなら、アーレント思想の分類不能性は、なんらその真価を損なうものではない。それは分類できないという以前に、そもそも分類する必要がないのである。伝統的な思想体系のどこに該当するようにみえるかは、つねに読み手側の「政治的」事情を反映した結果に過ぎず、彼女の思考の本質とはほとんど関係がない（アーレント自身が党派的カテゴライズに興味を持っていなかったことは周知である）。その豊かさの真の源泉とは、特定の文脈における有用性ではなく、彼女の思考それ自体のうちに見出されるべきものである。

同時に、判断力という主題を扱う彼女の議論そのものは、自立的思考の可能性を実証する一つの希有な事例でもある。判断力が明確に主題となったのは1961 年のアイヒマン裁判傍聴以降だが、裁判レポートとして上梓された『イェルサレムのアイヒマン』はそれ自体がアーレントによる「私にはこうみえる（ドケイ・モイ）」の公的な表明であった。周知の通り、この「判断」はユダヤ人同胞集団からの激しい非難を呼び起こし、その是非をめぐって論争は今もなおつづいている。その意味で、アーレントのテクストは、それ自体が自らの描き出す政治的な言論行為（プラクシス）の範例といえる。

ゆえに、本書はアーレントの広大な思考の足跡を一次資料とする一つの事例研究でもある。アーレント思想全体を「純粋政治批判」として再構成し、それが彼女の言う〈政治〉の基礎づけ論であるとともに、超越的理念に依拠せず言論領域の自己産出過程を描き出そうとするオートポイエティックな議論であることを、テクストに沿って読み解いていく。正解の導出を目的としないアーレ

ントが判断力の分析を通じて描き出そうとしたものは何であったのか、その先に見出される複数性という概念の核心を明らかにしたい。

本書の構成

　以上の問題関心のもとに、本書の構成は以下となる。

　第1章「アーレント判断論をめぐって」では主に政治哲学、政治理論の領域を中心に、90年代以降のアーレント・テクストの受容とその時代的背景について論じる。政治理論におけるアーレントの再発見は、特にフェミニズム批評を中心に進められたこと、それゆえに現実の政治的課題への応答可能性をめぐって厳しい批判が向けられ、その結果テクスト解釈の局所化と断片化が進み、包括的な視点がうしなわれていった過程をたどる。同時に、アーレントの死後に刊行された『精神の生活』および『カント政治哲学の講義』に基づくアーレント判断論の成立と、あくまで彼女の議論を「政治理論」へと還元しようとする力が作用した結果、判断論をめぐってどのようなアーレント像が生み出されたのか検討する。

　第2章「ホロコーストと社会学的想像力」では、これまであまり問われることのなかった社会学知とアーレントとの近接性について検討する。従来の社会学においてアーレントは、主として『人間の条件』や『全体主義の起源』など初期の著作を中心に、ファシズム論と戦後大衆論の近傍で読まれてきた。しかしアーレントの思考が真に社会学的思考と接近するのは、アイヒマンをめぐって提示された「悪の凡庸さ」以降である。この概念によってアーレントは、ホロコーストという比較不能な歴史上の特異点を、規則と行為、あるいは権威と服従をめぐる、一般化と検証可能性に基づいた社会科学の地平へと開いていった。ホロコーストを近代文明の極致とみなすバウマンの議論をへて、全体主義は反復可能な出来事であり、その可能性は今もなおわれわれの生きる社会に潜在するという視座が準備される。

　3章「全体主義と道徳哲学」では、裁判におけるアイヒマンの答弁からアーレントが「悪の凡庸さ」という概念を導出した経緯をたどる。アーレントがアイヒマンに見出したのは既存の道徳哲学の限界であり、彼の行為の悪が伝統的な道徳哲学における二つの見地、つまり実践知と実践理性によってはまったく

理解しえないことであった。このアイヒマン問題は、突き詰めれば、行為の文脈依存性を捨象し、普遍的規則によってその善悪を判定する道徳哲学の限界であり、社会学においては全体主義のはるか以前になされた G. ジンメルによるカント批判に通じている。ジンメルの議論から、行為とは意味であり、その善悪はただ思考によって判断されうるというアーレント独自の観点が、他者の存在と意味の不確定性に開かれた社会学知への転回へとつながることが示唆される。

　4章「廃墟からの公共性」では、アーレントが全体主義の考察をへて道徳哲学の伝統全体への疑義を呈した後、カント第三批判の美的趣味判断に道徳判断のあるべき範型を見出し、独自の判断論を構築していく過程をたどる。道徳判断論の系譜からみるとき、アーレントの異質性は、判断の妥当性規準となる「共通感覚」を、カントの言う美的感覚や伝統的な人文主義の依拠する「良識」ではなく、実在の感覚として定義したことに見出される。実在の感覚とは事物が「端的にここに在る」ことを感受する能力であり、人間の複数性という「事実の真理」（factual truth）によって支えられる。ここからアーレントの言う複数性とは、実在感覚の源泉であると同時に、人間が政治的能力としての判断力を失わないための条件として措定されていることが導かれる。

　5章「排除の政治とその始源のアポリア」では、アーレントの考える〈政治〉が政治領域から政治外契機をことごとく排除していった先に見出される、純粋な政治を可視化する試みであったことを明らかにする。アーレントは、新たな政体を生み出しえなかったフランス革命の失敗の原因を、超越的理念、つまり政治外契機によって政治体を基礎づけたことに見出し、それに対置してアメリカ革命における独立宣言を「事実の真理」に基づく政治体の創設行為とみなした。事実の真理としての複数性は政治の条件であり、また同時に、政治は自らの実践において自身の存立条件としての複数性を現実化する。その循環的な自己産出性において、アーレントの〈政治〉は、社会学者 N. ルーマンの言うオートポイエーティック・システムの見地から理解することができるだろう。それは、アーレントが判断力を、正解への指向性をもたない極めて奇妙な能力として、そして同時に自己以外の何ものにも依拠しない自己充足的な政治的行為として規定したことの証左となる。

補論「真理をめぐるコミュニケーション」では、これまでの議論の補助線として、なぜアーレントの判断論が正解の存在を前提としないのか、あるいは、なぜアーレントは正解の存在を前提してはならないと考えていたのかについて、アーレントとは真逆にコミュニケーション行為を真理への到達手段とみなす J. ハバーマスの討議倫理との比較分析から明らかにする。

終章「不正を理解すること」は、被災直後の福島をフィールドにした、いくつかの思考停止をめぐる一つのケーススタディである。私が 2011 年の東日本大震災直後から福島で過ごした数年間、一生活者として、そして被災した人びとの調査研究に携わった者としての記録と記憶をもとに、当時の被災地を覆っていたある種の無思考性と、原子力発電事故と官僚制システムの関係について、アーレントの視点を借りて考察をおこなった。

時代とともに思考や判断の前提条件は変化していく。何が不正であったのか、なぜそれが不正であったのかを繰り返し問うなかで、変わるもの、変わらないもの、変わりうるものを見定めることが、社会学においてアーレントの問いを継承する一つの方途だろう。

【注】

1) ここで言う「批判」とは、フランクフルト学派の「批判理論」で用いられる「批判」とはまったく異なる。詳細は本書第 5 章および補論で検討するが、アーレントの思考は、弁証法によって諸矛盾の調停を図るアドルノら、後のフランクフルト学派の批判理論とは鋭く対立し、同時に批判理論の限界をも示すものである。

2) 本書ではアーレントの執筆期のおおよその区分として、『全体主義の起源』および『人間の条件』執筆期までを初期、そこからさらに 1961 年のアイヒマン裁判以前を中期、それ以降を後期とみなしている。

第1章
アーレント判断論をめぐって

1 アーレント思想の受容と背景

　ハンナ・アーレントの研究史をひもとくことは、彼女が受けた賞賛とともに、その思想が誤解や曲解を含む激しい非難と批判的修正にさらされてきた歴史を確認する作業でもある。20世紀を代表する思想家の一人であるアーレントをめぐっては、すでに巨大な言説群が築かれているが、それらは概ね次の3つに大別される。1) 全体主義研究、2) 政治哲学・政治理論研究、3) アーレント自身の伝記を含む思想史研究、である。

　第一の全体主義研究については『全体主義の起源』と『イェルサレムのアイヒマン』を中心に、戦中のファシズム研究、および戦後のホロコースト研究とも重なり、歴史学、法学、社会学、実験心理学、倫理学など人文社会科学、および自然科学が横断的に含まれる。これらの領域におけるアーレントへの関心は彼女の存命中からみられたが、1975年の没後、特に2000年代以降、権威主義国家およびポピュリズム政権の世界的な台頭により、現実的な脅威に基づいた全体主義研究の古典としての位置付けが加えられたことで、さらに広く浸透した。

　ただし、80年代以降のアーレント再評価の土壌となったのは、第二の領域である政治理論・政治哲学研究であり、ここでのテクスト批評が長くアーレント研究を牽引した。後に見るように、論点は主として『人間の条件』をめぐる劇場型行為論と、最晩年に書かれた『精神の生活』における思考・判断論に分岐する。第三の思想史研究は、ヤング゠ブリューエル『ハンナ・アーレント

伝』（Young-Bruehl [1982] 2004）をはじめ、膨大な日記や書簡、研究メモをもとにアーレント自身の伝記、および彼女と同時代に生きた人びととの知的交流（あるいは断絶）に焦点を当てる、社会思想史的な研究である[1]。

　3つの領域はそれぞれ重なり合い、世界中で巨大なアーレント研究群を形づくってきた。本章では、まず政治哲学・政治理論研究の歴史をひもとき、アーレント再評価の導入となった初期のテクスト読解の変遷をたどっていく。すでに多くのアーレント研究書でこの種の概括がなされているため、本章ではこの後の議論にかかわる論点に限定し、アーレントが「再発見」されるに至った発端となるフェミニズム批評とアーレント判断論の成立を軸に、アーレント思想の受容と批判をめぐる政治的磁場を概観しよう。

　冒頭でアーレントは没後高い評価を受けてきたと述べたが、いつの時代もアーレントへの評価は、決して手放しの称賛のみではなかった。とりわけ、政治哲学・政治理論を中心とする90年代のアーレント研究は、その思考から彼女自身の意図を超えて——ときには明確に対立して——その時々の時代要請に沿った新たな政治的含意を汲み出そうとする、懐疑的、あるいは明確に批判的な解釈を中心とする。というのも、アーレントの思考から一般的な政治＝社会問題に資する有益な視座を引き出すには、彼女が囚われていた種々の時代的制約（のように見えるもの）を取り外し、より「生産的」かつ「現実的」な政治理論へと編み直すための全面的な「改修」が必要だとみなされてきたためである。そうした一連の読み直しは、旧知のテクストを新たな可能性に開く試みであると同時に、当時の、ある種の袋小路の状況にあった政治理論研究の文脈にアーレントの異質な視角を導入することで、旧来の学知の再構築を目指す「実践的」なテクスト分析でもあった。90年代以降、主に北米を中心に拡大したアーレント再評価の諸潮流は、多くがこうした文脈を共有している。

　1997年に出版されたアーレント研究アンソロジーの編者であるC.キャルホーンとJ.マッゴーワンによれば、70年代、とくに1975年の没後しばらくの間、アーレントは時流から外れた古めかしい政治理論家として深い忘却の淵にあったという（Calhoun and McGowan 1997: 3-8）。90年代に入るとその著作はふたたび急速に人びとの関心を集め始めたが、彼らはその背景に当時の世界情勢、つまり冷戦の終結に始まる政治文化領域での歴史的変動と、そこから派生した

政治理論全体を覆う混迷状況があったと指摘する。たとえば共産主義の崩壊は「右派／左派の古典的な対立図式を無意味化」（Calhoun and McGowan 1997: 3）し、のみならず既存の批判的思考がそれまで自明に依拠してきた理論的立脚地点を解体した。他方で、リベラリズム的市民権に基盤を置く種々の解放運動もまた深刻な行きづまりを露呈し、政治への有効な認識枠組みを欠いたまま、自由主義の伝統に対する懐疑と批判だけが高まっていった。その結果、社会科学領域における理論と公的領域における実践との乖離は増大の一途をたどったといわれる。

　つまり既存の政治理念の失効、あるいは、単なる私的領域の残余ではない、実定的に記述しうる「公共性」理念そのものの不在、または不在の顕在化によって、政治領域と公共性をめぐる議論は 90 年代に一つの大きな転換期を迎えつつあった。よるべき指針を欠いた混乱のなかで、公共性とは本来何であり、どうあるべきなのかという大きな問いが無視できなくなったのは、ある意味必然といえる。こうした文脈上で、アーレントの政治思想が新たな可能性をたずさえて再発見された。政治の意味づけについて根本的な再考を迫る状況すべてが、既存の政治理論から独自の距離をおくアーレントの「手すりなき思考」に卓越したアクチュアリティを与えたのである[2]。

　政治学へのアーレント再導入の端緒を開いたのは、主にフェミニズムから発せられた理論的要請であったという事実も、こうした事情を反映している。「個人的なことは政治的なこと」というスローガンを掲げた第二波フェミニズムにおいて、「政治とは何か」という問いが中心的なアジェンダを構成するのは必然だが、フェミニズムがアーレント受容の最初期の土壌となりえたのはそれだけが理由ではない。というのも、フェミニズムが分析対象とする性差とは、われわれの思考様式をつねにすでに深く拘束する自然化された社会階層的秩序の一つである。フィジカルおよびメタフィジカルの両次元にわたる、あるいは二つの領域の線引き自体がもたらす抑圧と拘束への抵抗を主眼とするフェミニズム思想において、思弁的思考と政治的実践への接続はなによりも重視される。既存の議論の矛盾と限界とがもっとも先鋭にあらわれる場として、またそれゆえに閉塞した現状を打開しうる新たな理論を模索する場として、フェミニズムは（後のセクシュアリティ研究をも含めて）つねに政治理論の最前線の一つを形

成してきた。

　フェミニスト批評家たちによるアーレント再解釈が本格的に始まったのは、80年代後半から90年代初頭である。議論は主に『人間の条件』をめぐって進められたが、それは『人間の条件』でアーレントが提示した公的領域と私的領域の厳格な二分法をめぐる批判と書きかえの試みでもあった[3]。周知のように、アーレントは近代における公的領域の消滅を、私的問題の侵入によって公的領域が「社会的なもの（the social）」へと腐食していく過程とみなした[4]。社会とは貧困からの解放を第一義とする場であり、「生命のための相互依存をのぞく何ものも公的意義をもたず、ただ生存にのみ結びついた活動だけが公的にあらわれることを許される形式」（HC: 46）である。そして生命維持にかかわる欠乏は、その必要性／必然性（necessity）ゆえに、アーレントの考える政治的自由（freedom）とは対極に位置する。つまり必然性からの解放（liberty）が政治＝社会的問題となった瞬間に、政治的自由が出現しうる本来の政治的空間は破壊される。ゆえにアーレントは、どのような形であれ、親密圏の問題に公的な意義を認めることは一切なかった[5]。

　このような公私の領域をめぐる問題含みの線引きが、性的差異という「私的」な事柄への公的承認を要求するフェミニズムの立場と相容れないことは明らかであろう。この問題は5章で再び取り上げるが、フェミニズム批評家・活動家にとってもまた、アーレントはある時期まで明白に敵意の対象であった。フェミニストによるアーレント理解の変遷をまとめたM.ディーツによれば、再評価がはじまる以前、フェミニズム内部におけるアーレント評価はきわめて低く、「男性のように思考する女性」「男性優位のイデオロギーに侵された女性の知性の悲劇」（Dietz 1995: 24）の体現者として位置づけられていたという。特に『人間の条件』は男性至上主義に侵されたテクストとみなされ、なかでも古代都市国家ポリスにおける「活動」の重要性についてのアーレントの主張は、それを可能にしたポリスの家父長制と奴隷制への賞賛であるとしてフェミニストたちによって厳しく非難された。

　その一方で、90年代は、フェミニズムの依拠する公／私の区分もまた深刻な困難を抱え、行き詰まりをみせていた。従来のリベラリズム的見地から導かれる権利要求型の政治運動では、平等で均一な主体理念を基盤に集団的権利が

構成される。しかしそうした権利主体への依拠は、カテゴリー内部における支配的な多数派が普遍化されることによって、結果的に同一カテゴリーに属する人びとの間の差異を抑圧し、多数派への同一化を強制する。無数にある差異のなかで特定の差異だけを公的なものとして扱うことが、その差異の特権化を意味する以上、特定の差異に基づいて公的な承認を要求するどのような運動においても、その背後にはつねに、それ以外の差異を「私的領域」へと押しやる身振り——つまり自身の批判する当の認識論的暴力を反復する危険——が隠されている。フェミニズムもその例外ではない。集団の基盤となる「女性」カテゴリーもまた、容易にそうした抑圧を生み出す概念装置に変わりうるし、実際に新たな抑圧を生み出しているという事実は、フェミニズム内部における白人・中産階級・異性愛カテゴリーに属さない人びとによって繰り返し指摘されてきた[6]。

　このことは「女性」の権利の確立を求める近代主義的フェミニズムに内在する深刻な矛盾を明らかにする。そもそもフェミニズムは、普遍化された「男性」主体への批判と、差異の抑圧に対する異議申し立てとして自らを位置づけてきた。その運動の過程において、自らが告発する当の暴力の反復・再生産に荷担しているという指摘は、フェミニズムをその基盤から揺るがすものとなりかねない。近代主義が抱える公／私の境界区分の行き詰まりによって、フェミニズムは自らの在り方の根本的な再考を迫られたのである。

　こうした閉塞状況の打開を模索する過程で、フェミニズムはアーレントの政治理論に新たな可能性を見出した。よく知られるように、そこには主に二つのアプローチがみられた。

　まず挙げられるのは、あくまでもアイデンティティ・ポリティクスの文脈内にアーレント政治思想を取り込もうとする「アゴン主義」である[7]。「アゴン」とは古代ギリシャ語の ἀγών（Agon / struggle, conflict, contest）を語源とし、ポリスのアゴン（闘技／演劇）にちなんだ語句であり、その特徴は『人間の条件』で描かれた活動（action）に含まれる、栄光や卓越性といった他者からの優越的な区別を求めるアゴニスティック（好戦的／劇場的）な側面を重視するところにある。

　アーレントは『人間の条件』のなかで、政治的行為（action）をおこなう者

とはつまり演技者（actor）であるとして、行為の場としての公的空間の非個人的かつ劇場的特性を重視した。政治の主体、つまり人間事象の網の目のなかにある行為者は、必要性／必然性の次元において構成される「何‐性（whatness）」ではなく、公的領域における言論活動（speech act）を通じて他者に曝される「誰‐性（whoness）」において構成される（HC: §24-25）。B. ホーニッグはアーレントのこうした記述に、既存のアイデンティティ、すなわち自然化され固定化された本質主義的なアイデンティティを、「修正と増補にひらかれた」[8]動態的カテゴリーへと脱構築し、フェミニズムの政治的基盤へと移行させる契機を見出した。

　アーレントによれば、アイデンティティとはその行為者が「他人から区別される唯一性」（HC: 180）において「誰」であるのかを示す概念であり、行為者が生きている間には決して直接に知覚されることはない。その人が世界を去った後、ただ歴史家によって語られる物語を通じてのみ「事後的に触れられるもの」（HC: 186）であり、永遠に確定されることがない。つまりアゴン主義に基づいたアゴニスティック・フェミニズムとは、アイデンティティの形成過程にそうした行為遂行的な次元を導入することによって、硬直化したカテゴリー概念を変更可能性と決定不可能性に開かれたものへと構築しなおしていく試みである。ホーニッグの言葉を用いれば、それは「『事実確認的である』と思いこまれているアイデンティティをもう一度行為遂行的なものとして記述しなおす」（Honig 1995: 162n7）試みであり、同一性／アイデンティティという概念装置のもつ「事実確認的で自然化された圧倒的な力に、政治的に取り組み闘争する」（Honig 1995）ための、新たなアイデンティティ・ポリティクスへの志向でもある[9]。

　ホーニッグ以前のフェミニズムにおいて、アーレントにみられる古代ギリシア回帰願望（ヘレニズム）は、ニーチェ主義による英雄崇拝、あるいは他者からの優越を求めるマチズモ（男性性の誇示）の表出とみなされ、アーレントが男性至上主義的なイデオロギーの圏域内にあるという読解の根拠となっていた。こうした従来のアーレント像をくつがえし、彼女が提示したポリス解釈にこそフェミニズムの可能性が見出されると主張した点で、ホーニッグは独自のアーレント像を示したといえる。

他方、フェミニズム内部には、こうした脱近代、脱構築的な解釈には向かわずに、あくまでも近代主義の枠内で公／私の硬直した二分法の問題をのりこえようとするアーレント研究の潮流がみられた。論者の一人である S. ベンハビブは、アーレントの行為概念の闘争的な側面をポリスへのノスタルジーに基づく反近代主義的な見解としてしりぞけ、アーレントの描く公的空間には劇場型モデルとは異なった別の系譜が存在すると主張した[10]。それは『全体主義の起源』の最終章で論じられた、全体主義支配のテロルによって破壊された空間、つまりそれなしには誰もが「すべての人間から見捨てられた状態（Verlassenheit）」（OT 独 : 975=(3)297）となり、他者とのつながりを断たれ孤立したまま、ただイデオロギーによって動員されていくような、人びとの間に生成され人びとの連帯を生み出すための「公的空間（Zwischenraum）」（OT 独 : 974=(3)296）に関する記述である。そうした公的空間は、「言論と説得を通じて調整された共同の行為の場（site）」（Benhabib 1992: 78）であり、人びとの組織的な紐帯を基礎とする、アーレントの言う意味での「権力（power）」の場でもある[11]。ベンハビブがアゴニスティックな公的空間モデルに対置するのは、このような全体主義支配の文脈で語られる連帯的（associational）な空間モデルである。女性や奴隷、居留外国人など、膨大な非ギリシャ市民の排斥のもとで成立したポリスの公的空間は、モダニティの状況下で人びとの範例とはなりえない。ゆえにベンハビブは、アーレント政治理論から現代的インプリケーションを引き出すには、モダニティに適合する側面、つまり人びとが討議を通じて協働行為をおこなう連帯モデルとしての側面により注意を向けるべきだと主張した。

　ベンハビブの描く公的空間の連帯モデルとは、固定化された公／私の境界を廃し、境界そのものを人びとの共同の熟慮によって引いていこうとする提案である[12]。ベンハビブによれば、公的空間とは単にあらかじめ定められた公的な討議事項（agenda）について論じ合う場ではなく、なにが「公的なもの」であるべきかという問いそのものを含めて討議する場でなくてはならない。というのも、「あるものを公的なものにするための闘争それ自身が、正義と自由のための（公共的な）闘争」（Benhabib 1992: 79）にほかならないためである。人びとの討議、そして討議による啓蒙過程をへて、公／私の境界はつねに批判と再解釈に開かれる。アーレントの行為概念の連携・協働的な側面を重視する

このアプローチは、既存のアイデンティティ・カテゴリーを保持したまま、カテゴリー内部の差異に配慮することのできる――あるいは「差異に開かれた」――社会制度の構想を可能にすると考えられた。つまり近代社会における、あるいは近代社会に適合しうる公的空間とは、人びとの協議と説得を通じて公／私の境界を引き直し、新たな公共善を共同で構築していく場として捉えられる。

　アーレント受容の過程でフェミニズム内に生じたアゴン主義と連帯主義との分岐は、フェミニズムの研究領域を越えて、その後のアーレント研究全体を大きく二分する解釈図式となった[13]。アゴン主義をはじめとする脱近代、脱構築的な読解はアーレントのテクストをドイツ存在論の系譜に連なるものとして捉え、彼女の思考にみられる実存哲学のモメントを重視する。それに対し連帯主義は、さらにいくつかの細かい分岐をへるものの、基本的には新カント主義や新アリストテレス主義などの近代主義的な政治理論の系譜にアーレントを位置づける。アゴン主義と同様に連帯主義もまた近代的な「主体」概念に限界を見出すが、現実政治と乖離し、しばしば急進的かつ反民主主義的エリート主義とも評されるアゴン主義と異なり、連帯主義はあくまで近代的法制度の枠内で「主体性」を救済しうると考える。その点で、連帯モデルはリベラル・デモクラシーの伝統に連なるより現実的で穏健な解釈へとアーレント思想を開いていく。特に重要なのは、こうした連帯主義的解釈が、アーレントの言う「公的空間」とJ.ハバーマスの「公共圏」（Öffentlichkeit／public sphere）とを等置することで導かれている点であろう（Benhabib 1992,［1996］2003）。こうした読解によって、アーレント政治思想は狭義のフェミニズム政治理論を越え、より広い文脈で受容されるに至った。

　もちろんアーレントとハバーマスの近接性が、フェミニストたちによる「連帯的」解釈によって発見されたわけではない。時系列はむしろ逆で、ハバーマス自身が北米フェミニズムに先立つ――というより北米でのアーレント再評価に先立つ――「批判的継承」の先駆者であり、『公共性の構造転換』（Habermas［1962］1990=1994）の「公共圏」概念はアーレントによる公的空間の議論から部分的に着想を得ている。抽象度が高く、現代社会への適用が難しいアーレントの政治理論に対し、近代主義的なリベラル・デモクラシーの文脈への明確な

応答性をもつハバーマスの議論は、現実の社会的／政治的——ベンハビブの論を引くまでもなく、モダニティの状況下でこの二つの領域には境界線を引きがたい——問題に対する一つの具体的な提案を示す。結果的に、両者の議論はコミュニケーションに基づく市民的公共圏の創出という同一の物語へと収斂し、事後的にフェミニズム政治理論にも波及した。ただし、後の熟議民主主義に連なるハバーマスの公共圏論や討議倫理は、アーレント政治思想の単なる修正や再解釈にはとどまらない。実質的に二つはまったく別の議論であり、アーレントの連帯主義的な側面の延長上にハバーマスが見出されるというよりは、アーレントをリベラル・デモクラシーの文脈に配置するそうした解釈そのものが、ハバーマスの磁場に引き寄せられた結果の産物と考えるほうが事態を精確にあらわしている。

　アーレントをハバーマスの公共圏論、引いては近代主義やリベラル・デモクラシーの範疇に位置づけようとする視点は、政治理論研究を中心に今日広く共有され、世界的なアーレント評価の一端を形成する[14]。しかしこうしたアーレント解釈はあくまで後続のハバーマスを経由して遡及的に見出される、偏向した像であることは注意を要するだろう。

2　判断論の成立と展開

　言論およびコミュニケーションにかかわるアーレントの論考のなかで、今日的なリベラル・デモクラシーとの近接性がもっとも色濃くあらわれるのは判断力をめぐる省察であろう。よく知られているように、アーレントは伝統的な道徳判断に根源的な疑義を呈し、善悪、正不正にかかわる判断について独自の議論を展開した。そのもっとも大きな特徴は、何よりもまず、カント哲学——それも善をめぐる『実践理性批判』ではなく、美をめぐる『判断力批判』——を、公的領域にかかわる政治哲学として提起したことにある。アーレントは第三批判を、カントのもっとも優れた（しかし彼自身は意図せざる）政治哲学とみなし、趣味判断を人間事象（human affairs）にかかわる判断の範型とする固有の判断論を構築した。

　アーレントの生前に公刊された著作のなかで、カント趣味判断の政治的含意

に関する考察が初めてあらわれるのは、1961年（初版）の『過去と未来の間』である[15]。第6章「文化の危機」のなかで、アーレントは文化的活動様式の一つである「趣味（taste）」について、その政治的性格を指摘している。アーレントによれば、趣味とは「美への能動的な愛にそなわる、区別し、識別し、判断する要素」（BPF: 219）を指し示す言葉であり、このような利害関心なき立場からの「見るためにのみ見るという行為こそが、全ての探求のなかで最も自由闊達な営み」（BPF: 219）、つまり政治的行為となりうる。趣味をめぐるそうした理解の正当性は、『判断力批判』で示されたカントの主張によっても裏付けられるという。

　というのも、『判断力批判』の第一部「美的判断力批判」は、カントの政治哲学のうちで、おそらくはもっとも偉大でもっとも独創的な面を含んでいるためである。いずれにせよ、表題がすでに指し示すように、それは主として判断する観察者の視点から見た美的なものの分析を含んでおり、美的なものとの能動的な関わりとして理解されうる趣味の現象を出発地点とするのだ（BPF: 219）。

さらにアーレントは、カント本来の政治哲学は、通常そうみなされる『実践理性批判』ではなく『判断力批判』の方にこそ含まれると述べる。その理由は、論理的推論過程を通じてただひたすら普遍法と自分自身の良心との一致を目指す実践理性の道徳判断と異なり、『判断力批判』で論じられる美的判断では、その妥当性評価に他者の存在——正確にいえば他者の現前（representation）——が前提されるためである。つまり、美的なものの判断とは、つねに複数の他者の存在に依存し、他者との潜在的な合意を目指す。ゆえに美的判断にはつねに、「心を決めるにあたっては完全に私一人であるにしても、私が最終的になんらかの一致に達しなければならないとわきまえている他者たちとの先取りされたコミュニケーション」（BPF: 220）が含まれている。カント趣味判断については本書第4章で改めて検討する。しかしアーレントが、カントの言う「拡大された心性（enlarged mentality）」（BPF: 220）、つまり潜在的な他者のパースペクティブを考慮に入れるその判断様式ゆえに、美的判断力をきわめて重要な政

治的能力の一つとみなしたことはここで確認しておきたい。すなわち、

　　判断する能力は、まさしくカントが示した意味で特殊に政治的な能力、す
　なわち、事柄を自分自身の視点からだけではなく、そこに現前する全ての人
　びとの視点において見る能力にほかならないこと、のみならず、人びとが自
　らの判断を通じて公的領域、共通世界における自らの位置を定めうる限りに
　おいて、判断力とは政治的存在者としての人間の根源的な能力の一つでもあ
　る——このことは事実上、政治的経験が他から分節化されて以来の旧い洞察
　である（BPF: 221）。

　こうした観点から、アーレントはカントの美的判断論を起点とする独自の判
断論を構築した。その後のアイヒマン裁判の傍聴経験、裁判レポート『イェル
サレムのアイヒマン』の出版、アイヒマン論争をへて、判断力をめぐる考察は
劇的に深化していく。遺作となった『精神の生活』はもともと三部構成として
構想され、「思考篇」「意志篇」、そして最後に「判断篇」が書かれるはずであ
った。しかし 1975 年「意志篇」の草稿を書き終えた翌週、突然におとずれた
彼女の死によって「判断篇」の執筆は永遠に中断されることとなる。没後に公
刊された『カント政治哲学の講義』は、入手可能な講義ノートや遺稿資料から、
うしなわれた「判断篇」を再現しようとする試みから生まれた。もしアーレン
トが自身の手によって「判断篇」を完成させていたならば、どのような論考が
残されたのか、もはやわれわれには知る術がない。しかし『カント政治哲学の
講義』の編者 R. ベイナーは、いくつかの状況証拠から『カント政治哲学の講
義』におさめられたアーレントの講義録が、幻の「判断論」をかなり正確に再
現しうるはずだと述べている[16]。
　『過去と未来の間』（拡大版）の出版年が 1968 年であることから、判断とい
う主題はアーレントの執筆活動の中期以降に属するとみなされることが多い。
しかしその思索の軌跡を注意深くひもといていくと、アーレントが執筆を始め
た初期の段階ですでに判断力の政治的含意について考えはじめていたことがわ
かる。前述の論考「文化の危機」の初出は 1960 年であり[17]、さらにアーレン
トの生前の執筆草稿ノートを編集した『思索日記』によれば、『人間の条件』

の英語版が出版された 1957 年に、すでにカントの『判断力批判』についての記述が確認される[18]。また、判断という主題自体は 1954 年に『パルティザン・レビュー』で発表された論考「理解と政治」[19]のなかで論じられており、その草稿が 1953 年のノートに記されている。さらに『思索日記』の 1952 年 1 月、同年 11-12 月のノートには、ヘーゲルの論理学によって判断が推論へ解消されてしまったこと、そして判断は孤独な推論とは異なる「共同存在の思考」だという、後の判断論の萌芽と受け取ることのできる記述が見出される[20]。

　アーレントがその思索のなかで判断という主題にいつ着手したのか、厳密に特定する術はない。ただし残された資料をみる限り、少なくとも『全体主義の起源』の英語版を出版した 1951 年の直後から、すでに判断についての思索が進められていたことがわかる。それは『人間の条件』で近代社会における公的領域の衰退と政治の消失を描き、自身の大衆社会論を完成させたアーレントが次に向かった主題であり、また生涯最後に向かった仕事でもあった。

　アーレントの思索の初期から最晩年までを貫くこの主題は、言うまでもなく彼女の政治思想において決定的に重要な位置を占める。そのことはアーレント研究における共通見解であるが、他方で判断をめぐる彼女の思索を包括的に論じた議論は、アーレント研究群のなかで多いとはいえず、人びとの関心を引くもっとも魅力的なテーマとしては扱われてこなかった。その背景には、いくつもの要因が絡まり合う複雑な事情が存在する。

　判断論が周縁化される理由の一つには、カント哲学を基調とするこの議論があまりに形式主義的かつ近代主義的な様相を呈し、『人間の条件』の読者が受ける鮮烈なイメージ、いわば「アーレントらしい」アーレント像から遠く隔たった印象を与える点があげられるだろう。ハイデガー哲学の強い影響下で青年期を過ごし、ヤスパースと終生の友情を分かち合ったアーレントの思想には、個の代替不能性と生の一回性とを重視するドイツ存在論、および実存主義の特徴が随所に色濃くあらわれる（e.g., Taminiaux 1992=1997, Bernstein 1991, Villa 1996, 1999）。たとえば『人間の条件』の分析概念である世界（内）性（worldliness）と人間の複数性（plurality）とは、それぞれハイデガーの〈現存在（Dasein）〉に備わる二つの位相、すなわち「世界内存在（In-der-Welt-sein／being-in-the-world）」と「共存在（das Mitsein／being-with-others）」に――ただ

しそれらを原義から反転させたかたちで——対応することが、ヴィラによって指摘されている（Villa 1999: 74）。それらの語句が示すのは、他者性（otherness）と差異性（distinctness）からなる唯一性（uniqueness）の逆説的な表出であり、「同等者の間にあって差異ある唯一の存在として生きる人間の条件」（HC: 178）を意味する。こうした解釈は、当のハイデガーにとっては自らの議論の歪曲を含む批判として受け取られ、肯定的評価をもって迎えられることはなかった[21]。しかし彼女自身が認めるように、アーレントの議論はハイデガーをはじめとする実存主義哲学から多くの分析概念を継承しており、それが彼女の政治思想にある種の異質な基底音を与えていることは疑いない。

　他者からの卓越を求めるアゴン主義的なアーレント像もまた、実存哲学との連続性の傍証となる。自己と他者との代替不能性と共約不能性とを重視するアゴン主義的な議論を、判断論における「拡大された思考」——すなわち、他者の視点を想像力によって自らに取り込み、想像的な他者との潜在的な一致を目指す再現前化の思考（representative thinking）——と結びつけることは難しい。結果としてアーレント研究の文脈において、判断をめぐるアーレントの議論は、彼女の実存主義的側面にまったく目を向けないか、非常に否定的な扱いしかしない論者によって評価されてきた。ベイナー（Beiner 1982, 1983）や R. J. バーンスタイン（Bernstein 1986, 1991, 1996）、さらに前述したベンハビブもその一人に数えられるが、彼らはアーレントのなかの近代主義に合致しない部分を「場違いな英雄崇拝」、「政治的実存主義」、あるいは「政治の美学化」——これらは「政治理論家」としてのアーレントをめぐってつねにつきまとう非難でもある——として棄却し、リベラル・デモクラシーとの親和性の高い判断論に、政治理論としての可能性を読みとってきた。

　さらに、そうした一面的な解釈をうながす別の困難が、アーレントのテクスト自体に内在する。その困難とは、判断についてのアーレントの省察が、必ずしも一貫したパースペクティブから書かれておらず、執筆の時期によって焦点の移動と揺らぎがみられる点である。しばしばアーレントの判断論には、二つの異なる位相の混在が指摘される[22]。一つは主として 60 年代に書かれた論考にみられる活動としての判断であり、もう一つは 1971 年のエッセー「思考と道徳的配慮」（RJ: 159-189）[23]以降にあらわれる、精神生活における観照的な判

断である。

活動としての判断とは、公的領域のなかの行為者／演技者の視点からみた判断である。議論の力点は、広く同意が得られる妥当な意見を形成するために、想像力によって他者のパースペクティブを取り込む再現前化の思考に置かれる。人びとが審議し、意見を交換し、判断をおこなうために集まるとき、彼らは「この世界がどのように見られ聞かれるべきか、人びとが今後世界のうちで何を見、何を聞くか」（BPF: 222）という、未来の世界にかかわる決定に従事する。ゆえに活動的な判断とは、政治的存在者としての人間が「他者との世界の共有を実現するための、最重要ではないにしても一つの重要な活動様式」（BPF: 221）であり、「未来を志向する判断」（Bernstein 1986: 233）として位置づけられる。

しかし『カント政治哲学の講義』以降では行為者の観点が後退し、それに替わって世界から退却した孤独な注視者／観客（spectator）による判断へと論点が移行していく。それは未来を志向する判断とは対照的に、すでに生じた出来事に対する回顧的な判断である。アーレントは注視者の判断を歴史家が過去を見るまなざしに重ね、「もし判断力が過去を扱うためのわれわれの能力であるならば、歴史家とは過去を語ることによって過去についての判定を下すところの探求者」（LM: 216）になるだろうと言う。アーレントによれば、歴史（history）という言葉のもつ最古の意味——「いかにあったかを語るために探求すること（historein）」（LM: 216）——において、歴史家とは裁定者（judge）でもある。判断力に関するこれらの記述が示すのは、晩年のアーレントが判断を、歴史家が過去を物語る行為に寄せて考えていたこと、そしてそのような注視者＝歴史家による判断こそが、「歴史」をふたたび人間のもとへと取り戻す唯一の方途だとみなしていたことである。

3 「政治理論」への還元

前期の政治生活における行為者の判断と、後期の精神生活における注視者の判断、この二つの相反する位相を評価するうえで考慮に入れなければならないのは、行為者と注視者という区分が、アーレントが人間生活のなかに引いた

〈活動的生活〉（*vita activa*）と〈観照的生活〉（*vita contemplativa*）という現象学的区分に由来している点である[24]。事態をより複雑にするのは、〈活動的生活〉と〈観照的生活〉という区分が、アーレント思想に通底するさらに大きな――そしておそらくもっとも旧く、もっとも根の深い――問題につながっていることである。その問題とは、アーレントが固執した「思考するときの人間と行為するときの人間」（EU: 2）の断絶、つまりは哲学と政治の間に生じる和解不能な緊張関係にほかならない。判断における二つの位相の間に生じる緊張関係は、哲学と政治、あるいは理論と実践という、アーレントの全著作をつらぬく二極の緊張関係に淵源する。

　哲学と政治の両立不能性は、アーレントが終生立ち向かい、考え続け、そしておそらく最終的には未解決のまま残された巨大な問題であった[25]。『人間の条件』で論じられたのは、〈活動的生活〉の領域で近代以降に生じた価値の転倒――労働の優位化と政治的生活（bios politikos）の衰退――だが、アーレントはその転倒がそもそも哲学と政治の間の葛藤に端を発していると考えた[26]。直接にはソクラテス裁判が引き起こしたポリスと哲学者の間の葛藤であり、プラトンによる民主政治への失望と侮蔑をへて、哲学者による公的領域の支配を国家の理想とみなす政治哲学――それはアーレントにとって哲学に全体主義が胚胎する瞬間を意味する――の起源を準備した。哲人王による理想国家の建設という着想は、哲学者による観照（theoria）を人間の生活様式の最高位に置き、活動全般をその実現のための手段／技術（poiesis）に位置づける。つまり〈観照的生活〉を最上とし、〈活動的生活〉を従属的な地位へと引き下げる伝統的なヒエラルキーがそこで成立した。以来、〈観照〉と〈活動〉との間のこの順位付けは、「われわれの伝統を通じて形而上学と政治思想を支配してきた」（HC: 16）とアーレントは言う。こうした認識のもと、『人間の条件』ではこのヒエラルキーの自明性に懐疑の目を向けることで、〈活動的生活〉を構成する政治的行為（action）の復権がはかられた。

　注意を要するのは、アーレントが決して〈観照的生活〉に対する〈活動的生活〉の優位性を主張しようとしたのではないということである。むしろ、彼女はそうしたヒエラルキーの転倒によって問題の本質は変えられないと考えた。アーレントが解体しようとしたのは、なんらかの包括的な原理から〈観照〉と

〈活動〉の両領域を統合し、一方を他方に従属させる一元化にほかならない。ゆえに、問題となるのは、二つの領域を同一尺度上に並べることそれ自体であり、その順番についてではない。アーレントによれば、「〈活動的生活〉の根底にある関心事は〈観照的生活〉の中心的な関心事と同一ではないし、それより優れても劣ってもいない」(HC: 17)。〈観照〉と〈活動〉を統合する一元論に抗するには、人間の活動力の源泉を一つの原理、一つの関心へと還元し序列化する思考様式そのものを拒絶しなければならない。そのためにアーレントがとった選択は、〈観照〉と〈活動〉、つまり哲学と政治の徹底した分節化であった。

　アーレントがおこなった数多くの二分法のなかでも、この〈観照〉と〈活動〉の厳格な区別ほど、多くの批判を招いたものはない (cf. Villa 1999: Chap. 4)。同じく論議を呼んだ公／私の二分法も、批判の対象となったのはあくまでアーレントによる硬直した線引きのあり方であり、二つを区分すること自体に向けられたものではなかった[27]。それに対し〈観照〉と〈活動〉の区分は、二つを区分することそれ自体が問題となる。なぜならそれは、政治理論と政治実践との間にあるべき連結関係を完全に切断するためである。

　政治を何らかの社会問題——紛争、差別、貧困、不平等など、生命維持の必要と再生産にかかわる事柄全般——の解決手段とみなす現代政治理論において、理論と実践とを完全に切り離すことは自らの存在意義を否定するに等しい。そのため〈観照〉と〈活動〉は相互に自律した活動であり、厳格に区別すべきだとするアーレントの主張は、「理論と実践を結びつけたいと願った多くの政治理論家を苛立たせる」(Villa 1999: 87) ものであった。アーレントのこうした区分は、本質的にはプラトン以降の政治哲学の理想、つまり哲学による政治支配という理想型への異議に基づいている。そうである以上、彼女の引いた区分線に疑義を呈する政治理論家は、皮肉なことに、「リベラル・デモクラシー」の文脈でアーレントの「現代的」解釈を試みようとする評者たちよりもはるかにアーレント思想の核心を精確に読みとっていた人びとでもある。

　他方、アーレントに好意的な政治理論家は、〈観照〉と〈活動〉の区分やその「古典主義」の限界を認めつつも、それを乗りこえてなお彼女の「政治理論」から、現代社会への充分に有益な含意を引き出しうると考える。そもそも90年代以降のアーレント再評価が、既存の理論枠組みの弱体化による理論と

実践との乖離を背景とする以上、既存の解釈枠組みに合致しないアーレントが新たな可能性を携えて「再発見」されたのは、時代的要請からみて当然の帰結であろう。そしてアーレント政治理論の再評価に意欲的な人びとが、思考と行為の二元論を克服する最終的な契機として見出したのが、未完の判断論であった。書かれざる『精神の生活』の第三部こそが、アーレントの政治哲学——というより、「政治哲学」としてのアーレントの思考——に内在する最大の難点、つまり理論と実践との断絶を再び統合——あるいは止揚（Aufheben）——するためのミッシング・リンクであったに違いない、という共通了解が成立したのである[28]。

　判断力が思考と行為の双方にかかわる政治的能力であるならば、思考と行為、理論と実践を結びつけようとする立場からは極めて単純な解が導かれる。それは、判断に求められる再現前化の思考それ自体を政治的行為の一部とみなす解釈である。実際にアーレントは、一つの意見が審議をへて不偏性と一般性を獲得していく過程を、「ある特殊な問題が開かれた場に引き出され、あらゆる側面から、またあらゆる潜在的なパースペクティブのなかで示され、結局、人間の理解力の光によって照らし出され、透明になっていく過程」（BPT: 242）として捉えていた。この記述をみるかぎり、「拡大された思考」とは公的領域で人びとが共におこなう言論活動に等しいという読解はさほど不自然なものではない。こうして、自由な討議を介して自らの偏向したパースペクティブを脱し、他者と協働して公正不偏な判断をおこなうことこそが政治的行為にほかならない、という視座が導かれた（cf. Bernstein 1986）。

　このような読解は、特に市民間の自由な討議に主要な利害調整手段を見出すリベラル・デモクラシーと高い親和性をもつ。再びヴィラの言葉を借りれば、「思考と行動の間の、この一見すると明快な和解は、アーレントの思考をハバーマス流批判理論にみられるような疑似合理主義者（quasirationalist）の政治理論に融合させたいと願う人びとにとって、とりわけ魅力的」（Villa 1999: 89）に映った。

　アーレントから政治実践のための何らかの指針を読みとろうとする評者は、往々にして彼女の議論のうち「政治」問題に適合しない部分を「目に余る矛盾」（Bernstein 1986: 221）として捨象する傾向を示す。主題としての特異性、

議論の内にある視点の揺らぎ、特に後期の〈観照的生活〉にかかわる考察が最終的には未完であり、われわれの手元に残されているのが断片的な草稿にすぎないなどの事情がいくつも折り重なって、判断をめぐる議論には、とりわけアーレントへの一面的な理解に基づいた書きかえと再解釈が集中した[29]。

すでに指摘したように、アーレントから政治実践の指針を見出そうとする論者の多くは、判断を形成する再現前化の思考を、人びとが一致しておこなう公共的討論を通じた共通善の構築プロセスへと進んで読みかえようとする。アーレント判断論をめぐる新たな解釈枠組みはハバーマスの公共圏論から移植されたものであり、その後のアーレント研究の展開に決定的な影響を与えた。そして判断を「政治的行為」へと読みかえる読解からは、アーレントにおける観照／活動の分離問題が、理論と実践の間の緊張関係とは異なる――ただしある意味では重なり合う――もう一つの重要な文脈にかかわっていることを露呈する。その文脈とはつまり、現代の政治理論を覆うアリストテレスの経験主義（実践知）と、カントを源流とする形式主義（実践理性）との間の対立である。

判断論の初期にみられる協議と説得を通じた活動的な判断は、アーレント自身が言うように、アリストテレスのフロネーシス（実践知）にきわめて近い政治能力として描かれている。それとは対照的に、後期にみられる観照的判断では、没利害性と公平性がより重視され、カントの形式主義が範型とされる。つまり〈活動的生活〉と〈観照的生活〉の間の揺らぎは、アーレント思想におけるアリストテレスとカントとの間の揺らぎでもある。そして判断論を政治行為に読みかえようとする人びとは、往々にして、アーレントの主要な（現代政治理論への）功績を、アリストテレスのプラクシス概念の復権・再生に見出そうとするのである。

つまりアーレントの判断論をめぐる解釈の多くは、「現代のアリストテレス主義者」という共通了解化されたアーレント像へと収斂していく。すでに述べたが、アーレントの判断論がつねに不備や欠落の非難にさらされ曲解と改変をこうむってきた理由は、判断論が事実上未完の議論であるという点よりも、むしろ現代の「アリストテレス主義者」という期待に合致しない部分を過剰や欠落として、解釈者が恣意的に削除・補完していった結果である。

さらにこうした認識枠組みはベンハビブを代表とする一部のフェミニスト

批評家たちにも継承され、アーレントの政治的思考は「不本意な近代主義（reluctant modernism）」というそれ自体は卓抜な表現のもとで最終的な形象を得る。ベンハビブによるアーレント解釈の革新性は、アーレントの議論にみられるカントへの深い傾倒と、アリストテレス——というより古代ギリシャ＝ローマ精神に基づくヘレニズム——の混在を、揺らぎや不備ではなく、両者の統合の試みとして捉えるパースペクティブを明示的に開いたところに見出される。当時の政治理論の布置のなかでアーレントの議論の占める位置について、ベンハビブは以下のように書いている。

　　今日の議論における中心的な争点は、普遍主義者の道徳的立場は形式的、先験的かつ文脈無反応であらねばならないのか、それとも道徳普遍主義と文脈への感応性は両立しうるのか、という問題である。アーレントによるアリストテレス主義とカント主義の諸要素の、一見したところ不可解な統合が、実り多いものであることが判明するのは、この結節点においてである。……アーレントは、カント的な「反省的判断」モデルに、合理性と間主観的妥当性とが内在することを示唆している。それらは、一方で人間事象における文脈依存的な道徳観の重要性を承認しながら、われわれが原則普遍主義的な道徳的見地を維持することを可能にするのである（Benhabib 1988: 41）。

　こうした読解をへて、アーレントの議論は現代における新カント主義と新アリストテレス主義の対立——この二つはリベラリズム／コミュニタリアニズムなどをはじめ、実にさまざまな二項対立図式に翻訳される——という、より現代的なイシューの中に再配置されるに至った。この地点において、理論と実践とを統合し、さらにカントとアリストテレスの間を架橋するアリストテレス再生者としてのアーレント像が出来し、彼女の議論の「有効活用」に向けてその後長く共有される政治的視座が完成した。政治的実践に向けて読みかえられたアーレント判断論が、ベンハビブの「連帯的解釈」を通じてハーバマスの討議倫理に接続され、啓蒙プロジェクトの一環を形づくったのは先にみた通りである。こうして判断をめぐるアーレントの省察は、強制なき共同討議を通じて経験知と合理性の双方を手に入れた人びとが一致団結して公共善を実現していく

という、ある種ユートピア的な政治プログラムへと馴致されていったのである。

　もちろん、アーレントの判断論を主題とする論者のすべてが判断を行為論の文脈に還元する解釈へと傾くわけではない。アーレント判断論をめぐる先行研究には、理論と実践の統合を目指す政治理論の系譜には回収されえない議論も多く含まれる[30]。ただしこうした初期の読解がその後の政治理論研究におけるアーレント解釈の潮流を大きく水路づけたことは疑いないだろう。

　初期のアーレント批評は主に 80〜90 年代に集中するが、その後も再解釈の機運は高い水準で継続し、今日アーレントは 20 世紀を代表するもっとも重要な思想家の一人となった。同時に、政治哲学・政治理論とは距離を置く別の領域でもアーレントをめぐる膨大な議論が蓄積されていった。冒頭で述べたように、2000 年代以降は世界的な排外主義とポピュリズム政党、権威主義国家の台頭と暴走を背景に、全体主義研究やホロコースト研究、大衆社会論など、むしろ政治理論研究の外にある歴史学や社会学の領域でアーレントの重要性が提起されている。次章では、全体主義研究に焦点を当て、主に社会科学を中心にアーレント研究史の変遷をたどっていこう。

【注】
1)　伝記的思想史研究は、政治哲学・政治理論におけるアーレント研究の成立と並行して進められたが、初期は主にハイデガーとのかかわりが大きな焦点となった（cf. Ettinger 1995）。その後アーレントの書簡や研究ノートなどの公刊をへて、近年では豊富な資料を背景に、より細密な伝記的描写や同時代の知識人との知的交流（あるいは対立や断絶）へと焦点が移行し、一人の卓越した思想家としてのアーレントの人物像の解析、および彼女が生きた時代への多層的な理解が進められている。（e.g., Hill 2021, Hiruta 2021, 戸谷・百木 2020）
2)　同時期に書かれた日本の政治理論研究におけるアーレント受容の概括としては、川崎（1997）に詳しい。アーレントの議論には体系的な記述と現実への具体的処方箋が欠如しているものの、閉塞状況にある現代政治理論の布置を読み取る上で格好の「観測地点」（川崎 1997: 112）を提供するという川崎の指摘も、上述したキャルホーン＆マッゴーワンの認識と一致している。
3)　フェミニズムにおけるアーレント理解の変遷は、Dietz（1995）で簡潔にまとめられている。アーレントの思考が当時のフェミニズムにもたらした意義については Dietz（2002）の序章に詳しい。
4)　『人間の条件』、特に§6 参照。アーレントのテクストでは、「社会 society」はしばしば "the social" という名詞化された形容詞が用いられ、そのことも多くの

第1章　アーレント判断論をめぐって——39

フェミニストたちによって非難と疑義の対象とされてきた。たとえばH. ピトキン（Pitkin 1995）では、そのような用語法による「社会的なるものの実体化」がアーレントの議論にもたらす混乱と不整合が指摘されている。

5)　アーレント自身は女性解放運動やアフリカ系アメリカ人の公民権運動に冷淡な態度をとっていたこと、さらに自分の「女性」という属性が公的に位置づけられることに対して強い拒絶反応を示したことが、Young-Bruehl（[1982] 2004）による伝記やインタビューなどから知られている。

6)　e.g., Hook（[1984] 2015）. こうしたフェミニズム内部での問題構成は、とりわけアイデンティティ・ポリティクスの位相における本質主義から反本質主義、もしくは（脱）構築主義への移行として理解され、後にJ. バトラーの『ジェンダー・トラブル』（Butler 1990）をへてセクシュアリティ研究と接続された。フェミニズムにおける本質主義の問題構制についてはSpivak（1993）、特に第1章参照。

7)　フェミニズムにおけるアゴン主義は主にホーニッグ（Honig 1995）の理論的立場の名称である。なお、ホーニッグの1995年の論考は1992年に出版された同名の論考（Butler, J. & Scott, J. W., eds., *Feminists Theorize the Political*, Routledge: 215-235）の改訂版であり、脚注に初版の批判への応答を含む。

8)　"capacity to be amended and augmented"（Honig 1995: 138）. なお、この一節はアメリカ憲法の権威についてアーレントが用いた表現でもある（cf. OR: 202）。

9)　「アゴン主義」という用語自体はすでにみられなくなって久しいが、その問題意識、つまり静的かつ固定的なアイデンティティ・カテゴリを前提としない新たなアイデンティティ・ポリティクスの模索は、今なお公民権運動、市民的抵抗運動の最前線に位置する大きな課題である。たとえばJ. バトラーの提示する "precarious life" もそうした試みの一つに数えられるだろう（Butler 2004, 2015）。周縁化され極度の不安定状況を強いられた人びとの、複数で多様な身体による不安定性precarityへの集合的闘争は「空間と時間を横断して生じる連帯の絆」の行為化にほかならないというバトラーの主張は、アイデンティティ・ポリティクスと後述する「連帯モデル」とを統合しようとする試みとしても位置づけられる。

10)　アゴニスティックな解釈に対立するものとしての「連帯的」公共空間についてはBenhabib（1993）、近代主義の範疇でのアーレント解釈についてはBenhabib（[1996] 2003）を参照。

11)　周知のように、アーレントは暴力と権力とを等置する通念——「暴力は権力のもっともあからさまな顕現にほかならない」（CR: 134）——に抗し、暴力と権力の間に厳密な区分を設けた。アーレントによれば、権力とは個人が単独で占有しうる暴力とは異なり、複数の人びとの集合体、つまり「政治的共同体の存在そのものに本来備わる」（CR: 151）力として、多数派の合意や人びとの組織的な連帯にその基礎をおく。それは数や意見に依拠し、「集団が集団として維持される限りにおいてのみ存在しつづける」（CR: 143）ために、つねに道具を用いる暴力とは異なり、物質的に貯蔵しえない潜在能力とされる。本書補論3節も参照。

12)　後述するように、ベンハビブに先んじて討議と連帯の場としての公的空間（公共圏）の概念を提示したのはハーバマスであり、ベンハビブの議論もハーバマス

の公共圏論に大きく依拠している。ハバーマスはアーレントの権力概念を手がかりに自らのコミュニケーション概念を発展させたが、その詳細は本書補論で改めて論じる。

13)　ただしアゴン的民主制 vs. 連帯的民主制という対立図式は、ベンハビブによって事後的に見出されたものにすぎない。ホーニッグ自身は、政治的行為のもつ二つの側面が互いに相容れないというものだという解釈自体に疑念を呈し、両者の分離不可能性を主張している。Honig（1995）、特に Afterword 参照。また、アゴニスティック／アソシエイショナル二者択一図式への批判と、アゴン的公共性論の現代的インプリケーションに関しては、ヴィラによる優れた考察がある（Villa 1999: Chap. 5）。ホーニッグに先駆けて公共空間の劇場性に焦点を当てた、狭義のアーレント研究とは別の文脈にある重要な論考としては、R. セネット（Sennett 1976=1991）が挙げられるだろう。セネットは公的な自己表現形式の変遷過程から、近代以降に生じた公的生活の衰退を社会史の側面から描き出し、公的空間における二つの側面の不可分性を傍証している。

14)　ヴィラ（Villa 1996=2004）は、ハバーマスから始まるリベラル・デモクラシーに傾斜したアーレント読解が、政治理論の内部で 1)「参加民主主義」（「共和主義」を含む）、2)「批判理論」、3)「共同体主義」の 3 つに細分化されること、しかしそれらは全てアーレントを現代版アリストテレス主義へと還元する試みであることを指摘している。

15)　『過去と未来の間』の初版が出版された 1961 年は、アイヒマン裁判の開廷と同年である。その後アイヒマン論争への所見として書かれた第 7 章「真理と政治」、および第 8 章「宇宙空間の征服と人間の身の丈」を加えた拡大版が 1968 年に出版された。

16)　その根拠には、主として次のような事実が挙げられている。一つには、これまでアーレントの定義する意味での判断力という能力を扱った哲学者はカントだけであり、美学領域における「趣味」論をのぞけば、美的判断能力はほとんどの哲学者から看過されていたため、参照すべき議論がほぼカントに限られるとアーレント自身が語っていたこと（LM: 215）、二つには、『カント政治哲学の講義』における「判断」の章句が、『精神の生活：I. 思考』に記載された「判断」の章句と完全に一致し、さらに「思考篇」の後記にみられる判断力分析のアウトラインがカント講義の構成に密接に連関していることである（Beiner 1982: 91）。

17)　"Society and Culture," *Daedalus*, vol. 32, no. 2, 1960: 278-287.

18)　カント『判断力批判』についての記述があらわれるのは Dt. Note 22 [19] 以降であり、考察は同ノート [37] まで続く。

19)　"Understanding and Politics (The Difficulties of Understanding)," *Partisan Review*, XX/4, 1954（EU: 307-327）.

20)　Dt. note 12 (20), (21)（邦訳 (1): 368-369）.

21)　実際『人間の条件』の執筆によって、ハイデガーとアーレントの親交は一時的に途絶えることになった。アーレント／ヤスパースの書簡（Arendt/Jaspers 1985=2004）には、この時期の事情が示唆されている。

22)　アーレントの判断論にみられる二つの位相は、ベイナーの「解釈的試論」（Beiner 1982）で最初に指摘され、その後アーレント判断論の解釈枠組みとして広く共有された（cf. Bernstein 1986: 221-222）。ただし、ベイナー＝バーンスタインの解釈に反し、行為者（actor）の能力としての判断力と注視者（spectator）の能力としての判断力の間に根本的な差異はないとみなす立場もある（e.g. d'Entrèves 1994, Villa 1999）。

23)　初出は "Thinking and Moral Considerations: a Lecture," *Social Research*, vol. 38, no. 3, Autumn 1971: 417-446. なお、このエッセーは『精神の生活：I. 思考』冒頭の草稿でもある。

24)　『人間の条件』の元々のタイトルは「活動的生活（vita activa）」であり、遺作となった『精神の生活』は「観照的生活（vita contemplativa）」の現代語訳に相当する。つまり二つの著作は対をなし、その構成は互いに密接な対応関係にある。『人間の条件』における労働・仕事・活動の3つの活動様式に対応して、『精神の生活』では思考・意志・判断の3つの活動様式が構想された。同時に、思考・意志・判断という3つの主題は、ベイナーによれば、それぞれカントの三大批判、つまり純粋理性・実践理性・判断力にも対応している（Beiner 1982: 128）。

25)　カノヴァンによれば、アーレントの著述において哲学と政治の対立が特に表面化するのは最後の25年間とされる（Canovan 1992: 255）。書簡や草稿集などから、50年代初期にはすでに、アーレントが哲学と政治の古来続く緊張関係について考察を始めていたことがわかっている。その直接的な契機として指摘されるのは、戦中期におけるハイデガーのナチス協力行為に対するアーレントの深い失意と、ハイデガー哲学の卓越性に対する戦後の再認識の間で揺れたアーレント自身の葛藤であることは疑いない。

26)　HC、特に§2「〈活動的生活〉という用語（The Term Vita Activa）」参照。

27)　公と私の区分をめぐってフェミニストたちが批判したのは、公的領域における参加の同格性を保証するための「プライベート」という観念が、つねにすでに既存の不平等な社会関係を反映したものでしかないこと、そして「プライベート」に含まれる中立性の原理が、結果的に従属的な集団のこうむる不平等を不可視化するためのレトリックとして作用してきた点である（cf. Fraser 1992）。

28)　もちろんこうした解釈はまったく根拠のないものではない。アーレントによる判断力の記述、特に行為者のパースペクティブに準拠した時期のテクストでは、判断をおこなうための思考には特別な政治的局面がそなわると強調されている。たとえば「真理と政治」（BPF 所収）のなかで、アーレントは「意見を形成する際に、たとえ私がすべての交際を絶つか完全に孤立しているにしても、私の存在は哲学的思考の孤独のなかで単にわたし自身のうちに閉ざされているのではない」（BPF: 242）と論じている。さらにアーレントはアイヒマン裁判の傍聴経験から、人が悪事をおこなう（evil-doing）原因が、道徳感覚ではなく思考能力の欠如にあるという考えをもつに至った（RJ: 160）。これらの記述から、アーレントが何らかの形で思考と行動の間を架橋する政治的能力として判断力を措定していたことは明らかであろう。

29) たとえば『カント政治哲学の講義』の編者であるベイナーは、巻末に付した「解釈的試論」のなかで、アーレントは最終的に注視者の判断を優先させることによって、判断を横断する〈観照的生活〉と〈活動的生活〉の緊張関係を廃棄したと論じる。ただしこの解決策は判断力のうちの「〈活動的生活〉への一切のかかわりを締め出すという犠牲を払って得られた、無理な整合性」(Beiner 1982: 139) であったとされる。ベイナーによれば、後期に生じた変化、つまり判断力の没利害的で観照的な側面に焦点を移行させたことによって、アーレントの描く判断力はそれがもともともっていた豊かさを失い、「はるかに狭隘で実りのない概念へと帰着」(Beiner 1982: 140) してしまった。それゆえ、観照的な判断にみられる過度の形式主義化を克服するには、注視者の判断に実体的な条件——それによって切り捨てられた活動領域との連関が回復されるような——が補完されねばならない。ベイナーはここからカントの議論のみを範例とするアーレントの視角を廃棄し、アリストテレスのフロネーシス論に目を向けることを提案する。後の『政治的判断力』(Beiner 1983) では、判断を「政治的生活に能動的に参加するための」(Beiner 1983: 3) 市民権に基づく「政治的判断」と定式化し、善き判断とは何かについて考察を拡げた。ベイナーに続き、判断を論じた初期の評者であるバーンスタインは、ベイナーと同様に判断論のなかに二つの位相——行為者と注視者——を認めるが、ベイナーとは異なり、両者の緊張関係は最後まで解消されていないと考えた (Bernstein 1986)。バーンスタインは主として行為者のパースペクティブから書かれた前期の判断論をアーレントによる政治理論への最上の貢献とみなし、後期のレトロスペクティブな記述を不可解な「矛盾」として位置づけた。ただしバーンスタインは、行為者の視点のなかに注視者の視点を（下位カテゴリーとして）組み込むことは可能であり、前期と後期の矛盾は行為者のパースペクティブのうちに解消されうると考えた (Bernstein 1986: 236)。

30) そうした解釈に与しない例外的な視点をもつ論者に、フェミニズム批評家である J. ディッシュ (Dish 1992, 1994, 1995) や L. M. G. ゼリリ (Zerilli 2005, 2016) が挙げられる。ディッシュやゼリリはともに、『カント政治哲学の講義』で論じられた注視者による反省的判断に焦点を当て、判断の結果よりもプロセス自体に政治的含意を見出す点で共通している。ディッシュは、判断によって生み出される関心 (inter-est) (HC: 182) が、対話や意見だけでなく分節化された政治的連帯を達成すると主張し、人びとの間に介在し (in-between)、人びとを離すと同時に結びつける「関心」こそが、新たな抑圧の源泉となることなく集団の組織化の基盤を提供しうるアイデンティティ概念の可能性を提示すると考えた。同様にゼリリは、憲法で保障された自由を求める第二波フェミニズムの要求を規定的判断とみなし、フェミニズム的実践としての判断は規定的判断ではなく——なぜなら、フェミニズムの実践は男／女などの所与のコード化されたルールでは包摂されえないのだから——反省的判断として、「新しい」現実への理解と結びついていなくてはならないと考える。「判断とはわれわれの経験を秩序づけたり意味づけたりする能力」(Zerilli 2005, chap. 4) であるとして、反省的判断の批判的実践のみが、決定論に基づく因果律から離れたフェミニズムの本来要求すべき自由を実現する

と論じた（Zerilli, 2005: chap. 4）。特に判断力を意味の理解へと向かう過程のなかで捉える点で、ゼリリのアーレント読解は本書の視座ともっとも近い政治理論に位置づけられるだろう。

第2章
ホロコーストと社会学的想像力

1 ファシズム、大衆、社会学

　アーレントと社会学知はどのような形で交わるのだろうか。実はこうした問い自体、これまであまり正面から問われることがなかった。アーレント思想が人文・社会科学の諸領域を横断し広く受容されるに至って久しいが、社会理論との内在的な連関を明示的に跡づけた論考は多くない[1]。また、それらのわずかな論考においても、両者の近接性は主としてアーレント初期の『全体主義の起源』や『人間の条件』を中心に、戦前・戦中はファシズム研究、戦後は大衆社会論の枠内において論じられてきた。理由はいくつか考えられる。社会学とアーレントのかかわりが、主として生前のアーレントと社会学者、あるいは社会科学者たちとの論争や交友（断絶）録などから読み解かれてきたこと、そしてアーレント自身が「社会的なもの（the social）」——そこには「社会学」や「社会科学」も含まれる——に一貫して強い嫌悪を示していたこと、そしてある時期を境に、アーレントの思考が大衆社会論の圏域から明確に離脱していったことなどが挙げられるだろう。アーレントは明らかに、自身の思考が社会学や社会科学と近接性をもつとは考えておらず、またその理解は評者の間でも、彼女の生前・没後を通じて、わずかな例外をのぞいてほぼ一致していた。

　本章ではこうした共通認識に反し、アーレント思想と社会理論、あるいは社会科学としての経験社会学が、アーレント後期に属するアイヒマン裁判以降の著作群、特に思考と判断をめぐる議論においてもっとも強く共鳴することを指摘したい。以下、アーレントと社会学とのかかわりを、社会学の成立とアーレ

ントの全体主義理解の変容に沿ってたどってみよう。

　「社会学」という言葉を最初に用いたのはフランスの A. コント（1798-1857年）にさかのぼるといわれるが、現代社会学の創始者として挙げられるのは主に 19 世紀末〜20 世紀初頭にかけて活躍した E. デュルケーム（1858-1917 年）、G. ジンメル（1858-1918 年）、M. ウェーバー（1864-1920 年）といった 19 世紀末、20 世紀初頭に活躍した「第二世代」の名前である。アーレント思想と社会学との接続地点を考えるとき、20 世紀初頭のドイツに生まれたアーレントにとって、思想史的な系譜からみても時代的な交友関係からみても、社会学はもともとごく近い距離にあったことがわかる。アーレントの師の一人である K. ヤスパースはウェーバーと師弟関係にあり、またアーレント自身も知識社会学を提唱した K. マンハイムの講義に参加し、社会研究所所員であった W. ベンヤミンと深い友誼を結んでいた。ただしこれらは、アーレントと社会学との間の特別なつながりを示すというより、単純に当時黎明期にあったドイツ社会学において、一つの学問としての制度的な領域境界がまだ確立されていなかったことの方が大きいだろう[2]。19 世紀末から 20 世紀前半におけるドイツ語圏の「社会学者」の内実は、哲学、政治学、法学、経済学、歴史学、精神分析を含む人文・社会科学諸領域の専門家たちによって横断的に構成されていた。社会学は広く「近代社会」への問いを共有し、学際的なアプローチから現実社会を捉えようとする包括的な視座の総称であり、そのためアーレントの周囲にはつねに「社会学者」たちが存在した。

　アーレント思想と狭義の社会学との最初の接点は大衆（mass）に見出される。大衆という匿名の人びとの存在様式そのものが、19 世紀末以降に社会学を通じて新たに発見された概念である。1895 年の G. ル・ボン『群衆心理』（Le Bon 1895=1993）から始まり、1897 年にはデュルケーム『自殺論』（Durkheim 1897=2018）、1901 年に G. タルド『世論と群集』（Tarde 1901=1989）、1903 年にはジンメル「大都市と精神生活」（Simmel 1903=2020）が書かれ、この頃すでに群衆（crowd）、大衆（mass）、公衆（public）など、近代社会においてあらわれた匿名かつ多人数の集合を区分するための基礎的な概念が提示されていた。さらに第一次世界大戦後には、ヨーロッパにおけるファシズム政権の台頭を受け、W. リップマン『世論』（Lippmann 1922=1987）、J. オルテガ『大衆の反逆』

（Ortéga［1930］1966=2020）など、一部のエリート層との対比から大衆を定義
し、大衆批判とエリート支配への警鐘を鳴らす議論があらわれる。社会学にお
いては、民主主義崩壊の背後に近代大衆社会の興隆を見出すマンハイムの『変
革期における人間と社会』（Mannheim 1935=［1940］1980）が決定的な役割を果
たした。マンハイムの議論はその後の社会学における全体主義理解の道標とな
り、以降ドイツ国外に亡命したユダヤ系知識人による独裁国家研究の潮流が形
成された（e.g., Lederer 1940, Neumann, S.［1942］1965）。

　さらに、米国コロンビア大学に移籍したフランクフルト大学社会研究所では
マルクスとフロイトの視点を融合させたファシズム研究が進められ、E. フロ
ム『自由からの逃走』（Fromm 1941=1965）、F. ノイマン『ビヒモス』（Neu-
mann, F.［1942］1944=1963）、T. W. アドルノ（ほか）『権威主義的パーソナリ
ティ』（Adorno et al.［1950］2019）など、今日の社会学の古典となる研究群が
この時期に出版されている。「権威主義」とは社会構造と個人的性向の媒介項
として作用する「社会的性格」であり、近代大衆社会に特有、かつナチズムに
おける人種主義・反ユダヤ主義政策の心理的基盤と定義された[3]。こうした
「社会的性格」概念はその後に発展し、社会心理学の嚆矢となった D. リースマ
ン（ほか）『孤独な群衆』（Riesman et al.［1950］2020）をへて、C. W. ミルズ
『パワーエリート』（Mills［1956］2000）、S. M. リプセット『政治的人間』（Lipset
［1960］1983）、D. ベル『イデオロギーの終焉』（Bell［1962］2000）など、戦後
アメリカ社会学を代表する現代大衆論へと続いた。

　1951 年に初版が出版されたアーレントの『全体主義の起源』もまた、これ
ら一連の流れに属する大衆社会論の一つに数えられる。『全体主義の起源』に
おいて、ファシズム牽引層であるモッブ（mob）とは、階級社会から脱落した
植民地主義の尖兵であり、いわば「偽のエリート層」とみなされた。他方、フ
ァシズム運動の担い手である大衆（mass）は、既存の階級利害との結びつき
を何も持たない政治的浮動層として描かれる。彼らは公的世界への関心をもた
ず、私的領域に閉じこもって互いに孤立し合う存在であり、アーレントによれ
ば、「社会」のなかでアトム化した大衆をファシズム運動に結びつけたのが、
ヒトラーの掲げる「人種主義（反ユダヤ主義）」という疑似科学的宗教であった。
全体主義の台頭を可能にした社会的条件として、階級社会の崩壊と近代大衆社

会の興隆を指摘する視座は、マンハイム以降のファシズム論に共通する一種の紋切り型であり、アーレントの議論もまたそれらと精確に軌を一にする。

すでに多くの論者によって指摘されているが、『全体主義の起源』を単なるファシズム＝大衆社会論として捉えた場合、そこに当時の定説を超えるオリジナルな視点を見出すことは難しい。さらに伝統的な歴史学と比較してみても、アーレントの歴史記述が多くの問題を抱えていることは否めない[4]。もちろん『全体主義の起源』には個々のテーマにおいて、たとえば植民地主義と全体主義支配の連続性や、人権概念の欺瞞を鋭く批判した「国民国家の没落と人権の終焉」（第2巻9章）など、現代の視座に連なるいくつもの卓越した見解が含まれる。しかし全体としてみた場合、もしもこの著作が単なる大衆社会論に終始したならば、今日に至るまでこれほど広く受容されることはなかっただろう。

こうした種々の困難にかかわらず、『全体主義の起源』は今なお疑いなく、全体主義についての最も優れた考察の一つをわれわれに提示する。その理由は主に、第2版（1958年）での大幅な加筆によるところが大きい。特に第3巻に所収された論考「イデオロギーとテロル」[5]によって、『全体主義の起源』はマンハイムの枠組みから逸脱し、もはや単純な大衆社会論には還元できないテクストとなった。以降、アーレントの全体主義理解はそれまでのファシズム論、大衆論から明確に離れ、独自の軌道を進み始める。それと同時に、『全体主義の起源』にみられるステレオタイプの社会評論や、歴史記述における一次資料の不備などは、必ずしもこの著作の真価を損なうものとはならず、むしろ彼女自身が大衆社会成立の歴史的解明に全体主義理解の主眼を置いていなかったことの証左となった。『全体主義の起源』は第2版における改稿をへて、初めて本来の相貌をあらわすに至るのである。

2　核心としての「絶滅収容所」

アーレントの全体主義理解はどの地点で大衆社会論から逸脱していくのだろうか。「イデオロギーとテロル」では、全体主義支配の本質がイデオロギーとテロルの二つの側面から考察される。イデオロギーとは通常、特定の集団内で共有される虚偽意識と定義されるが、アーレントの考えるイデオロギーはそれ

らと少し異なる。アーレントにおいてイデオロギーとは、たとえば自然法則としての人種主義、歴史（経済）法則としての階級闘争、あるいはユダヤ人による世界支配の陰謀論といった実体のある特定の虚構（物語）ではない。イデオロギーとは、むしろそれらの虚構に共通する形式性、つまり特殊で恣意的な前提から「論理」的に導かれる動的な行動原理を意味する。それに対してテロルとは、いわばイデオロギーの実現装置であり、イデオロギーによって構築された偏執的な世界観の下で、法則という名の論理的強制力を根拠に人びとを服従させる支配体制を指す。テロルとはただ自らの永続的な存続のみを求め、イデオロギーの示す首尾一貫した世界観の無矛盾性を守るために人びとを動員しつづける自己目的化した運動である（OT: 472=(3) 315-316）。

　アーレントによれば、全体主義統治とは、一つの奇妙な世界観が絶対不可侵の公理（principle）として君臨する世界である。たとえばそれは「歴史を繙く鍵や、宇宙の謎の解明法を見つけたと称するイデオロギー」（OT: 457=(3) 263）のようなものとされるが、その中身が具体的に何であるかは大きな問題ではない。重要なのは、それによって世界全体が、初めの公理から導かれる厳格な論理体系のなかに埋め込まれることである。全体主義イデオロギーの下では、生起するすべての出来事が、一つの公理から首尾一貫した必然性をもって展開していく。というより、あらゆる出来事は、公理の正しさを証明するように起こらねばならない。たとえば生物学における「最適者の生存」が〈歴史〉の自然法則であり、かつこの世界の謎を解く「鍵」だったとしよう。するとここから導かれるのは、「もっとも進歩した階級の生存」＝「生きるに適しない人間の除去」が速やかに実現されねばならない、という論理的帰結／飛躍である。ゆえに、もし最初の「公理」を受け入れるのであれば、誰か特定の人びとを「生きるに適さない有害なもの」——たとえば「死滅すべき」階級、寄生人種、衰頽した民族——に仕立て上げねばならない。もしも生存不適格者が世界に存在しなかったり、存在してもその除去が速やかになされなかったりするならば、それはすなわち歴史法則の終焉であり、「人間の歴史そのものの終末」（OT: 464=(3)306）という、あってはならない非常事態を意味する。それらを法則通りに執行することこそが全体主義統治の存在意義であり、この自明な論理的推論を受け入れない人間、つまり全体主義のイデオロギーに従わない人びとは、歴史

の真理を直視できない愚か者か、偽善的人間愛に足を取られた卑怯者でしかない——この短絡した論理展開こそが、全体主義的世界観に順応した人びとの表向きのレトリックであった。

　言いかえれば、全体主義運動とは、首尾一貫した矛盾のない世界を構築することを目的に、単一の前提から演繹される論理的推論にあわせてすべての現実を作りかえていく壮大な事業であった。そこでは過去に完璧な説明を与え、未来を完全に規定する超意味（supersence）（OT: 457＝（3）263）に沿って、あらゆる出来事が「必然的推論」の連鎖に整然と配列される。それは「まったく矛盾を含まない世界観をもちたいというありふれた願望」を、徹底した「現実性（reality）と事実性（factuality）への蔑視」（OT: 458＝（3）263）によって叶えようとする虚構の世界であった。

　もう一つ、全体主義運動の大きな特性としてアーレントが指摘したのは、歴史上、たいていの国家的侵略行動の背後に見出される一切の合理的な動機が、全体主義運動に欠落していたことである。全体主義国家は、その他の侵略国家と同じように強い膨張志向をもっていたが、それは全体主義以前の帝国主義の時代にみられたような「利潤動機や権力渇望」（OT: 458＝（3）264）に基づく領土拡大の欲望ではなかったという。そうではなく、全体主義運動はただ自らがしたがう運動法則の正しさを実証し、矛盾や不確定性のない世界を構築したいという欲望のためだけに、全世界を支配下に置こうとした。その歪な世界観の特異性は、全体主義体制における独裁者の政治的呼称が、人民の上に君臨する統治者を意味する「王」や「皇帝」ではなく「指導者（Führer）」であったことに端的にあらわれる[6]。全体主義にあって、独裁者は人びとを支配する存在ではない。それは人びとの先頭に立ち、正しく秩序付けられた新たな世界を目指してともに進む水先案内人なのである。

　アーレントは全体主義支配下における法の強制執行をテロルと呼んだが、その本質は運動にみられる徹底した、非人間的なまでの価値中立性にあると考えた。テロルとは人間の利益や善悪とは関係のないところで起こる、単なる「運動法則の実現」にすぎない。論理的推論と同じように、それは「人間のために存在するのでも人間に敵対して存在するのでもない」（OT: 466＝（3）308）。彼らが巨大な大量殺人機構を作りあげ、罪のない人びとをガス室へと送りつづけ

たのは、決して欲望や悪意に突き動かされたためではなく、あくまでも「死すべき人種」という運命に論理的整合性を与えねばならなかったからである。テロルとはただ「自然法則」の緩慢で不確実な過程を人為的に加速させる装置であり、人間の進歩を阻害する諸要因を取り除くために編み出された最も効率的な手段にすぎない。その意味で、全体主義支配とは、人間の頭上に論理的強制力が君臨する支配者不在の支配、すなわち、アーレントの言うところの「無人支配（rule by nobody）」（HC: 40）であった。

　このような論理必然的な強制力を自らの動因とした政治運動は、歴史上一度も存在しない。ゆえにアーレントは、全体主義の「無人支配」は過去のあらゆる暴力的な統治から隔絶した新しい支配形態だと考えた。その本質は、たとえば計画の規模や犠牲者の数、執行手段の新奇さや残忍さなど、今なお多くの人びとの耳目を引きつける諸要素のなかにあるのではない。アーレントにとって、全体主義支配の本質は、運動法則の執行を妨げる諸々の事柄――人間の自発性や創造性といった「新しく始める能力」すべて――を、その痕跡すら残さずに抹消しようとするところにある。なぜなら、人間の持つその能力こそが、人間事象（human affairs）の本質であるところの出来事の偶発性を構成し、必然的推論には決して回収しえない予見不可能性の源泉となるからである。世界を論理的演繹の連鎖で埋め尽くすには、人間のもつこの「創始」の能力と、その能力が発現する「自由の空間」とをことごとく消し去らねばならない。そうすることで、はじめて全体主義運動は自らの完全かつ永遠の無矛盾性を実現することが可能になる。アーレントはこうした支配を「人間の本性（nature）」（OT: 458=(3) 265）への攻撃とみなし、「人間が罰することも許すこともできない……人類が共通に担う罪業というものの枠すら超える」（OT: 459=(3) 266）絶対の悪、すなわちカントの言う「根源悪（Das radikale Böse）」だと考えた。

　アーレントによれば、こうした論理支配の最終的な正しさ、つまり「人間は全体的に支配されうる」（OT: 437=(3) 230）存在であることを実地で示すのが、大量死体製造工場たる絶滅収容所である。外界から隔絶されたその場所は、人間のあらゆる自発性を剥ぎ取り、人びとを単なる生理的反応の束へと変える。絶滅収容所とは「全体的支配一般にとっての指針となるべき社会理想」（OT: 438=(3) 232）であり、同時に「全体的権力機構・組織機構の中核的機関」（OT:

438=（3）232）でもある。強制収容所、絶滅収容所が実在したというそのこと自体が、全体主義支配の論理的正しさが成立しうること、そしてその正しさが人間の手によって現実世界で実現されうることの確かな証拠となる。

　大衆社会への理解枠組みをどれだけ精緻化してみても、決して絶滅収容所にたどりつくことはない。ユダヤ人問題の〈最終的解決〉は、華々しい国家宣布による熱狂の裏で、大衆から隠れて静かに進められたまったく異質の政策であった。史実としてみれば、われわれは次の事実を確認することができる。つまり、ヒトラーが示したヨーロッパ・ユダヤ人の物理的殲滅の意向は、1942年1月のヴァンゼー会議においてはじめて正式に官僚たちに伝えられたこと、そこで「ユダヤ人問題の最終解決」に向けたドイツ各省庁間の協同体制が確認・合意され、殺害方法について直截に協議されたこと、その後旧ポーランド領に6つの絶滅収容所が出現し、翌年にはその「稼働」がピークに達したことである（e.g., Hilberg［1961］2003, Aly 1995=1998）。しかしそうした政策決定から実装へと至る短い期間に、ドイツ一般大衆は実質的に何の役割も負っていなかった。収容所の存在は政権支持層であるドイツ本国の国民には知らされず、行政文書への不記載、隠語、偽装、箝口令、目撃者の殺害、物証の隠滅などあらゆる手段を通じて収容所外部の人びとの目から徹底的に秘匿された[7]。その存在はドイツ国外にいる人びとの間で噂されても、ドイツの敗戦が濃厚になり、揺るぎない証拠が外部に漏れ出す終戦間際まで本気で信じられることはなかった[8]。イデオロギーとテロル、論理による無人支配、そして最終到達地点としての絶滅収容所を通じて、アーレントの全体主義理解は、その他の「大衆社会論」とは異なる視点を獲得していくのである。

3　大衆社会論からの離脱

　大衆から絶滅収容所への移行は、アーレントが独自の視点から全体主義の理解を試みる過程と重なっている。『全体主義の起源』第2版でイデオロギーやテロルという新たな分析概念が必要となったのは、もはや人種主義、プロパガンダ、カリスマ（エリート）支配といった、ナチスが秘匿しなかった情報に基づく戦時中の概念図式で全体主義を説明することができなくなったためである。

アーレントは、全体主義は先例のない支配体制であり、その特異性は絶滅政策、およびそのアイコンたる絶滅収容所に集約されると考えた。ならば、なぜそれが可能だったのか、いかにして可能だったのか。その問いを問うために、大衆社会論とは異なる別の分析概念が要請されたのである。

　絶滅収容所はどこからあらわれ、どのように実現したのか。ファシズムの担い手が大衆であったのに対し、アーレントの言うテロルにも固有の担い手が存在した。それはナチス政権を支えた官僚たち、あるいは無人称の官僚制である。この地点で、ナチズムを読み解くもう一つのキータームである「官僚制」があらわれる。強制収容所を最終目的地とする巨大な殺戮システムを構築し、ヨーロッパにおけるユダヤ人問題の「最終解決」を机上で企画・管理していたのは、ナチス政権における官僚たちにほかならない。テロルを支えたのは、カリスマ指導者を信奉する大衆の熱狂や狂信ではなく、むしろ規則の遵守、上役への忖度、日々のルーティン作業に埋没し、自己保身と出世競争に明け暮れる官僚たちの通常業務であった。

　ファシズム政権支持基盤として、いわば全体主義支配の外殻にあたる大衆から、支配システムの中心に位置する絶滅収容所へ、さらには絶滅収容所の設置・運営を支えた官僚制機構へ、という一連の焦点の移行は、アーレントに限らず、戦後の全体主義研究に共通する大きな変化でもある。終戦後、絶滅政策と強制収容所の全容が明らかになるにつれ、ナチズム研究の中心は、歴史上類のない行政的大量殺戮がいかにして行われたのかという問いへと向かい、証言と証拠に基づく実証史学としてホロコースト研究が確立されていった。その嚆矢となったのは R. ヒルバーグである。F. ノイマンから「ビヒモス」のコンセプトを継承したヒルバーグは、戦後に連合国側が押収したナチス政権内部の膨大な公式文書資料の精査を通じて、ヨーロッパにおけるユダヤ人大量殺戮事業の進行過程と、ナチス政権の複雑な多頭的官僚機構が果たした役割の全容を初めて実証的に明らかにした。よく知られているように、アーレントの『イェルサレムのアイヒマン』（EJ）における事実報告部分は、その大半をヒルバーグの大著『ヨーロッパ・ユダヤ人の絶滅』（Hilberg [1961] 2003）に依拠している[9]。

　歴史学におけるホロコースト研究の展開と並行するように、アーレントの議

論にみられる大衆社会論から官僚制への焦点の移行もまたゆるやかに進んでい
く。『全体主義の起源』初版と同時期に書かれた1945年「組織的な罪と普遍的
な責任」(EU所収)の時点では、大量殺戮機構にはドイツ国民全員が何らかの
形で加担していたと論じられている。アーレントによれば、殺戮システムに加
担した人びとは自動人形と化した大衆、あるいは私的な安寧のみを求め公的な
徳性をなくした「『ブルジョワ』のなれの果て」(EU: 130)であり、「市民」と
対極にある存在としての「群衆人(the mob man)」であった。こうした議論
にみられる用語からは、この時点でアーレントがまだテロルへの動員を大衆社
会論の圏域から捉えていたことが示される。しかし同時にこの論考では、人び
とがこのようなシステムに加担しえたのは「官僚組織の職務を果たすことを通
じてその良心を拭い去った」(EU: 129)ためだという、後のアイヒマンをめぐ
る考察の原型ともいえる議論がすでに提示されている。その後の『全体主義の
起源』では、第2版への改稿をへて大衆論の系譜から明確に外れていくが、他
方で、官僚制への言及は植民地支配にかかわる記述にとどまる。官僚制がはじ
めて全体主義との関連において論じられるのは『全体主義の起源』第2版と同
時期に出版された『人間の条件』の「社会的なものの勃興」(HC:§6)である。
後述するように、アーレントは官僚制を無人支配と呼び、人間史上「最も無慈
悲かつ専制的な」(HC: 40)支配形態だとみなしたが、この時点で官僚支配は
まだ大衆社会との連続性のなかで捉えられていた。さらに次節でみる『イェル
サレムのアイヒマン』では、戦時下のナチス官僚にみられる道徳判断能力の機
能不全——そのために彼らは、移住政策から絶滅政策へと転換した決定的な局
面においても素早く自らの任務に順応することができた——を、官僚制を温床
とする無思考性のなかに見出した。

　アーレントの全体主義理解において、終戦期からアイヒマン裁判に至る期間
は、いわば大衆社会と官僚制、双方の視点が混在する過渡期といえる。しかし
『イェルサレムのアイヒマン』出版後、自身への批判の応答として1964年に書
かれた「独裁体制のもとでの個人の責任」で、アーレントは「すべての人に罪
があるのであれば、誰にも罪はない」(RJ: 21)のと同義だとして、実際に殺戮
機構の内部で「歯車」を担っていた官僚たちの罪と、その他の人びとの「集団
責任」とを峻別する必要性を強く説いた。これ以降、おそらくは裁判の傍聴経

験を通じて前景化した「罪と責任」という主題を契機に、アーレント思想における匿名の集合体としての「大衆」はほぼ完全に姿を消していく。

こうしたアーレントの思索における移行過程をふまえた上で、いま一度社会学の文脈に戻り、アーレントと「社会的なもの」の関係を整理しよう。通常アーレントの言う「社会的なもの」とは、公的世界が私的領域（必然性）に浸食された結果あらわれる、公／私の境界が消滅した状態として理解される。『人間の条件』では、18世紀半ば、つまり近代以降における私的世界の勃興と公的世界の衰退にともなって、私的領域の統治ルールであった家族的支配形式が公的領域に拡大し、従来の私的領域とも公的領域とも異なる「社会的領域」が成立したと論じられる。社会的なるものの本質は構成員の均質化であり、社会の中では構成員全員が共通の利害と一つの意見をもつよう統制される。そこで求められる平等とは「家長の専制的権力下における家族の平等」（HC: 40）であり、かつての公的領域でみられた同格者の間の対等性を意味しない。さらに社会における家族的統治は、初期の一人支配（家長支配）から徐々に人格的要素を排した無人支配へと移行する。官僚制とは「統治の最も社会的な形式」（HC: 40）であり、「一人支配が国民国家の最初の段階であるように、官僚制は国民国家の最後の統治段階」（HC: 40）である。

アーレントの言う「社会的なものの領域の拡大」とは、社会学からみれば、近代以降における大衆の出現とほぼ重なっている。つまり、活動（action）が行動（behavior）に、人格的支配が官僚制に置きかわり、従来は家族内の関心事であった生命過程にかかわる必然性が公的問題へと変貌したのは、大衆社会の出現による。そのため、アーレントは大衆と呼ばれる集合体を「真の人類ではなく動物の種たるヒトの一員」（HC: 46）、つまり社会的動物にすぎないとみなした。彼らにおいてつねに最高位を占める関心事とは、種としての生物学的生存のみであり——ここから、その後のアーレント評価を大きく二分する「社会的なもの」の定義が導かれる——つまり「社会とは、ただ生命の維持のために存在する相互依存の事実が公的な重要性を帯び、ただ生存にのみ結びついた活動力が公的領域に現れるのを許されている形式にほかならない」（HC: 46）。

こうした「社会」をめぐる視座の歴史的妥当性はともかく、ここで確認すべきことは、『人間の条件』にあるこれらの議論もまた『全体主義の起源』と同

様、大衆社会論の圏内に位置づけられるという点である。近代と共にあらわれた匿名の大衆は、ヒトの（種としての）「一者性（one-ness）」（HC: 46）を根拠とする存在様式であり、官僚制の無人支配は大衆社会の延長線上に、その最終形態として見出される。「社会的なもの」の勃興をめぐるアーレントの議論を社会学からみれば、近代化の過程であらわれた画一主義（conformism）や私事化（privatization）への傾向という大きな文脈に対応する。そのため、これまでアーレント思想と社会学との接地点をめぐっては、大衆社会論としての『全体主義の起源』、あるいは『人間の条件』を中心とする「社会的なもの」の定義に焦点が当てられてきた[10]。しかしわれわれは、こうした「大衆」視点がアーレントの議論のなかで徐々に後退し、後には完全に捨象されていくことに留意せねばならない。

4　社会科学と「悪の凡庸さ」

　アーレントと社会学との交差を考える上で、大きなメルクマールとなるのが『イェルサレムのアイヒマン——悪の凡庸さについての報告』（初版 1963 年、改訂増補版 1965 年）である。周知のように、1960 年にイスラエル諜報機関によってアルゼンチンで捕らえられた元 SS 中佐アドルフ・アイヒマンは、戦時中のユダヤ人絶滅機構の中心人物としてイスラエル政府に告発され、翌年イェルサレムにて彼を被告とする公開裁判が開廷された。米国『ザ・ニューヨーカー』誌の特派員として裁判を傍聴したアーレントは、1963 年、同誌に裁判レポートを掲載し、同年書籍として刊行された。アーレントはこのレポートの中で、全体主義に対するこれまでの自身の視座に対し、いくつかの重要な軌道修正をおこなっている。最も大きな変化の一つは、よく知られているように、全体主義という悪に対するアーレントの理解様式が「根源悪」から「悪の凡庸さ」へと移行したことである[11]。

　すでにみたように、裁判以前のアーレントは、全体主義体制を「根源悪」だと論じた。しかし実際にアイヒマンの言動を目の当たりにしたことで、アーレントはその考えを改める。彼女の目に映ったアイヒマンは、ヨーロッパにおけるユダヤ人の強制移送という悪魔的事業の中心的役割を担った人物でありなが

ら、邪悪さ、病理、イデオロギーへの狂信を含め、「根源悪」をなしうるような一切の深遠さと無縁の、凡庸で卑俗な一官僚であったためである。アーレントにとってアイヒマンの特徴といえばただ驚くほど浅薄であったというだけであり、彼が世紀の大犯罪者となりえたのはひとえに「自分のしていることが何なのかを全くわかっていなかった」(EJ: 287) という、愚かさとは別種の無思考性によるものだった。なされた行為のおぞましさとは裏腹に、あるいはそのおぞましさゆえにこそ、アイヒマンの姿はアーレントの目に「道化役者」(EU: 16) として映った。アーレントはアイヒマンの体現する「無思考性と悪との奇妙な相互依存関係」(EJ: 288) を名指して、「悪の凡庸さ」と呼んだ。

　周知のように、この概念は大きな物議を醸し、アーレントは同胞のユダヤ人コミュニティから激しく「組織的な抗議キャンペーン」(EJ: 282) を受けることになった。「悪の凡庸さ」はきわめてクリティカルな問題であり、その真偽や妥当性については近年に至るまでたびたび疑義に付されてきた。しかし実のところ、アイヒマンが実際に「凡庸」な人物であったのか否かは、アーレントの全体主義理解をトレースする上でほとんど意味がない[12]。というのも、すでに見たように、「悪の凡庸さ」という概念はアーレントのそれ以前の全体主義理解となんら矛盾するものではなく、むしろ過去の議論に内在した論点が先鋭化された結果にすぎないためである[13]。それでもなお、アーレントと社会学との接続を考える上では、この概念が決定的に重要となる。それは、アーレントがアイヒマンの隠れた本性を白日のもとに引きずり出したためではなく、「悪の凡庸さ」という洞察のなかに社会科学への接続地点、つまり残虐行為に加担する人びとの心理メカニズムとして科学的検証に耐えうる一般理論が含まれていたためである。アーレントの功績は、アイヒマンの本性がどうであったかにかかわらず、アイヒマンというただ一つの事例をもって、権威と服従をめぐる人間の普遍的な心理メカニズムを、驚くべき精確さで導き出したことに求められる。

　「悪の凡庸さ」が一種の理論仮説だったとすれば、その仮説の妥当性は、S. ミルグラムの卓抜な操作化をへて作業仮説に変換され、「アイヒマン実験」によって科学的に検証された (Milgram [1974] 2004=2008)。結果として、ミルグラムが服従実験を通じて示したのは、「『悪の凡庸さ』というアーレントの発

想が、想像もつかないほど真実に近い」（Milgram［1974］2004=2008: 18）ことであった。実験をおこなったミルグラム自身が驚きをもって述べたように、行為の分業化や権限の局所化など、近代官僚制に特有の条件下では、「特に悪意もなく、単に自分の仕事をしているだけの一般人」（Milgram［1974］2004=2008: 18）が、簡単かつ一様に、「ひどく破壊的なプロセスの手先になってしまえる」（Milgram［1974］2004=2008: 18）ことが実験によって判明した[14]。その点で「悪の凡庸さ」は、アーレントが『人間の条件』のなかで厳しく批判した行動科学（behavioral sciences）——「人間を全体として条件反射的な行動的動物の水準にまで引き下げようする」（HC: 45）、近代以降にあらわれた統計学的画一性——によってすでに予見されていたともいえる。

　他者に対する残虐行為への加担を左右するのは、個人的資質か、社会的状況か。この憂鬱な問いに対し、ミルグラムの実験結果は人間の道徳判断能力がきわめて脆く状況依存的であるというさらに陰鬱な回答を示した。ポーランド出身のユダヤ人社会学者 Z. バウマンは、その答えをもう一歩進め、残虐行為はつねに社会的要請によっておこなわれる、つまり社会、あるいは近代文明こそがホロコーストをもたらしたのだと主張した。バウマンはその主著の一つである『近代とホロコースト』（Bauman［1989］2000）のなかで、近代的ジェノサイドを「造園事業」にたとえ、ホロコーストは「完全なる社会の設計図に適合した社会秩序をもたらすための、一種の社会工学」（Bauman［1989］2000: 91）であったと論じた。バウマンによれば、ホロコースト成功の鍵は、産業社会の技術的応用（アウシュヴィッツの大量死体製造工場は近代的工場システムの単純な応用にすぎない）、近代の合理的科学主義、および官僚制によって提供される「道徳的睡眠剤」（Bauman［1989］2000: 26）の服用にあった。そもそもユダヤ人問題の（物理的抹殺による）「最終的解決」という着想そのものが官僚制文化から産み落とされた発想転換の帰結でもある。バウマンは文明とホロコーストの相互連関について次のように論じる。

　近代文明はホロコーストの十・分・条件ではない。しかしながら確実に、それは必・要・条件であった。近代文明なくしてホロコーストは考えられえない。ホロコーストを想像可能にしたものは、近代文明の理性的、合理的世界（rational world）であった（Bauman［1989］2000: 13）。

　バウマンはまた、ホロコーストを近代文明の例外的失敗とみなすわれわれの暗黙の前提を痛烈に批判する。バウマンによれば、ホロコーストはむしろ「近代文明の成功事例」であり、近代合理性の極致である。そしてアウシュヴィッツにおいて顕現した近代文明の核心は、いまだ手つかずのまま、われわれの生きる現代社会に残されている。つまりわれわれは「端的にいえば……ホロコーストを可能にする一方で、ホロコーストの出現を阻止するものが何一つないような社会に住んでいる」（Bauman［1989］2000: 88）。だからこそホロコーストは、一回性の出来事ではなく反復可能性のある、つまり今後また起こりうる事象として、そして同時に、近代社会に普遍的に潜在する一つの可能性を確証する歴史的事件としてみなされねばならない。われわれの文脈においてバウマンの議論がきわめて重要となるのは、アーレント思想と今日の経験社会学との邂逅が、この地点において見出されるためである。それは大衆社会論ではなく、「悪の凡庸さ」以降の思索こそが、アーレント思想と社会学的想像力との間にある共鳴の源泉であることを示している。

5　全体主義と「事実」の位相

　バウマンの視座からアーレントの議論を読み解いたとき何がわかるだろうか。「悪の凡庸さ」がもたらした重要な論点の一つは、アイヒマンという人物の交換可能性であった。アイヒマンでなくとも同じことが起こった、あるいは近代官僚制のもとでは誰もがアイヒマンになりえたという主張は、ホロコーストを一回性の特殊な出来事としてではなく、今後の反復可能性をもった一事例として事象を相対化し、一般化するための理解枠組みを提示する。
　アーレントの知己であったヤスパースは、アイヒマン裁判にあたって、ホロコーストはユダヤ人ではなく人類全体への罪であり、アイヒマンの罪を裁くには国際法廷の開廷が必要であると主張した。アーレントはヤスパースの見解を支持し、『イェルサレムのアイヒマン』のエピローグでは、いくつかの理由からアイヒマンの裁判は失敗であったと断じた。なぜなら、イェルサレムではア

イヒマンの犯した罪をあくまでユダヤ人への罪としてのみ裁いたため、その判決は、裁判本来の目的にかなうものとはならなかったためである。全体主義は人類に対する先例のない犯罪——それも「自分が悪いことをしていると知る、もしくは感じることをほとんど不可能とするような状況」（EJ: 276）の下で犯される新しい型の犯罪——であった。しかし先例のないことも、一度出現してしまえば、再びおこなわれる可能性は最初におこなわれる可能性よりはるかに高くなる。したがって、そうした罪を裁くには、裁判官はつねに同じような犯罪が将来またおこなわれるかもしれないという可能性を見据えねばならない。裁判が「成功だったか失敗だったかは、この処理がどの程度まで国際刑法の制定のために妥当な先例となり得るかによってのみ判断される」（EJ: 273）と、アーレントは言う。そしてアイヒマン裁判は「この種の犯罪に対する将来の裁判への妥当な先例を提供しない」（EJ: 272、傍点引用者）という点で、失敗に終わったのである。

　換言すれば、アーレントは、アイヒマンの凡庸さ、その交換可能性を、集団的責任論——それは「当時誰もがアイヒマンであった」という大衆社会論へと多くの人びとを眩惑する——という形で共時的に拡散させるのではなく、未来への反復可能性に向けて拡張させた。先例のない罪への裁定がなされるとき、裁判官は過去の判例に頼ることができない。ゆえにその妥当性は、再び同様の事態が起こったときの抑止力となりうるか、つまりその裁きが同じような犯罪に直面した未来の人びとにとっての範例となりうるか否か——アーレントはそれをカントに倣って範例的妥当性（exemplary validity）と呼んだ——によって測られる。そのため、先例のないものに対する裁きには、つねに単なる司法を超えた立法者の仕事が含まれる。判事には、つまり全体主義支配の犯罪行為をめぐる司法判断には、つねに「制定された実定法の助けなしに、または制定された実定法によって自己に課された限界を超えて裁きを行うこと」（EJ: 274）が求められるのである。

　先例のない出来事に対し、善悪、正不正を問う判断のあり方は、アーレントの言う「手すりなき思考」の精確な体現でもある。この地点において、アーレントは従来と異なる観点から、新たな判断論に着手する。彼女は裁判で得た知見をもとに、カントの美的趣味判断の政治的解釈へと思索を進め、人間事象に

関する正不正の判断尺度として伝達可能性（communicability）という概念を提示した（本書第4章参照）。それは論理的推論から必然的に正解が導かれる定言命法ではなく、所与のルールの助けなしにおこなわれる人間事象の判断についての妥当性規準を意味する。ゆえにアイヒマン裁判以降に書かれた判断論は、アーレントが裁判をへて到達した視座との密接な連関のなかで読み解かれねばならない。

　もう一つ、アーレントの全体主義理解を経験社会学からトレースするうえで、アイヒマン裁判が重要な分水嶺となる別の理由がある。アイヒマン裁判というより、精確にいえば裁判以降に巻き起こった「アイヒマン論争」をへて、アーレントの政治概念のなかに「事実」という重要な位相が明示的に加えられたためである。

　そもそも「悪の凡庸さの報告」（傍点引用者）という副題が示す通り、アーレントにとってアイヒマンの「凡庸さ」は意味や解釈の問題ではなかった。それは彼女がもう一つの厳然たる歴史的事実として言及したその他の事実——たとえばユダヤ人大量殺戮システムの中でユダヤ人指導者層の果たした特殊な役割——と同様、厳密な事実の地平に属する事柄であり、彼女自身はその不愉快な事実をただ報告するだけの者にすぎなかった。しかし周知のように、これらの「事実」の指摘は論争の火種となり、その過程で歪められ、多くの虚偽をともなう激しい中傷キャンペーンへと発展した。

　論争後に書かれた論考「真理と政治」のなかで、アーレントは真理概念を「理性の真理」と「事実の真理」の二つの位相に分け、後者のみを政治にかかわる真理とした。詳細は改めて第5章で論じるが、こうした省察は、アイヒマン論争のなかで「事実」が歪曲されていく過程を実地で経験したことから深められた面もあるだろう。また裁判という審理制度それ自体が、ただ事実のみに基づいて裁定をおこなう場であったことも念頭に置かれねばならない。ただし事実と全体主義とのかかわりは、アイヒマン論争の前に書かれた『全体主義の起源』のなかですでに論じられている。というのも、事実とは「嘘」の対極にあり、全体主義支配においては、嘘の組織的導入とそれに付随して生じる事実と実在感覚への侮蔑こそが、支配体制を維持するための重要な手段であったためである。

現実離れした世界観に基づく全体主義の虚構の世界を確実に維持するには、嘘を嘘だと感じさせない緻密で周到な「嘘の網（dichteren Truggewebes)」(OT独：801＝(3) 130）を、組織機構のすみずみまで張りめぐらせねばならない。アーレントはそれらの嘘の反証不可能性について次のように書いている。

　全体主義運動の内部では、そして運動の目的に適うべく教育されたメンタリティにとっては、科学的に予見可能な出来事は真実とは全く関係がなく、同様に〈指導者〉はつねに正しいという主張も、彼の個々の発言が正しかったか否かとは関わりがない。判定の基準となるのは事実でも論証でもなく、将来における成功か失敗かだけである。そして〈指導者〉の行為も、またイデオロギーの主張も、これからの数千年という将来のために計画されているのであるから、それらは現在ともに生きる人びとの経験範囲と判断力のおよばないところにある（OT: 383＝(3) 132）。

つまりイデオロギーによる教化は、単に人びとを操り虚偽を真実と騙らせることではない。それはすべての虚偽を来たるべき理想世界における真実として示すことであり、事実と虚偽との区別自体を破壊する行為であった。アーレントは、テクノロジー（技術的合理性）が暴走し、政治の領域を浸食していく際にあらわれる一つの重要な兆候として、事実／虚偽の境界の作為的な抹消があることに気づいていた。それらは反証不可能であることにおいて無思考性と同義である。そして無思考性と同様に、事実と虚偽の区別を破壊することは、世界のリアリティ（実在性）を破壊することに等しい。事実と虚偽との区別自体が破壊され、現実感覚を喪失した人びとは、何かについて思考したり、判断をおこなったりすること自体に意味を見出さなくなる。その点で、アイヒマン裁判以降にあらわれた事実への眼差しと思考や判断をめぐる洞察は緊密に連関している。

　罪と責任、未来への反復可能性、および事実への視座を経由し、アーレントの思索は判断力という主題へと進んでいく。その点を看過してアーレントの判断論を読み解くことはできないだろう。重要なことは、アイヒマン裁判以降、アーレントは全体主義を統治システムや支配類型論ではなく、人間の思考と判

断力という、より普遍的かつ経験的な枠組みから理解しようとしていたこと、さらに人間の思考力や判断力は事実と虚偽の間の厳格な境界によって支えられると考えていたことである。判断力をめぐるアーレントの思索は、事実に依拠し、他者と経験を共有し、社会（世界）のリアリティをすくい取るための社会学的想像力が担うべき問いに重要な示唆を与えてくれる。ここからアーレント思想を社会学の地平へとつなげてみよう。

【注】

1) 多少なりとも社会学的見地から書かれたアーレント論としては Baehr（2010）、Walsh（2015）、King（2015）などが挙げられる。いずれも渡米した直後のアーレントと在米社会学者とのやり取り——特に『孤独な群集』（Riesman et al.［1950］2020）出版前のリースマンと『全体主義の起源』出版前のアーレントとの間で40年代後半に交わされた数通の意見交換——を焦点とし、アーレント思想と社会学（社会科学）との交差を『全体主義の起源』および『人間の条件』に集約する点で一致している。

2) たとえば M. ウェーバーの教授資格は「ローマ法」と「商法」の論文で授与されており、私講師・准教授時代は主に商法関連の科目を担当した（佐藤 2023: 398-400）。後に正教授として招聘されたフライブルク大学では、経済学講座に着任している。ウェーバーは社会学者であるものの、生涯「社会学」講座の正教授に就くことはなく、制度的には法学者、経済学者、政治学者（国家学者）、そして社会学者であり、社会学の学際性を体現する存在であったといえる。なお、ドイツにおいて社会学（のみを専門とする）講座が開講されたのは1925年（ライプツィヒ大学）である。アーレントがハイデルベルク大学に博士論文を提出したのが1928年であり、アーレントの世代において社会学はまさに新興の学問領域であった。

3) これらの反ユダヤ主義研究は後に近代の道具的理性批判（Horkheimer and Adorno 1947）をへて、後のフランクフルト学派、批判理論へと発展する。ハバーマスはフランクフルト学派第二世代に属する社会学者であり、1章でみたように『公共性の構造転換』（Habermas［1962］1990=1994）以降、アーレント研究の文脈ではアーレント思想と現代リベラル・デモクラシーを架橋する討議的プラグマティズムの嚆矢となった。その点でハバーマスはアーレントと社会学とのもう一つの接続点ともいえるが、討議的理性としての近代理性の復権を目指す彼の議論の核心は、アーレントよりむしろ思想的出自であるフランクフルト学派の系譜に属している。その点でハバーマスは、フランクフルト学派のかなり忠実な継承者として位置づけられうる。フランクフルト学派の誕生と展開については Wiggershaus（1986=［1994］2007）に詳しい。

4) たとえば出版時点ではかなり疑わしいとされたスターリニズムとナチズムの同

一視（ただしその相似性は、後にソ連の「雪解け」後に明るみになったラーゲル
［強制収容所］の存在を起点に再評価されることとなる）、モップについての客観
性を欠いた分析（フィクションと一次資料の混同）、また「ブルジョワジー」など
の歴史主体の安易かつ偏向した実体化（かつて共産主義者であった伴侶ブリュッ
ヒャーの影響ともいわれる）が随所にみられるなど、アーレントの歴史記述の手
法には、歴史学として見た場合、その実証性に多くの疑義が示されている（cf.
Canovan 1992＝2004）。

5）「イデオロギーとテロル」の論考としての初出は 1953 年であり、1955 年に出版
された『全体主義の起源』独語版、および 1958 年の英語版第 2 版に所収された。

6）戦中にナチス行政機構の構造を描いた F. ノイマンは、国民社会主義イデオロギ
ーを理解するには、この「支配」と「指導」の区別に着目し、「指導」のもつ本来
的機能を解明しなければならないと指摘している（Neumann, F.［1942］1944）。
ノイマンは同時に、ナチス・ドイツにみられる指導者原理を、古来のメシア（救
世主）思想から派生したカリスマ願望の復活およびそれを利用した政治的謀計と
して位置づけた。

7）もちろん当時誰が知り、誰が知り得なかったのか、あるいはあえて知ろうとし
なかったのかを事後的に見分けることは困難を極める。絶滅収容所の存在はいわ
ゆる「公然の秘密」（Aly 1995＝1998: 287-290）であり、特に移送名簿の作成に協
力したユダヤ人指導者層、また収容所周辺の地域住民がまったく気付かなかった
という可能性は著しく低いと考えられる（ただし各地域におけるゲットー指導者
層においても、それぞれがどの時点で気付くかを特定できるケースはまれである
（e.g., Czerniaków 1999）。また、同じ移送列車に乗り合わせた人びとの間ですら、
目的地で何が行われるかおおよそ理解している人びととそうでない人びととが混在
した（Levi［1986］2007＝2019）。ドイツ国内にとどまったユダヤ人コミュニティ
においても収容所の実態は噂と推察の域を出なかった（Klemperer 1997＝1999）。
ナチスによる徹底した証拠隠滅行動に抵抗して、主にゾンダーコマンド（特別作
業班）と呼ばれる人びとが絶滅収容所の地中に――今日では「アウシュヴィッツ
の巻物」（Chare and Williams 2016＝2019）と呼ばれる――証言記録を残したこと
が知られているが、そのことは、当時絶滅収容所の物的証拠を外部に持ち出すこ
とがほぼ不可能であったことを示している。

8）アーレント自身も 1943 年までアウシュヴィッツの存在を知らず、知った後も半
年ほどは信じなかったと 1965 年のギュンター・ガウスのインタビューで答えてい
る（EU: 13）。

9）ただし EJ 初版にはヒルバーグへの言及がない。アーレントはヒルバーグのこ
の著作を（事実報告の部分を除いては）評価していなかったことが、ヒルバーグ
自身の回想およびヤスパースに宛てたアーレントの書簡から知られている
（Hilberg 1996＝1998）。

10）これは『人間の条件』が、社会学と関連の深い「社会的なもの」を論じた著作
であること以上に、ホロコーストという――社会学において、通常は対象化する
ことの困難な――比較不能、例外的かつ一回性の出来事にまつわる固有の歴史的

文脈を捨象し、より一般的で抽象的な文脈から大衆や近代社会を論じていること
に起因する。つまり社会理論的系譜からみれば、アーレントの大衆社会論は『全
体主義の起源』をへて『人間の条件』において完成される。このことは、大衆社
会論の系譜からアーレント読解を進めようとする評者の多くが、ほぼ『全体主義
の起源』と『人間の条件』のみに焦点を当てる理由でもある。しかし次節以降で
みるように、本書ではアーレント思想を大衆社会論の系譜に位置づけるのはミス
リーディングであり、かつアーレント思想は大衆社会論とはまったく異なる別の
形で社会学、または社会科学における経験的地平に開かれていると考える。

11) アーレントはショーレムとの往復書簡（1963 年公開）で、「根源悪」という主
張を放棄したことについて次のように記している。「いまの私の意見では、悪は決
して『根源的』ではなく、ただ極端なのです。つまり、悪は深遠さも悪魔的な次
元も持っていません。それは茸のように表面にはびこるからこそ、全世界を廃墟
にしうるのです。私が申し上げたように、それは『思考の破綻』です」（JW: 471）。
「悪」の概念の思想史的系譜におけるアーレントの位置付けについては、
Bernstein（1997, 2002）参照。

12) 近年の疑義については Cesarani（2004）、Lipstadt（2011）、Stangneth（2014=
2021）も参照。ただし後述するように、アイヒマンが裁判でみせたのが真の姿だ
ったのか、あるいは実のところ彼はアーレントの解釈とは真っ向から異なるナチ
ズム狂信者で、かつ非常に狡知に長けていたため、法廷戦略としてことさら凡庸
にみえるよう振る舞っていたにすぎないのかについては、結局のところ検証不能
な事柄に属する。ゆえに今後どれだけ新たなアイヒマン資料が発掘されたとして
も、この論争が決着を迎えることはないだろう。同様に、ミルグラムの服従実験
についても、それが実験室における近似的な再現にすぎず、アイヒマンの直面し
た状況そのものを完璧に再現する術がない以上、実験結果の妥当性への疑義は今
後も問われ続ける。その点で、アイヒマンの交換可能性、およびホロコーストの
反復可能性は、社会科学特有の視座といえる。

13) アーレントは書面インタビューにおいて、アイヒマン裁判傍聴に参加した動機
について述べ、『全体主義の起源』ではシステムとしてしか論じられなかった全体
主義体制について、個人レベルからの知見を得たかったからだと答えている
（JW: 638）。その意味で『イェルサレムのアイヒマン』は『全体主義の起源』の外
延上に位置づけられるが、同時に『全体主義の起源』における「歯車論（大衆
論）」からの脱却としても位置づけられるだろう。

14) 近年ではミルグラム実験の示した服従の心理メカニズムが、官僚制システムに
属していたナチス親衛隊員を超えて、彼らからの命令を受けて殺戮事業に加担し
た末端の一般市民（「普通の人びと」）の心理メカニズムとしても適用可能なこと
が実証歴史学において明らかになっている（e.g., Browning［1992］2017=2019,
Waller［2002］2007, Snyder［2015］2016）。

第3章
全体主義と道徳哲学

1　始まりの場所

　判断力とは善と悪、正しいことと正しくないこととを識別する能力を指す。
それは同時に、善きこと正しきことをなし、悪や不正をなさないための実践的
能力の総称でもある。アーレントが判断力についての思索を始めたのは、ある
意味で、人間のもつこの能力への漠然とした信頼が徹底的に破壊された後のこ
とだった。近い将来に訪れるであろう人類の成年期には、道徳的理想のもとで
あらゆる政治問題が解決し、人類には穏やかな永遠の平和がもたらされる——
カントが高らかに宣言してからおよそ150年後、ヨーロッパを覆ったナチズム
の巨大な災禍は、人間に備わる善悪の判別能力が、われわれが思うよりはるか
に脆弱であったことを明らかにした。あるいはそこで露わになったのは、ある
行為が悪であることの自明性が、その行為をおこなうにあたってなんの抑止力
にもならなかったという、より救いようのない事態であった、という方が精確
かもしれない。いずれにせよ20世紀前半、文明世界（少なくとも文明的とみな
されていた世界）を襲った全体主義の廃墟のなかで、啓蒙と進化への根拠のな
い信念はもっとも凄惨な形でうしなわれた。
　その時代の目撃者であり当事者でもある一人として、アーレントは全体主義
を理解しようと試みた人である。終わりのない奮闘の過程で、彼女が繰り返し
主張したことは、全体主義の「先例のなさ」と「恐るべき独創性」（EU: 309）
であった。アーレントにとって、全体主義支配は歴史上のどのような暴政から
も根本的に区別されるべき統治形態だったが、それは全体主義支配が人びとに

論理的必然性をもって服従を強いるという、あらゆる歴史の伝統と正統性から断絶したきわめて特異な支配形式を持っていたためである。一切の歴史的固有性と現実経験とを無視した論理法則による世界のデザインこそが、全体主義を近代以前のどのような支配形態からも分かつ最大の特徴だったといえる。

アーレントが全体主義支配に見出した「先例のなさ」と「独創性」は、突き詰めればいずれもこうした類例のない統治体制によってもたらされたものである。それはこれまで政治学や社会学が想定してきた「統治」の概念定義を無効にするだけでなく、既存の道徳規準のことごとくを空虚なものに変えてしまった。全体主義政権のテロルの下では、全員が無罪である。なぜなら、「殺されたものは体制に対して何の罪も犯しておらず、殺害者は実際には人を殺したのではなく、より高次の法廷で宣告された死刑判決を執行したにすぎない」（OT: 465/306）のだから。このような状況下で、「汝殺すことなかれ」から始まる古来の戒律は意味をうしなう。全体主義の悪は、最悪の悪は悪ですらない――それは道徳の範疇を軽々と超え、悪の定義すら書きかえてしまうのだから――という事態を人びとの眼前にさらしたのである。

『全体主義の起源』と同時期に書かれた「理解と政治」（EU 所収）のなかで、アーレントは次のように書いている。

　　全体主義の独創性の恐るべきところは、それが何か新しい「観念」を生みだしたことにあるのではなく、その行為そのものが私たちの一切の伝統から断絶していることにある。それは明らかに私たちの政治思想のカテゴリーと道徳的判断の規準を吹き飛ばしてしまった。

　　言いかえれば、私たちが理解しようと努めている――努めなければならない――まさにその出来事、その現象が、理解のための伝統的な手立てを私たちから奪ってしまったのである（EU: 309-310）。

付け加えるならば、全体主義が破壊したのは判断力の伝統的な道徳規準だけではない。判断力とともに吹き飛ばされたのは、「理解する」という行為それ自体の意味である。論理的必然性が支配する全体主義のなかでは、人間はただ法則にしたがい、法則が下す命令を執行するだけの存在にすぎない。そのよう

な世界において、新たに何かを思考し判断をおこなう余地は人間に残されていない。何かを自発的に考えたり、別の視点から捉えたり、新たな意味を見出したりする行為は基本的にまったく無意味であるか、なお悪いことに〈人類〉の進歩や〈歴史〉の発展の障碍にしかならない。徹底的に無用かつ無益であるという点で、人間はみな等しく無価値で見捨てられた状態にある——この酷薄な全体主義的平等に基づく「市民社会」は、絶滅収容所においてもっとも完璧な形で実現する。全体主義の核心となる人間存在の無意味性と無用性は、アーレントの言う「理解のための伝統的な手立て」だけでなく、理解することの意味さえも私たちから奪ってしまったのである。

　そのため、アーレントが自らに課した終生の問い、つまり「全体主義を理解する」こととは、伝統的な判断尺度すべてがうしなわれた後に、それを破壊した当のものの大きさを測る——それも「測る」という行為の根拠を奪われたまま——という、二重の困難をともなう挑戦であった。アーレントが判断力について考え始めたのは、まさにこの地点である。

　その後、全体主義に対するアーレントの省察は、アイヒマン裁判の傍聴経験を境に、それ以前とは明確に異なる形で深化をみせる。すでにみたように、アーレントの思索をたどっていくなかで、アイヒマン裁判が一つの重要な道標となるのは、その前後で全体主義の悪に対する彼女の眼差しが明確に変容するためである。アイヒマン裁判をへて、アーレントは「悪の凡庸さ（banality of evil）」という着想を得る。後にみるように、この概念は裁判によって突然もたらされたものではなく、そのはるか以前から彼女の思索のなかで少しずつ準備されていた。それでもアーレントの全体主義理解をたどる上で「悪の凡庸さ」は決定的に重要な位置を占める。理由はいくつも挙げられるが、その一つは確実に、この概念によってホロコーストという歴史的特異点につきまとうある種の宗教的な超越性と特権性とが取り払われたことだろう。裁判傍聴以前のアーレントにおいて、全体主義の悪は人間の理解力では捉えきることのできない「根源悪」であった。それは歴史上類例のない最悪の犯罪であり、既存の道徳律を超えた、それゆえ人間が許すことも裁くこともできない超越的な悪を意味する[1]。だが、それが人智を超えた悪であるかぎり、全体主義を理解するという企ては永遠に見込みのないものとなる。この不可能な課題を引き受けるため

に、アーレントは既存の道徳律を手放す必要があった。全体主義を「理解」するには、全体主義の悪を悪として射程におさめることのできる新たな道徳律と判断枠組みを、廃墟の中から立ち上げなくてはならなかったのである。

「悪の凡庸さ」とは、全体主義の悪を問う最後の思索の出発点となった概念である。アーレントはその概念を通じて彼女自身がそれまで身を置いていた道徳律、つまり全体主義支配があらゆる理解を超えた根源悪としてみえる——あるいは、そのようにしかみえない——場所から訣別し、自らの企図に取りかかるための新たな視座に移行した。それは自律的思考のための足場であり、同時にそこからみたとき全体主義の悪がどのような様相を呈すのか、つまり彼女にとっての「私にはこう見える」（ドケイ・モイ、δοκεῖ μοι/seems to me）を端的にあらわした言葉であり、あるいは一つの態度表明でもあった。だからこそ、その思想の軌跡をたどる上で、「悪の凡庸さ」はきわめて重要な分岐点となるのである。

アーレントが道徳判断をめぐって新たな思考を切りひらいていく過程は、全体主義によって露呈した伝統的な道徳哲学の無力さに対峙しつつ、それらを別のものへと書きかえていく過程でもある。それは同時に、「政治」という、全体主義によって一度完全に否定され無意味化した言葉に新たな生命を吹き込もうとしたアーレントの試みが、既存の道徳観念の完全な破綻から始まっていることを示している。以下では、判断力をめぐる思考の起点となった「悪の凡庸さ」とは何だったのかを、より詳細に検討していこう。

2　アイヒマンの弁明

人間の判断力について、その根底から今一度問い直さなければならないとアーレントが考えたきっかけの一つは、1961 年にイスラエルで行われたアドルフ・アイヒマンの裁判であった。ここで歴史に名を残すアイヒマン裁判の経緯を簡単に振り返っておこう。アドルフ・アイヒマン元ナチス親衛隊（SS）中佐——出生は 1906 年、奇しくもアーレントの出生年と同年であり、二人は同世代であった——は、第二次世界大戦下の第三帝国（ナチス・ドイツ）における高級官僚であり、国家保安本部（RSHA）が発足した 1939 年から終戦まで、

悪名高いⅣ局Ｂ部４課（秘密国家警察局宗派部疎開・ユダヤ人課）の課長を務め
た人物である。彼の所属する部署はナチス官僚機構のなかで唯一ユダヤ人政策
のみを担当する専門機関であり、ユダヤ人の組織的な絶滅計画遂行にあたって
行政実務の中心的機能を担った。アイヒマンの直属の上司は国家保安本部Ⅳ局
長であるハインリヒ・ミュラーSS中将であり、ミュラーの上司はホロコース
トの最高責任者かつ実質的推進者、そしてヒトラー後継者の最有力候補とも目
されたラインハルト・ハイドリヒSS大将（国家保安本部長官、1942年に暗殺）
であった。アイヒマンはミュラー、ハイドリヒ、ハイドリヒ亡き後はハインリ
ヒ・ヒムラーの指揮のもと、総統の示した「意志」を具体的な行政スキームに
落とし、官僚たちのルーティン業務へと変換する極めて有能な技術官僚として
辣腕を振るった。終戦の混乱に乗じて偽名での国外脱出に成功し、ニュルンベ
ルク国際法廷を逃れたが、戦後1960年に逃亡先のアルゼンチンでイスラエル
の秘密機関によって発見され、拉致、勾留、逮捕に至る[2]。翌年、戦時中に彼
が行った「犯罪」をめぐってイェルサレムで法廷が開かれた。イスラエル政府
は裁判の喧伝をかねて主要各国から報道関係者を傍聴席に招いた。アーレント
は自ら志願し、アメリカ雑誌社の特派取材員として裁判傍聴のためにイェルサ
レムを訪れた[3]。傍聴レポートとして書かれたアーレントの「報告書」が、以
下の分析で中心的に扱う『イェルサレムのアイヒマン——悪の凡庸さの報告』
である。

　アーレントは法廷でのアイヒマンの言動に深い衝撃を受けたという[4]。大量
殺戮事業の立役者として、悪魔の所行から世界中に名を馳せた「怪物アイヒマ
ン」であったが、アーレントの目にはどうみても風采の上がらない、どこまで
も凡庸な小役人としか映らなかったためである。官僚用語と決まり文句で構成
された非常に貧しい語彙しかもたなかった彼は、予備尋問や裁判を通じてなさ
れたほとんどの質問に対し、定型化された返答を条件反射のように繰り返した。
ときおり仰々しく警句や引用句を引いてみせるものの、それらは見当違いの文
脈で用いられ、そのつど教養水準の低さを露呈させた。彼は判事たちの質問か
ら、その背後にあるより大きな意図や文脈を察することがひどく苦手だった。
彼の杓子定規な答弁に判事たちは声を荒らげ、傍聴席からは時折失笑すらもれ
た。これらすべてにかかわらず、アーレントの目には、アイヒマンが「自ら裁

きを受ける私」という悲劇的な役柄に自己陶酔しているようにも見えた。時折感極まって場違いなヒロイズムに一人昂揚する彼の姿は、世界中の観客を前に、失われた正義の回復が予定されていた歴史的裁判を——少なくともアーレントにとっては——茶番にすら変えたのである。

　しかし彼は決して「仕事ができない」という意味での愚鈍な人間ではなかった。それどころか、SS 時代のアイヒマンは疑いなく稀代の能吏であったといえる。彼の主な業務は、ヨーロッパ各地のユダヤ人の疎開・強制移送（当初は移住のため、途中からは絶滅のため）、および移送列車運行計画の作成であり、ポーランドを除くヨーロッパ・ユダヤ人の人頭登録、財産没収、市民権剥奪（そのための反ユダヤ人法の立案を含む）、および強制収容所・絶滅収容所への組織的強制移送という一連の流れ作業の統括役を務めた。経歴としては、1932 年にナチス入党、同時に SS に入隊し、1934 年には SD（親衛隊保安局）に志願、以降ユダヤ人の絶滅政策が中止される終戦間際まで一貫して党のユダヤ人問題に携わった。ユダヤ文化やヘブライ語にも通じ、各地に設置されたユダヤ人評議会との折衝役、監視役も務めていたため、内外の関係者に広くユダヤ人問題の「専門家」として知られていた。

　国家の枠を超えヨーロッパ全体に居住するユダヤ人の移送事業は、関係諸国の法規と帝国内部局間の主導権が錯綜し、混乱をきわめた。一言で「ヨーロッパ・ユダヤ人の国外移送」といっても、法治国家の体裁を保ったまま無辜の市民を強制的に収容所へと送るには、膨大な行政手続きが必要になる。まず地域内のユダヤ人居住者を把握するために、その地域の指導者層の協力を取り付け、ユダヤ人達を組織化し、人頭名簿を作成しなければならない。その後、ユダヤ人の市民権を徐々に剥奪し、合法的に財産を没収した後にゲットーへ集める。そこから所轄政府の役人およびユダヤ人代表者たちと折衝しつつ、鉄道の移送能力と強制収容所の収容力とをすりあわせ、各地からの報告をもとにもっとも効率のよい運行計画を作成し、各所に連絡する。あらゆる困難に打ち克って、ヒトラーの「予言」どおり帝国領とその保護領内を最速で「ユダヤ人のいない土地（ユーデンライン）」にすることが、アイヒマンの所属するⅣ局Ｂ４課に課せられた使命であった。規律と秩序を好み、礼儀を重んじ、決して独断で物事を進めなかったアイヒマンは、有能な中間管理職として上層部から重用され

た。行政手続きに精通していた彼は、最初の派遣先のウィーンでユダヤ人の速やかな国外移送を可能にする画期的な事務手続きパッケージを考案し、移送事業に飛躍的な効率化と莫大な利益をもたらした。当初は移住政策のため、そして1941年にハイドリヒから直接「総統はユダヤ人の抹殺を命じられた」と告げられた後は絶滅政策のため、彼はその巨大で複雑な事業をごくわずかなスタッフだけで見事に成し遂げたのである[5]。

しかし裁判の過程で明らかになったのは、それほど凄惨な事業の中心的役割を担った人物であるにもかかわらず、アイヒマン本人はどう見ても破壊的思想とは縁のない、至ってまじめな勤め人にすぎなかったことである。おそらく（アーレントを含め）関係者の誰もが予想しえなかったことに、アイヒマンは自分の行為に対し「上司の命令に従い、任務を実行した」という以上の説明を与えることができなかった。彼は、仕事に対する自分の熱意はあくまでも生来の生真面目さに由来するもので、上からの命令には絶対服従を示す自分の美徳が上層部に悪用されたのだと繰り返し訴えた。以下は、法廷で交わされたアイヒマンと検事長とのやり取りの一部である。アイヒマン自身の署名によって各部局に通達された、ユダヤ人強制移送事業の開始命令文書について、ハウスナー検事長は次のように尋ねている。

　　ハウスナー検事長——ではあなたが「特筆すべき他の問題はなし」という言葉でいくつかの部局に通知を出したとき、それが意味したのは、受け入れと輸送に関する実際的な諸困難が解決された、したがって、強制移送を開始することができる、ということだったのですね。
　　アイヒマン——はい。でも最後のところに、「〜の命令により」と書かれています。
　　（検事はその書類を振り上げる。）
　　ハウスナー検事長——「はい」はもう沢山だ！　それを書いたのはあなた自身なんですよ。
　　アイヒマン——私は通達に署名しましたが、本文は私のものではない。説明のつくことですよ、だってこの種の文書は様々な部局で交換されているのですから。

（傍聴席にて笑い。ランダウ裁判長が静粛を求める。）

……

　ハウスナー検事長——もしあなたが通達に署名したら、それがたとえあなたの同僚の一人が作成したものだとしても、あなたがその内容に責任を負うことになる。このことを認めますか？

　アイヒマン——ええと、当然のことですが、私が通達に署名したのは、上官が許可したからです。そして、上官は証言するためにここにいないのだから、こうして私がここにいるのです。

　ハウスナー検事長——私はそういう質問をしたのではありません。あなたは通達の内容に責任を負うのか。イエスかノーか？

　アイヒマン——私は責任があるとみなされることはできません。なぜなら、命令に従って署名したことで、なぜ罰せられることになるのか、分からないからです（Brauman and Sivan 1999=2000: 183-184）。

　裁判でのアイヒマンは一貫して、自分には法的な責任がないことを主張した。記録に残る問答をみるかぎり、自身の無罪に関するアイヒマンの確信を支えていたのは、良心の欠如というよりも、むしろ当事者意識の欠如であった。アイヒマンにはまず、自分の仕事はユダヤ人の疎開移送にかかわる事務仕事に限られていたという強固な事実認識があった。彼の部署の仕事は、単に移送列車の運行計画の策定であり——もちろんそこには、対象者たちが移送可能な状態となるための諸々の準備作業、そしてどの「集団」を疎開させるかの決定と各所への伝達業務が含まれていたのだが——実際の移送業務はもちろん、収容所の門の向こう側で起こるいかなる「絶滅作戦」にも直接従事することはなかった。もちろん、命じられいくつかの収容所を視察した彼は、被移送者の行く末について熟知していた。しかしアイヒマンはいかなる場合も、自身が従事した事務作業と虐殺任務とを「混同」されることに激しい抵抗を示した[6]。自分の仕事はあくまでも運行システムの構築とスケジュール管理などの周辺的な事務作業であって、現場の残虐な実務とは一切かかわりがない。そもそも、自分は生涯を通じてユダヤ人、非ユダヤ人にかかわらず人を殺したことが一度もないし、殺せと命じられたこともないのだ[7]。収容所内での「特別処置」に従事する多

くの同僚には、実は密かに憐れみすら覚えていた——そのように主張する彼に、自分がユダヤ人の行政的殺戮計画の当事者であり、しかも中心的な実行犯の一人であったという自覚は皆無だった。

　さらに彼は、自分がこの問題、つまり絶滅政策の是非に関して、なにか特別かつ独自の意見を持てるような人間ではないという「謙虚」な自己評価を固持していた[8]。自分は巨大な官僚機構の、曰く「大海の一滴」にすぎない。このような事態を制止できる権限がない以上、抵抗は無駄だと思えたし、また当時の帝国の最重要人物たちが決定したことに自分ごときが異論を挟む余地もないようにみえた。役職的にも人格的にも——彼にとって役職と人格は密接に連動していたため、道徳的な最高権威はつねに「兵長から国家指導者」まで登りつめたヒトラーであった——そうした問題に対し自分の考えをもつことは重大な越権行為にあたる。SS入隊時に宣誓したヒトラーへの忠誠を守り、命令にしたがって可及的速やかに任務を完遂することこそが、彼にとっての最上位の義務であり責務であった。そのため、アイヒマンの現実認識の範囲では、彼自身は絶滅政策の執行者でも計画者でもありえなかった。「ですから、私は心の底では責任があるとは感じていません。あらゆる責任から免除されていると感じていました」（Brauman and Sivan 1999=2000: 210）——法廷で彼はこのように述べ、自分の罪はせいぜいのところ、虐殺事業に対する人道的（＝非・法的）な意味での「協力・幇助」にすぎず、「起訴状の言う意味では無罪」（EJ: 21）だと主張した。

　アイヒマン自身の責任を追及する判事たちに対し、彼はつねに自分個人に責任はないと抗弁した。ただしアイヒマンは決して責任感に欠ける無分別な人間だったわけではない。それどころか、彼がつねに部局の管轄と権限の確認に腐心し、規則を遵守し、先例にならい、あらゆる局面で上司の判断を仰いだという事実は、逆説的にも彼が責任に対して非常に鋭敏な感覚の持ち主であったことを示している。アイヒマンはどれほど些細な問題にも自分の「個人的」判断を下すことのないよう、細心の注意を払って立ち回っていた。それを思えば、彼が自分個人に課せられたあらゆる非難を不当に感じたのも無理はない。自分の意志や判断でおこなったことではない行為、職務上の命令と服従、まして直接手を下した覚えもない行為について、罪を問われ罰せられなければならない

理由が、彼の側にはまるでなかったのである。

　そのため、アイヒマンの道徳的資質を明らかにしようとする法廷での試みは大概がひどい失敗に終わった。検事や裁判官が躍起になって見出そうとした「異常性」を、彼が実際のところほぼまったく持ち合わせていなかったことだけが理由ではない。彼がおこなったことは道徳的に是非を問われねばならない行為であったという基本的な共通了解が、審問者たちと彼との間に成立しなかったためである。アイヒマンを糾弾する人びとが当然のこととして前提していた職務と良心との葛藤は、彼のなかでそもそもの初めから生じておらず、そのはるか手前の段階で充分に折り合いがつけられていた。そのために、彼にとって大量殺戮業務の遂行は、道徳的に問題がなかったというより、道徳的な問題ではなかったのである。

　「最終的解決」の実行にあたって「任務」以上の動機を持たなかったアイヒマンは、裁判官たちが問う「良心」「責任」「道徳」といった文脈をほとんど理解しえなかった。のみならず、審問者たちもまたアイヒマンの弁明を受け入れることはなかった。そのため彼らのやりとりは終始かみあわず、アーレントの言葉を用いれば、アイヒマン裁判はただ「なした行為の言語を絶するおぞましさと、それを行った人間のまぎれもない滑稽さとのディレンマ」（EJ: 54）だけを残して閉廷し、アイヒマンに絞首刑が宣告された。

　結局のところ、アイヒマンに正と不正、善と悪を見分ける正常な判断力があったのかどうかは誰にも知りえない。確かなことは、戦時下で彼が、命令ではなく自分の意志によって自発的に何か行動した事例は——検察側の懸命の捜索にもかかわらず——ついに一つも見つからなかったということである。そして、これこそがアーレントにとって最大の問題となるのだが、アイヒマンのケースにおいて重要なのは、こうした判断力の機能不全に対し、たとえば狂信や錯乱、憎悪、欲得、嗜虐趣味といった、加虐行為の背後に通常想定される強い動機が彼には一切見当たらなかったことである。アイヒマンは、膨大な数の無辜の人びとを強制的に絶滅収容所へと移送する異常な任務を、単なる物資の輸送計画となんら変わらない平静さと情熱をもって遂行した。アーレントは、そのようなことが可能であった原因が、非人間性や冷酷さではなく、物事の意味を考えないというきわめて消極的な——あるいは、いかなる状況下でも特に深く考え

ずにいられる資質といえば、多少の積極性が含意されるかもしれない——彼の習性にあると考えた。意味を考えないというのは、必ずしも知能の低さや愚昧さを意味しない。彼は確実に、高度な情報処理能力と危機管理能力とを兼ね備えた優秀な官僚であった。その仕事ぶりは上官たちの期待水準をはるかに上回り、単なる歯車以上の役目を果たしたことは疑いない。「スフィンクス」ミュラーもヒムラーも、結局最後まで彼の替えを見つけることはできなかったのである。にもかかわらず、被告席において「上司の命令に従っただけ」「移送は殺人ではない」と抗弁する徹底した鈍さを、アーレントは「無思考性（thought-lessness）」（LM: 4)[9] と評した。正常さへの問いを解体するこのグロテスクな、しかしきわめてありふれた浅はかさは、彼を目撃した者に別種の問いを提起する。誤った判断を断罪することはたやすい。しかし他人の意志に従属し、ただ義務のみを動機とし、特に深く考えずになされた行為を前にして、何らかの判断ではなく、判断しなかったというそのこと自体に罪や責任を問うことはできるのだろうか。できるとすれば、あるいはできないとすれば何故なのか。そのとき「罪」や「責任」とは、一体どのように定義されるのだろうか。

　アイヒマンが体現した「悪の凡庸さ」という巨大なパラドックスは、そもそも道徳判断とは何なのか、かつて何であったのか、そして今後どうあらねばならないのかという、より根源的な問いを引き寄せる。裁判の終了後、アーレントは事前調書、裁判記録、アイヒマンが自伝出版のために用意したという手稿その他の膨大な資料を検討した後、アイヒマンの「凡庸さ」が思考と判断との間の、これまで見落とされてきた連結関係を示しているのだと考えるようになった。

　なぜアーレントはアイヒマンに無思考性を見出したのか。それはアイヒマンが裁判で見せた語彙の乏しさ、というより対話能力の全般的な低さに深く関連している。アーレントは、アイヒマンの言語能力の低さについて次のように評する。

　　アルゼンチンやイェルサレムで回想録を記しているときでも、警察の取調官や法廷に向かってしゃべっているときでも、彼の言うことはつねに同じであり、しかもつねに同じ言葉で表現された。彼が話すのを聞くほどに、この

話す能力の欠如は、考える能力——誰か他の人間の視点に立って考える能力——の欠如と密接に結びついていることが明らかになってくる。彼とはいっさいのコミュニケーションが不可能であった。それは彼が嘘をつくためではなく、言葉と他者の存在に対する、すなわちリアリティそのものに対する最も強固な防衛機構に覆われていたためである（EJ: 49、傍点筆者）。

　公判の過程でしばしばみられたアイヒマンと周囲の人間とのかみ合わなさは、明らかに価値の対立ではなく、意味の共有の失敗によって生じていた。自分にとっては日常業務にすぎなかったありきたりのデスクワークが、他の人びとにとって別の意味をもちうるということ、たとえば、フランスからユダヤ人の孤児たち——なぜなら、彼らの親たちは先に収容所へ移送されていたのである——のアウシュヴィッツへの移送開始を告げる、かつての自分の署名入りの命令書を目前に出されたとき、その移送が当時のガイドラインに沿って適切に指示・実施されたものであったかどうか以外のことを気にする人間もいるのだということ。こうした世の中の変化に、アイヒマンは対応できずにいた。おそらくアイヒマンにおける「思考の欠如」は、戦時下の非常時においてにわかに培われたものではなく、むしろ親衛隊での彼の華々しい成功を説明する生来の特性であったと考えられる。彼の人生の栄華を支えた無思考性の鎧は、戦後15年をへてもなお、世界のリアリティから彼を遮断していた。そのために、彼は当時自分に与えられた「官僚」という立場を離れ、物事を別の場所から捉え返してみるということができなかった（あるいは、そうすることを頑として拒んだ）。もちろん、コミュニケーションとは相互行為である以上、コミュニケーション不全の咎は対話者どちらか一方のみに帰せられるものではない。調査官、検察官、裁判官たちもまた、それほど凄惨な任務の遂行を「上からの命令」の一言で片付けようとするアイヒマンの心情を決して理解しなかった。彼らの執拗な追及にアイヒマンは萎縮し、ときに居直り、ときに激高し、結果として裁判では「命令に従っただけ」という決まり文句で終わる不毛な問答が延々と繰り返されたのである。

3 実践知と実践理性

アーレントがアイヒマンに見出した「考えない」という消極的な特性は、彼女を次のような疑念へと導いた。つまり、善と悪、正しいことと正しくないことを判定する能力とは、ことによると、通常想定されているような価値規準や信念の問題ではないのではないか。それはむしろ、アイヒマンがその欠落を通じて裏側から示してみせたように、思考や理解に連結されたコミュニケーション能力とかかわっているのではないか。以下でみるように、アイヒマン裁判の傍聴経験から芽生えたこのような懐疑は、アーレントのその後の思索に大きな影響を与えた。結論を先取りすれば、彼女はそれによって伝統的な道徳哲学から訣別し、自身が「政治」と名付ける視座から新たな判断力論を立ち上げるに至ったのである。

アーレントの最後の著作となった『精神の生活』では、それ以前の思索の中心を占めた〈活動的生活〉（*vita activa*）から離れ、〈観照的生活〉（*vita contemplativa*）における精神の活動へと舵が切られた。それは、アイヒマンが何をなし、何をなさなかったのか、つまり彼は「誰」であったのかを問うことから始められた思索である。

『精神の生活：I. 思考』の冒頭で、アーレントは、裁判を契機に、邪悪な行為には邪悪な（あるいは傲慢な）動機が存在するという古典的な道徳観に強い疑念を持つようになったと論じている。法廷に立つアイヒマンからは、悪をなす（evil-doing）ために必要だと通常みなされるようなどのような動機も引き出すことができず、ただ一つ推察できた「際立った特徴」といえば「思考能力の欠如」のみであったという。アーレントは、アイヒマンを通してもたらされた「悪の凡庸さ」という着想が、伝統的な道徳観、つまり「悪という現象についてのわれわれの思想伝統……とはちがっているという事実」（LM: 3）をふまえ、次のような問いを立てる。

悪をなすこと（作為的な罪と同様不作為の罪もふくめて）は、「邪悪な動機」（法律でいわれるような）がなくても可能なだけではなく、なにか特定の差し

迫った利害や決意のようなものも含めたどのような動機もなく可能なのではないだろうか。悪意というものをどのように定義するにせよ、「悪への意志」というのは悪をなすことの必要条件ではないのではないか。ことによれば善悪の問題、正不正を区別するわれわれの能力は、われわれの思考能力と結びついているのではないか。それは、「徳は教えられ」学ばれうるかのように、思考が結果として善い行いを生み出すことができるといった意味ではない（LM: 4-5、傍点原文）。

　ここでアーレントが提起する問いは、良心と悪しき行いとの間に想定されている伝統的な結びつきへの根本的な疑義である。それは「良心が正常に機能するためには思考をともなわなければならない」とか、「良心と悪しき行いとの間は思考によって架橋される」といった、良心と思考の連続性や不可分性を指摘したものではない。重要なのは、「何も考えない」という状態が、良心やその他の道徳意識とは一切かかわりなく、それらとは独立に出現していることである。人が邪悪な行為をおこなうのは、たとえば思考の欠如が良心の機能不全を引き起こした結果ではない。また逆に、良心の欠落によって思考力がその働きを失うのでもない。正と不正、善と悪との判別は、良心の働き如何にかかわらず、ただ思考することによっておこなわれるのではないか。言いかえれば、ひとは健全かつ善良な意識を保ったまま、利己的な動機や悪意もなしに、何の罪もない無関係な他者を害することができるのではないか。善悪、正不正に関するわれわれの判断力が良心ではなく思考能力に結びついているという着想は、すなわち善き行いや悪しき行いとそれを行う人間の道徳的資質との間に従来想定されてきた暗黙の因果関係——悪しき人が悪い行いをする、善き人が善い行いをする——を根底から覆すのである。

　アーレント自身が認めるように、判断力に対するこうした解釈は、道徳哲学の伝統からみるとかなり特異なアプローチとなる。従来の道徳哲学において、道徳判断力とはすなわち実践知（フロネーシス）や実践理性を意味するが、それらは共に、真なるものを見極めるための道徳能力——ただしフロネーシスは徳、実践理性は理性としてそれぞれ別の文脈で定義される——であると同時に、最善の実践を導くための行動原理でもある。人はもっぱらこの能力に準拠して

善き選択をおこなうのであり、通常の解釈では、そこに思考力の介在する余地はない。

　ここで改めて、実践知と実践理性という、道徳判断能力の二つの源泉をひもといてみよう。大別すると、実践知とはアリストテレスにさかのぼる経験的・文脈主義的なアプローチであり、それに対して実践理性は、カントの定言命法にさかのぼる先験的・形式主義的なアプローチとして位置づけることができる[10]。

　アリストテレスの『ニコマコス倫理学』では、実践知はフロネーシス（知慮）と名付けられている。それは真理の認識を導くための様々なアレテー（徳／卓越性）のうち、魂の「ことわり（ロゴス）を有する部分」にかかわる知性的徳の一つである。知性的徳にはフロネーシスの他に４つのアレテー（技術・学・智慧・直知）があるが、なかでもフロネーシスとは最高善の認識にかかわるアレテーであり、「人間的なもろもろの善と悪に関し、真なる判断をもって実践しうる魂の状態」（EN, Ⅵ, 5, 1140b4-6）[11]を指す。その究極目的（テロス）は「何をなすべきか、なさざるべきか」（EN, Ⅵ, 10, 1143a8-9）を命じることであり、魂にとっての実践的真理であるところの最高善を、思案・選択・実践しうる能力を意味する。ゆえに、フロネーシスはすべてのアレテーの基礎として位置づけられる（EN, Ⅵ, 13, 1145a1-3）。

　アリストテレスによるフロネーシス論の大きな特徴は、善の基礎づけを、抽象的かつ普遍的な原理によってではなく、人間事象の地平に生じる具体的な経験のなかに求めたところにある。アリストテレスはプラトンによる善のイデアを退け、普遍的規定に収斂することのない無限に多様なものとして善を捉えた（EN, Ⅰ, 6, 1096a27-28）。ゆえに善を導くフロネーシスは、体系化された原理として人びとの経験の外に存在するのではなく、具体的かつ個別的状況に即応する無規定な原理として、人びとの実践のうちにのみ見出される。つまり真理としての善は、個別的状況から遊離してア・プリオリに措定されるのではなく、フロネーシスを備える有徳者——道理をわきまえ、思量に長じ、「彼ら自身にとっての、またひとびとにとっての、もろもろの善の何たるかを認識」（EN, Ⅵ, 5, 1140b9-10）し、かつ特殊具体的な個別の状況下でそれを実現しうる能力をもつ／状態にある卓越した者たち——の判断と実践とを通じて人びとの前に

あらわれる。

「それ以外の仕方においてあることができないもの」（＝必然）の認識にかかわるエピステーメーと対照的に、フロネーシスは「ほかでもありうること」（＝偶然）にかかわる。ゆえに実践知としてのフロネーシスは、客観的な計算規則のない個別的かつ経験的な事柄についての具体的知識の集積であり、共同体成員の臆見（ドクサ）と、その集合としての通念に基礎をおく。つまりフロネーシスとは、人びとの間で共有される関心（共通利害）と、それに基づいた共通の善（公共善）についての判断能力でもある。アリストテレスによるこうした定義の背後には、個別具体的な状況を的確に把握し、それを人びとの共通目的の下に包摂することで正義が実現されうるという、古代ギリシャの都市国家ポリスに特有の倫理学＝政治学的な思考様式が指摘されるだろう[12]。つまりフロネーシスとは単独で意味をもたず、人びとの間で慣習化されることによって、初めてアレテー（徳／卓越性）としての地位を得る。ゆえに、たとえそのすべてが一人の賢者に淵源するとしても、フロネーシスには潜在的に多数の人びとによる共同の熟慮をへた協働的な判断能力が含まれている[13]。このように、アリストテレスによるフロネーシス論の大きな特徴は、普遍的真理としての善の形式を保ちながら、その基礎づけを、抽象的な概念ではなく、人間事象の地平にあらわれる個別具体的な「存在」として求めたところに見出される[14]。

それに対し、実践理性は、実践知（フロネーシス）とは真逆に、個別具体的な文脈の外にある普遍原理として立てられた概念である。善は個別的かつ実践的な文脈から離れた場所で成立しえないというアリストテレスとは対照的に、カントは「道徳能力」に含意される経験的・文脈的な要素の一切を払拭すべく、実践理性——カントにおいて善の普遍原理は「実践知」ではなく「実践理性」でなければならなかったのはこのためである——の先験的・形式主義的なアプローチを推し進め、『人倫の形而上学の基礎づけ』（Kant 1785）および第二批判『実践理性批判』（Kant 1788）において道徳の定言命法（kategorischer Imperativ）を定式化した。あらかじめ言っておくと、アイヒマンはカントの定言命法こそが、戦時中における彼自身の道徳規準であり、彼の内なる行動原理でもあったと法廷で披瀝したことが知られている。その意味で、カントによって提示されたこの道徳律の概念は、アーレントがアイヒマンを通して見出し

た既存の道徳哲学の限界がどこにあったのかを直裁に物語る。戦時下のアイヒマンが定言命法をいかなる歪曲のもとで「実践」していたかについては後に触れるが、以下ではまず、カントによる定言命法の中身を概観しておこう。

　カントによる道徳の定言命法とは、「自らの格率（主観的行為原理）が普遍法則となることを、その格率を通じて同時に意志することができるような格率にしたがってのみ行為せよ」という命題である。簡単にいえば、ある道徳命題の正当性を判断するときには、その命題が同時に普遍法則として成立するか否かだけを公準にせよ、という意味であり、いわば命題の命題（＝メタ命題）としての機能をもつ。人はどのような行動原理であっても自由に自らの格率とすることができるが、それはあくまでも自分にとっての格率にすぎない。その格率が普遍的法則性を持ちうるか否かは、その法則を全ての理性的存在者の格率として普遍化しても矛盾なく成立するか否かを自問しなくてはならない。たとえば「他人の財産を自分の所有物にしてもよい」という格率は、もしその貪欲さが全ての理性的存在者にとっての普遍的法則の形式をとるならば、自滅（自己矛盾）を免れないがために、実践的法則にふさわしい意志の規定根拠とはなりえない。

　実践理性の演繹にあたってカントが重視したのは、最高善に絶対的な無条件性を与えること、すなわち道徳法則の必然的妥当性および道徳義務の無媒介性を確立しうる法則を見つけ出すことであった。もし最高善を体現する実践的原理が存在するならば、それはすべての理性的存在者に例外なく妥当し、かつほかの要素に媒介されることなく、つまりほかの上位目的を一切もたず、ただそれ自身のみを根拠として理性的存在者の意志を直接に規定しなければならない。なぜなら道徳的に善である行為とは、そこから期待される結果としての利得や、個人（主観）が偶然的にもっている性格・嗜癖・傾向性などとは無関係に、ただ義務のための義務としてなされねばならないためである。たとえば「偽りの約束をすべきではない」「嘘の証言（偽証）をすべきではない」などの実践的規則は、その規則以外のいかなる動機にもよらず、またそれがもたらすどのような帰結にもかかわりなく、それ自体を目的としてア・プリオリに意志されねばならない。

　つまりカントの道徳法則とは、ア・プリオリかつ直接に行為者の意志を規定

する絶対の法を意味する。カントは同時に、道徳法則によって道徳の最高原理である意志の自律（自由）が実現されるとすれば、それは意志が自らに課す普遍的立法能力のなかに見出されなければならないと考えた。こうした観点から、留保付きの条件命題を意味する仮言命法（「AならばBすべし」）とは区別される無条件の法則（「Bすべし」）、つまり道徳性に対する唯一の定言命法として、上記の命題が導かれた。

　カントの定言命法では、ある道徳判断の正しさの根拠がそれ自身の内的無矛盾性のみによって定められる。換言すれば、カントは定言命法によって、判断の道徳的正当性を論理形式の純粋な整合性の問題のみへと帰着させ、それによって善悪の論証プロセスを判断者個人の主観の内部に完結させた。このような徹底した形式化がもたらす最も重要な帰結の一つは、善悪の概念からその個別具体的な経験内容が捨象されること、つまり、ある行為が善であるか悪であるかの判別が、ただ主観の内部で照合される論理的整合性と合法則性のみによって規定されることである。

　カントがおこなったこの形式化の意味は、アリストテレスのフロネーシスと比較するとより明瞭になる。すでに見たように、フロネーシスとは具体的な実践知であり、定言命法のように絶対的な法則として示されるような普遍律ではない。逆にいえば、だからこそフロネーシスを保有することは、思量によって仮象の善と真なる善とを一致させる優れた能力を持つことと同義であり、フロネーシスそれ自体が他者からの卓越性、あるいは徳を含意するのである[15]。だが、曖昧さや不確実さの完全な払拭こそを道徳的責務とみなすカントの視座に立てば、そのような経験知に依拠した判断はすべて仮言命法であり、道徳法則たりうる資格をもたない[16]。カントにおいて知慮（phronēsis）、すなわち思慮（prudence）とは、行為の帰結に対する事前の配慮であり、その意味では自らの幸福を効率よく促進するための世知の一つ、いわば怜悧（Klugheit）と呼ばれる知恵に過ぎない[17]。義務以外の動因、つまり経験則による行為の帰結や、功利、効率性に依拠した判断は、その外発性により意志の他律を招く。カントの言う純粋な道徳的観点からみれば、義務としてなすべきことが何なのかを知るために、経験や世間知は一切必要ないし、必要であってはならないのである。

　このような、道徳領域から思慮や慎慮などの経験的かつ属人的要素を徹底的

に排除する傾向は、後の『実践理性批判』でさらに顕著となる。カントは、ラテン語の善（bonum）がドイツ語において善（Güte）と幸福（Wohl）の二義をもつことに着目し、後者を各人の私的な傾向性（性向）に従属するものとして善の概念から分離した[18]。それによって、道徳的な善からは、思慮や快不快にかかわる感官的な要素が完全に排除された。結果として、カントの道徳哲学では、善悪は端的に格率と道徳原則との一致／不一致をあらわす言葉となり、また意志とは理性の規則のみを行為の動機とするための能力となった。それはつまり、万人に妥当する絶対的な道徳律の確立と引きかえに、道徳判断の領域から自律的思考と人びとの協働の次元、つまり他者の存在が完全に抹消されたことを含意している[19]。

4　第三帝国の定言命法

　では、アイヒマンは無思考性のなかでどのように自身の道徳を「実践」していたのだろうか。法廷での彼の供述を通じて、全体主義支配下の世界で一官僚が経験した「凡庸」な道徳破綻の内実をたどってみよう。

　判事たち（およびアーレント）が驚いたことに、アイヒマンは、これまでの生涯すべてにわたって、つねにカントの道徳規範、とりわけ義務についてのカント的定義に則って生きてきたことを自負していた。彼は法廷で『実践理性批判』を読んだことがあると明かし、あくまで「〈凡人〉（"the little man"）の日常の用に供するため」のカント解釈と断りつつも、判事らの前で定言命法のほぼ正確な定義を引用してみせた。すなわち、「私がカントについて言ったことは、私の意志の格率は常に普遍的な法の格率となりうるようなものでなければならないということです」（EJ: 136）。そして彼にとっての「普遍的な法」とは、第三帝国の法律、ひいては総統ヒトラーの意志にほかならなかった。言葉どおりの意味において、彼は自分自身が自らの従う法の立法者たるべく、義務の単なる受動的な履行範囲をはるかに超えて、確固たる使命感をもって自らの任務にあたった。仕事への並々ならぬ熱意、いかなる状況においても例外を認めない徹底した規則の遵守、個人的な利害や好悪、動物的な憐憫や同情心に動じない曇りなき忠誠心、つまり彼が第三帝国の中枢で自らの地位を築き上げた官僚

的資質のほぼすべては、こうしたカント的──あるいは、アーレント曰く「典型的にドイツ官僚的」な──行動規範に支えられたものであった。

　アイヒマンのとった行動がカント本来の意図からかけ離れていることは言うまでもない、とアーレントは論じる。カントの定言命法は、ただ精神の内奥に存在する実践理性のみに従い、自らをして自身の立法者たるべくふるまえと命じる法である。それに対して、アイヒマンの場合は、単に第三帝国の法、つまり総統の意志──彼の触知可能な範囲では上司の命令となる──に盲目的に従っていたにすぎない。アーレントはアイヒマン流カント主義を「身勝手な歪曲」に基づいた「第三帝国の定言命法」──「汝の行動の原則が、立法者（フューラー）の原則と同一であるかのごとく行動せよ」（EJ: 136）[20]──だと断じた。しかし同時に、ある一点において彼が確かに正しいカント主義者であったことも認めている。それは、法を守ることは「法に従うだけであってはならず、単なる服従の義務を越えて自分の意志を法の背後にある原則──法がそこから生じてくる源泉──と同一化しなければならないという要求」（EJ: 136-137）に、アイヒマンが見事に応答したという事実である。

　　ドイツの〈凡人〉のメンタリティの形成にカントがどんな役割を演じたにせよ、ある一点ではアイヒマンが実際カントの教えに従っていることは、いささかも疑いをはさむ余地はない。法律は法律であり、そこには何らの例外もあり得ないということである。（……）例外なし──これこそ彼が、感情的なものであれ利害に基づくものであれ、自分自身の好悪にさからって行動したことの、つねに自分の〈義務〉を果たしたことの証拠だった（EJ: 137）。

　実際のところ、アイヒマンは当時の基準からみても「清廉潔白」な官僚でもあった。絶滅政策と強制移送事業が進行するなか、クルト・ベッヒャーをはじめとする一部の同僚たちは，逼迫する戦況を背景に、国外逃亡を望むユダヤ人富裕層たちの生命と貨幣とを交換する事業に精力を傾けた。しかしアイヒマンはベッヒャーたちの行為を激しく軽蔑し──最終的に彼はそうした「商売人」との昇進競争に敗れることになるのだが──いついかなる時も公正な強制移送を実施しようと全力を尽くした。戦争末期に、敗戦後の保身を見据えたヒムラ

ーによって「ユダヤ人の待遇を改善せよ」「絶滅政策を中止せよ」という命令が発せられたときも、彼はおおいに憤慨し公然と任務をサボタージュした。ヒムラーからの移送中止命令に背き、1万人のユダヤ人にブタペストからウィーンまでの徒歩による強制移動を強行したこともあった。これらの例は裁判においてアイヒマンに対する判事たちの心証を悪くするものでしかなかったが、彼にとってはまさに自分の「良心」の証しとなる出来事であった。

アイヒマンの立ち位置はいたって明快である。ヒトラーの言葉と意志がそのまま国法となる第三帝国の法体系下において、総統への背信行為はそれ自体が非合法の犯罪を意味する[21]。勝利への確信が失われた終戦期においても、法の源泉たるヒトラーが生存する限り，国家指導者の意志は国法でありつづける。アイヒマンは単に彼自身の常識、つまりは「法を守る市民の良識」に照らした結果、どんな状況下にあろうと、ヒトラーおよび公法に背く犯罪的な任務の遂行を断固として拒んだのである。アーレントが言うように、それはあたかも「市民に向けて無差別に発砲せよ」と命令を受けたときに普通の兵士が見せる拒絶反応と同じ種類のものであったことは疑いない。敗戦が確信されだした終戦間際になると、彼は数々の命令違反のかどからついに任務を外され閑職に回された。皮肉にもこのことによって、アイヒマンが自分の利益をかえりみず、ただ義務のために義務に殉じるという、きわめてカント的な道徳規範を全うしたことが証明される。

彼にそのような頑なな態度を取らせたものは、狂信や逸脱ではなく、まさに自身の公共的な道徳心であった。予備尋問のなかで、アイヒマンは終戦を機に「手のひらを返すように正反対のこと」を言いはじめたドイツ国民や、「戦争中は忠誠を誓っているふりをして、内心では別のことを考えていたような連中」は「全く道徳心がない人びと」（Lang 1991=2009: 245，傍点引用者）だと非難した。彼はそのような人びととは確かに一線を画していた。アイヒマンの良心にとって、明らかに法の命じる実質的内容は問題ではなく、その信念は戦後15年をへてもなおある程度維持されたまま、アルゼンチンの居住地で追っ手の気配を悟っても彼が逃亡しない理由となった。定言命法における義務と服従の形式に照らしてみるならば、アイヒマンとそのような「連中」と、どちらがより普遍的原理に適うかはきわめて明白であろう。カント的見地からみた道義

的な正しさとは、戦時下に面従腹背していた人びとや、敗戦後の時流に合わせて主義主張を転換させた人びととではなく、法の内実を問わず自身の義務を全うしたアイヒマンの側に見出されるのである。

定言命法は道徳にまつわる不確実性を完璧に除去する意図のもとで導かれた。それは「善い行いとは何か」をめぐるアリストテレス以降の果てしない道徳論議に巻き込まれずに、道徳判断の先験的形式性のみを純粋に抽出するための命題である。はからずもアイヒマンは、そうした形式的整合性のみによって行為の善悪を測ったときに何が起きるのか、その最悪な帰結の一つを自ら体現してみせたといえるだろう。彼がある道徳律において「善良」とみなされるのならば、少なくともその道徳律は、われわれにとって公準たりえない。では、アイヒマンの示す定言命法の限界は、結局のところ何に淵源するのだろうか。

5 「行為」の公共性

なぜ史上最悪といわれる行政的大殺戮への加担が、同時に、ある観点からみれば道徳的でもあるようなグロテスクな事態が起こりうるのか。あるいは、アイヒマンの弁明が示した定言命法の機能不全の、根本原因はどこにあるのか。端的にいえば、それは定言命法に潜む主知主義、つまり行為の合法則性のみによって善悪を規定することが可能だとする道徳的視座と、その前提となる独我論的行為論による帰結である。カントの実践理性は、善い行いを主観／客観の区別なく一意に定めることが可能だと考える。だが、道徳命法の命じる「善い行い」は、「善い行い」であると同時に「善い行い」でもある。そして「行為」であるという点で、それは不可避的に他の人びととの存在に深くかかわらざるをえない。アイヒマンに見出される道徳破綻の一部は、定言命法の道徳律が人間の「行為」の多元的構造を捉え損なっていることによる。言いかえれば、行為＝意味の他律性、文脈依存性、相互行為の公共的次元をまったく顧慮しないがゆえに引き起こされる主知主義的な道徳哲学の限界である[22]。

カントにみられる、行きすぎた主知主義および行為の公共的次元の欠落をいち早く指摘したのは、ドイツの社会学者ジンメルである。ジンメルはアイヒマンが自己流の定言命法を実践したおよそ40年前、すでにカント道徳哲学を字

義通り実践したとき現実世界にもたらされるであろう歪んだ帰結を見抜いていた。ジンメルは行為概念への透徹した洞察を通じて定言命法への徹底した批判を展開したが、それは今からみると、ある意味でアーレントのおこなった全体主義批判を予見させる先駆的議論でもあった[23]。

　ジンメルによる定言命法批判の主要な論点は、ある行為の意味や価値は行為者の「意図」ではなく行為の「帰結」によってこそ規定されるという点に、哲学者であるカントがまったく無頓着であったことである。ジンメルはそれを大きく二つの側面から指摘する。一つは、義務のための義務の履行、つまり、道徳的なものの本質は行為者の動機によって測られねばならないという、意志のみによる行為規定がおよそ非現実的な想定だということ。そして二つ目は、「汝の格率が同時に普遍法則となるように意欲せよ」という普遍化要件、つまり、つねに万人に妥当性を持つような行為を選択せよという条件が、行為の公共的次元を考慮に入れるならば、論理的に成立不可能だという点である[24]。

　第一の論点から説明しよう。定言命法は、道徳的行為が義務のための義務のみによって遂行されねばならないと定める。このことは、善い行為の判定基準がその行為の生み出す帰結とは一切かかわりなく、ただ行為者の意図にのみ存在していることを意味する。元来この規定の意図は、義務以外の不純な動機に根ざした行為には、その外面的な帰結にかかわらず道徳的地位を認められない、というところにあった。たとえば、自分の体裁が悪くなるのを恐れて嘘をつかないという選択と、嘘をつくことそれ自体が普遍法則にもとるために嘘をつかないという選択では、その道徳的地位はまったく異なるとカントは考えた。なぜなら前者においては、嘘のばれる可能性が絶対にないといえる場合、それでも嘘をつかないという決断がなされる保証はないためである。また、体裁を気にするというパトローギッシュな動因からは真に倫理的な行為はなされない。「嘘をついてはならない」ことの道徳的理由は、ただ「嘘をついてはならない」ことが普遍的法則であることにおいて求められねばならず、それ以外の理由はすべて実践理性とは別の原則に基づく他律的行為にすぎない。

　しかしこの規定が現実世界に適用されれば、「意図」と「帰結」とのねじれから次のような奇妙な事態を招くことになる。

　一つは、「この行為は義務のみを動機とする」と確言できるようなきわめて

特殊な状況下でしか、行為の道徳性が保証されないという事態である。現実世界において人はさまざまな動機をもって行為するが、必ずしも誰もが自分の動機を明確に把持して行動しているわけではない。特に一つの行為に複数の動機が、それも同じ方向に作用するときには、動機の把持は行為者本人においても困難となる。もし「この行為は義務のみを動機とする」と言えるような状況があるとすれば、すなわち義務以外の動機すべてが義務の命ずる行為と相反するときに限られるだろう。逆にいえば、たとえば道徳的義務に従うことが自身の利益にも資するという場合は、どれほど義務に適った行為であろうと、カントの道徳律においては単なる利己主義からの振るまいとしてその道徳的地位を剥奪されることになる。

　このことからさらに予想されるのは、義務精神のみを動機とするすべての行為が、ただ「義務のみに基づく」という一点において無条件に道徳的地位を与えられる事態もありうる、ということである。まさにアイヒマンのケースがそうであったように、その義務が内心の心情や欲求と相反し、履行にともなう苦痛が大きいほど、その行為の道徳的価値もまた跳ね上がる。おそらくそれは、善行には犠牲がつきものであるというカントの（やや純朴に過ぎる）苦行功徳精神の反映にすぎないのかもしれない。だが皮肉なことに、そうした行為規定から導かれるのは、善行を志す人間は、たとえそれが公共的観点からみて明らかな害悪をもたらすとしても、自らの行為の帰結に配慮してはならないという、自閉的で現実離れした道徳戒律である。結果として、アイヒマンのような「考えない」人間にとっては、自らが服従する法の実質的内容、およびそれが命じる行為自体の道徳性について何一つ考慮せず、ただ義務のための義務のみに従うという態度こそがもっとも——自身にとっても都合の良い——「道徳的」な選択となりえたのである。

　しかし、そもそも行為者の意志はいかなる権限をもって行為の道徳性を規定するのか。一つ確かなことは、ある行為が義務のみによってなされたものか、義務以外の動機からなされたものかは、当事者も含めてほとんど誰にもわからないうえに「公共（Allgemeinheit）にとってはどうでもいい」（Simmel［1893］1991: 17）という点である。利己主義的におこなわれた公共の利益に資する行為と、遵法精神に基づいてなされた大して役に立たない（場合によっては周囲

に甚大な害悪をまき散らす）行為なら、他の人びとは間違いなく後者より前者の方を「道徳的」だと評価する。たとえば、アイヒマンのかつての同僚であり、出世上のライバルでもあったクルト・ベッヒャーは、戦時中におこなったユダヤ人富裕層に対する逃亡幇助によりニュルンベルクで告発を免れた数少ないSS高官だが、彼は決して人道的見地から、あるいはそれ自体を目的としてユダヤ人富裕層の国外逃亡に尽力したわけではなかった。しかし、富裕層の財産目当てに法規を曲げて便宜を図り、そのために断罪を免れたベッヒャーに対し、あらゆる私情を退け、宣誓と義務に基づいて公法に服従した「清廉潔白」なアイヒマンは、イェルサレムで絞首刑に処せられた。ここからわかることは、通常われわれがある行為の道徳性を問うときは、行為者による行為の意図よりも、その行為が公共になにをもたらしたのかという観点からみた行為の帰結の方がはるかに重要だという点である。このような帰結への配慮は、意志のみによる道徳性規定からは決して捉えることができない。

　もちろん定言命法においても、義務のみを動機とするだけであらゆる行為に際限なく道徳性が保証されるわけではない。ここで定言命法の第二条件、「行為の普遍化（公共化）原則」[25]があらわれる。行為の普遍化原則とは、自らの格率が万人の普遍法則となるように行為せよという命題である。たとえば「私は他人に対し詐欺行為を働いてもよい」という利己的な格率を普遍法則とみなすことはできない。なぜならそれを普遍的文脈に置きなおした場合、「誰もが他人に対し詐欺を働いてよい」という命題が導出され、普遍法則として到底妥当しえないことが即座に判明するためである。したがって理論上は、自愛や私利私欲によって他者に損害をあたえる利己的な振るまいは、この普遍化可能性に基づいて道徳的行為から除外される。ただし結論を先取りすれば、この要件もまた、先にみた「義務規定」とまったく同様に、現実世界での明白な悪に対してなんの抑止力ももたないことが明らかになる。

　「行為の普遍化原則」をめぐる問題の核心にあるのは、この原則の中に、行為の意味を一義的に決められるという暗黙の前提が織り込まれていることである。嘘をついてはいけない、偽証してはいけない。これだけ取り出せば、確かにすべての人びとに妥当する普遍法則として成立するようにみえるかもしれない。しかしこうした解釈は、行為のもつ公共的次元への配慮を完全に欠いてい

るという点で、ひどく非現実的である。たとえばジンメルは次のような例を挙げて説明する。金持ちの高利貸による詐欺と搾取によって、自分と自分の家族の生活が破滅しかかっている人間がいるとしよう。もし彼がこの債権者を（さほど傷つけることなく）騙すことで窮地から逃れられる途があるとすれば、それは道徳にもとるのか否か。おそらく定言命法に照らせば、「自分の苦境を脱するために誰もが他人を騙してよいのか」という反問のうちに、問いかけへの答えは「否」となるだろう。だがこの場合、真に問われねばならないのは、特殊な状況をも含めたうえで考慮される普遍的妥当性ではないか。たとえばわれわれは、よく知られた物語から次のような例を引くことができる。「偽証によって投獄され財産を騙し取られた者が九死に一生を得て脱獄し、彼を騙し陥れた人びとを、今度は彼自身が騙し陥れてもよいか」。そして、この偽証が道徳的に許容されるか否かは、決して直ちに決められる事柄ではない。

　ジンメルの言うように「行為はつねに、一定の状況の下で、特殊な原因と結果をともなっておこなわれるもの」（Simmel［1893］1991: 46）である。ゆえに行為の意味はそれが生起した特殊な状況と不可分であり、その普遍化可能性を問うならば個別的文脈をも含めて問われねばならない。ここで、定言命法によって課される「行為の普遍化可能性」要件は一つの難問に突き当たる。一方で、ある行為にかかわる個別的要因すべてを考慮することは、端的に不可能である。それは単に、行為をとりまく状況の構成要因は無数にある、という理由だけではない。あらゆる行為は本質的に、かつ本来的に一回性の出来事だからである。誰かが陥ったものと似たような状況——そこにはつねに、多くの人が同意するという間主観性、つまり公共的次元における何らかの抽象化が含まれる——はありえるだろう。しかしまったく同じ状況はありえない。それは、どれだけ似た人間がいたとしても、同じ人間は二人存在しないということと同程度に、また時間が不可逆であるのと同程度に、ア・プリオリに確言できる事柄である。厳密な意味において「同じ状況」がありえない以上、「同じ状況下にあるすべての人がなすべき（なさざるべき）行為」について問うことに意味はない。つまり、カントの言うように、あらゆる主観的解釈を排し、行為の文脈を徹底的に捨象し個別化していった場合、ある行為の普遍化可能性自体が消失する。突き詰めれば、一者の主観の内部で完結する普遍的妥当性という概念は、そもそ

も要件として成立しえないのである。

　逆にいえば、ある行為の普遍的妥当性を問うとき、われわれはつねにすでに、その行為の意味と文脈について主観に基づいた何らかの抽象化をおこなっている。われわれが日常において行為の意味を同定し他者とコミュニケーションを取ることができるのは、行為にまつわる無数の要因を適宜捨象し、ある程度の慣習にしたがって経験的に抽象化・単純化された文脈（コード）を他者との間で共有しているためである。だが困ったことに、定言命法は行為文脈の特殊性をどこまで考慮すればよいのか、どこまで捨象してよいのかに関する厳密な外的基準を示さない。行為は置かれた文脈によってたやすく意味を変えるが、それはある行為が定言命法に即した普遍的な道徳性を問われるときにもっとも重要となる論点、つまり行為がどのような行為として普遍性を問われるかについては、主観に基づく恣意的な操作に委ねられるほかない、ということを意味する。そのため、まさにアイヒマンが示したように、ある観点からは明白に悪である行為が、別の観点からは高い道徳性を保証されるという事態が現実に起こりうる[26]。そうした意味において、定言命法による道徳判断は、人が悪をなすことへの抑制とはなりえない。

　行為の意味は事後的に見出される。言いかえれば、われわれは行為の意味を同定するとき、多かれ少なかれ特定の文脈を取り出し、ほかを捨象するという恣意的な操作をすでにおこなっている。カント自身の解説にもしばしば登場する「偽証する」という行為すら、一連の複合的な状況から抽象化された事後的なカテゴライズにすぎない。ある人が陥ったのと「同じような状況」を想定できるのは、われわれが思考力によって個別事例の間に何らかの共通項を見出し、類推をおこなった結果である。もちろん単に「視点を変える」ことでは変更のきかない厳然たる不変の「事実」は残る。しかし、何の留保もなく行為の意味を主観的かつ一義的に固定しうるという独我論的な想定では、現実世界の複雑さに対応することはできないだろう。

　カントは自身の道徳哲学において倫理を形式化し、一つの論理へと昇華させた。だが、「それは道徳の自律であって、人格の自律ではない」（Simmel［1893］1991: 16）というジンメルの指摘は、カント道徳律がもつ危うさの核心を精確に捉えている。独我論に依拠する他者不在の普遍法則は、道徳行為の形式化を

超え、単なる形骸化へと帰着する。アイヒマンはその空白に「第三帝国法」を滑り込ませることで、もっとも無残な形で定言命法を「実践」してみせたのである。

6　思考放棄の先へ

　皮肉なことに、アイヒマン自身もまた自分のことをきわめて道徳的な人間だとみなしていた。すでにみたように、異常な任務に従事するうえで、アイヒマンの内面には葛藤や躊躇がほとんど——少なくとも判事たちが期待したほどには——みられなかったが、それは命じられた任務と彼の内なる良心との間にそもそも摩擦が生じていなかったためである。入党の宣誓を守り、公法に服し、総統の意志を自らの格率としたアイヒマンは、自分がもしも良心に疾しさを覚えたとすれば「命ぜられたこと——数百万の男性、女性、子どもたちを、非常な熱意と細心の注意をもって死にむかって送り出すこと——をおこなわなかった場合」（EJ: 25）であっただろうと裁判で明言している。彼にとって絶滅政策の遂行任務は業務命令のみならず道徳的責務をも意味したが、その認識は実践理性の見地からみて間違ったものではなかった。第三帝国において総統の意志は一国家の正式な法律であり、客観的にも主観的にも、彼の立場は「法を守る善良な市民」にすぎなかったのである。では、われわれは命令と法に服従したアイヒマンの「悪」をどのような観点から説明することができるのだろうか。

　伝統的な道徳哲学の枠内でアイヒマンを「悪」として捉える一つの視角は、法の真正さの問題、つまりアイヒマンの従った第三帝国法の邪悪さに焦点を当てることである。彼の遵法精神それ自体はカントの道徳律を正しく反映したものだとしても、精神の内奥に存在するとされる実践理性による道徳実践と、凡人の日常の用に歪曲された「第三帝国の定言命法」では、その道徳的地位は大きく異なるのではないか。彼は少なくとも盲目的服従をおこなう前に、自身が服従する法を自らの意志で選んだはずである。そうである以上「では、あなたはなぜそのような法（命令）を受け入れたのか」という問いはつねに問われうる。実際、第三帝国における特異な法体系——恒常的な「例外的状態」——はナチズム独裁政治の根幹でありつづけた。法の命ずる一連の行為が悪しき行為

であったのは、単純にその源泉となった法＝総統の意志の邪悪さを反映した結果にほかならない、という解釈はある程度妥当性を持つだろう。そう考えれば、アイヒマンの悪とは、つまり彼の服した法の悪として、伝統的な道徳観のなかで説明することができる。彼に罪過が問われるとすれば、それは服従する法の選択を見誤ったことであり、明らかな悪法を浅慮から、あるいは悪意や保身、身勝手な都合から、真正の道徳律であるかのように受容し、独裁者の欲望と欺瞞にまみれた虚偽の「道徳法則」を自らの格率としつづけたことに見出されるのではないか。

　アイヒマンへのこうした道徳的非難は、常識的に考えても決して的外れなものではないように見える。予備尋問や裁判を通して、当然この点は繰り返し問われた。彼は定言命法を都合良く曲解しているし、そのことについて多少なりとも自覚があった。特定の人びとを「寄生人種」とみなし、彼らの財産を奪い殺害することを「衛生問題」とする法律（法則）が、カントの言う実践理性であるはずもない——ゆえに、アイヒマンの道徳的破綻は、悪法を「悪」として判別しなかった道徳的過誤に端的に示されるだろう。

　ただしここでの問題は、なにをもって「悪法」といえるのかについて、確固たる規準がどこにもないことである。すでにみたように、カント自身が実践理性に課した「普遍化可能性」という制約は、公準としての機能を実質的に担っていない。また、アイヒマンが服した法は一国家において正統かつ正当な民主的手続きをへて制定された真正な法律でもあった。内在的にも外在的にも規準を欠いた状況下において、われわれは第三帝国の法を、なぜ、何をもって「悪」とみなしうるのだろうか。

　カント独我論による道徳の形式化は、法の指示する内実を不問にするため、法それ自体の妥当性を吟味する契機が最初から含まれていない。そのため、既存の道徳観によってアイヒマンの悪を判断するには、形式主義から離れ、法や行為の実質的内容に踏み込んで善悪を吟味することのできる判断形式が要請される。全体主義の悪の正体を同定するには、実践理性を離れ、いま一度西洋倫理学におけるもっとも正統な道徳判断へとさかのぼるべきかもしれない。それはカント以前の、道徳判断の本来の源泉である実践知（フロネーシス）へと回帰し、個別具体的な行為内容への配慮を含んだ共同体的な道徳観へと立ち戻る

ことを意味する。

　フロネーシスとは特定の共同体のなかで受け継がれてきた伝統的な経験知、あるいは道徳原則として集積された集合知であり、全体主義下の実践理性とされた「論理法則」とは対極に位置する。われわれの伝統的な良識――知慮、あるいは思慮とも呼ばれる――は、決して第三帝国の掲げる歴史法則や、その法に服したアイヒマンの行為を許容しえない。彼らのおこなった具体的行為の内容にわれわれが今もなお抱くおぞましさの感覚は、突き詰めれば、経験的に培われた共同体的倫理感覚に淵源するのではないだろうか。

　しかし結論からいえば、共同体的な道徳律を規準にしてみても、われわれは結局のところ形式主義の招く陥穽と似たような袋小路に直面せざるをえない。それはフロネーシスに不可避的に含まれる排他性――それは原義において他者からの卓越性を意味する――が、結果として行為者に思考放棄を促し、かつそれを正当化する方向に作用するためである。

　実のところ、アイヒマンは法廷での供述で、共同体的な「良識」と自身の「良心」とが深く交差する瞬間があったことを明かしている。それは彼が「ユダヤ人専門家」として任務に従事していた期間、たった一度だけ経験した、義務に対する信念の揺らぎと良心の葛藤でもあった。その瞬間とは、具体的には1941 年、ハイドリヒからユダヤ人問題の〈最終的解決〉の開始――つまり「疎開・移送」から「肉体的抹殺」へと第三帝国のユダヤ人政策が転換されたこと――を直接知らされたときである。それまでユダヤ人移住計画の推進に心血を注いできたアイヒマンにとって、この転換は大きな衝撃をもたらした。この方針転換によって彼は「仕事の喜びも、やる気も、興味も、すべてが失われた」（EJ: 84）と吐露している。以降、彼は命じられた任務を服従の義務のみにしたがって遂行したが、心中ではこうした暴力的な解決方法に幾ばくかの不安や疑念を抱いていたという。彼がそうした内心の葛藤から完全に解放される転機となったのが、1942 年 1 月におこなわれたヴァンゼー会議である。絶滅政策の開始地点として歴史に悪名を残すこの会議では、ヨーロッパ全域にわたって〈最終解決〉を遂行するために各省庁の代表者たちが集められ、組織的な大量殺戮事業の承認と各部局における積極的協力の約束が取り付けられた。出席者は当時のドイツ政府閣僚直下の次官レベルの高級官僚たちであり、彼らはア

イヒマンのような親衛隊員でも党員でもない、正真正銘の伝統的国家エリートたちであった。最末端の書記官として会議に参加したアイヒマンは、第三帝国官僚機構のトップに立つ彼らがこぞって虐殺事業に賛意を示し、具体的な殺害方法について熱心に話し合う姿を見て、内心のわだかまりが見事に払拭されるのを感じたという。そのときのアイヒマンの心象をアーレントは次のように書いている。

　「あのとき私はピラトの味わったような気持ちを感じた。自分には全然罪はないと感じたからだ」。自分は判断を下せるような人間か？　「この問題について自分自身の考えを持てる」ような人間か？　それにしても、謙虚さのために身を滅ぼしたのは彼が最初でも最後でもなかったのだ（EJ: 114）。

アイヒマンはこうして任務と良心の間に生じたわずかな葛藤からいともたやすく解放されたが、それは謙虚さという彼に備わる共同体的な美徳のあらわれでもあった。アーレントは次のように続ける。

　いたるところで〈善き社会〉（good society）が彼と同様の反応を熱烈に真剣に示しているのを見たため、彼の良心は実に安らかであった。判決で言われているように「良心の声に対して耳を塞ぐ」必要は彼にはなかったのである。それは彼に良心がなかったからではなく、彼の良心は〈尊敬すべき声〉、つまり彼をとりまく尊敬すべき社会の声と共にあったためである（EJ: 126）。

仕事での成功、承認や出世を何よりも渇望したアイヒマンが心から尊敬し憧れていた上流階級の「善き人びと」たち——そこにはユダヤ人のエスタブリッシュメントたちも含まれていた——から、命令に逆らうような良心を呼び起こす声はいっさい聞かれなかった。実際のところ、アイヒマンは〈最終解決〉の業務を遂行するなかで、絶滅政策に真っ向から反対する有徳者には一人として出会わなかったのである。この単純な事実こそが、彼をして「第三帝国の定言命法」の実践へと邁進させた道徳的根拠でもあった。アイヒマンはカント的道徳律を自身の義務としてまっとうするために共同体的な道徳感覚を無視したの

ではない。なぜなら、彼の従った道徳の普遍法則は、伝統的な良識と相反する
ものではなかったためである。というよりむしろ、彼のおこなった「定言命
法」への服従は、伝統的な共同体による道徳的承認によって支えられてさえい
たのである。

　なぜこのような事態が生じるのだろうか。フロネーシスを源泉とする世間知
としての思慮や良心は、一つの徳であり、同時に他者からの卓越性を意味する。
裏を返せば、それは一部の優れた人間にしか持つことができない希少な能力
（資源）である。カント的な道徳律が万人の義務であるのに対し、フロネーシ
スは少数者のみに許された特権であり、そこに潜む貴族主義的な前提は、アレ
テー（徳／卓越性）のないその他大勢を「凡人」の地位に置く。すなわち、道
徳判断とは一部の賢人たちが担うべき役割であり、大多数の者に求められるの
は、彼らの判断を受け入れ、従うことにほかならない。結果として、フロネー
シスへの回帰という選択は、実践理性による機能不全の回避をもたらさない。
そればかりか、少数の権威者たちに判断をゆだね、彼らへの追従こそがその他
大勢にとっての美徳となるような、アイヒマンの「分相応」な歪曲と思考放棄
に別の形で正当性を与えることになる。アイヒマンの、あるいは全体主義の悪
を伝統的な良識の観点から捉えようとするならば、われわれはまた、アイヒマ
ンの示した服従精神は共同体的な美徳にも沿うものであったことを認めざるを
えないのである[27]。

　以上から、アイヒマンの犯した悪を、彼が従った法の悪へと読みかえるのは
きわめて困難であることがわかる。その根本にあるのは、先験的、経験的であ
るにかかわらず、伝統的な道徳哲学の文脈にはそもそも彼のおこなった服従を
誤りとみなす観点が存在しないことである。実践知、あるいは実践理性とは道
徳実践の指針となる原理原則だが、あらゆるルールの適用問題と同様に、規則
を適用する規則は存在しない[28]。義務と服従の形式のみに着目し、行為の具
体的内実について徹底した不干渉を保つ定言命法は、ジンメルが示してみせた
ように、「法」の命ずるあらゆる行為に、「法」が命じたという理由によって、
道徳的正当性を付与することができる。所与の「法」への自発的な服従のみが
道徳的責務となるとき、そこに法自体の正しさを疑う契機は存在しない。同様
に、経験主義的・共同体的な良識（フロネーシス）に準拠する伝統的な道徳律

もまた、定言命法と同型の構造的問題を抱えている。有徳者の個別的な判断の
なかに普遍的な道徳律が顕現するならば、誰がその有徳者であるか、それは何
によって定められるのか。言いかえれば、誰の判断が善き判断であるのかを、
人はどのようにしてあらかじめ知ることができるのか。アイヒマンを不安から
解放したという「善き人びと」はフロネーシスを持つ人びとであったのか否か。
誰が有徳者であるかの判断もまた、フロネーシスを通じてなされねばならない
とすれば、それはトートロジーでしかない。これらの循環規定と無限後退とを
止められる上位ルールが存在しない以上、われわれはアイヒマンの選んだ思考
放棄を、伝統的な道徳律に則った正統な道徳実践の一つとみなさざるをえない。

　このことは、なぜアイヒマンの悪は伝統的な道徳哲学の理解枠組みをすり抜
けていくのか、という冒頭に掲げた問いの答えでもある。実践知／実践理性と
は善と悪、正と不正を識別する原則（能力）だが、規則それ自体の善悪を識別
する方法は、先験的にも経験的にも存在しない。道徳哲学の二つの伝統に照ら
せば、アイヒマンは疑いなく「道徳的」な人間であったし、それは彼自身の自
己認識とも一致していた。だからこそ、法廷における彼の道徳的資質への疑義
と追及はつねに行き場を見失った。おそらく「普遍的な人道感覚」といった曖
昧で根拠のない道徳観念を持ち出す以外にこの問題を解決する術はないだろ
う[29]。しかし、こうした楽観的な物言いの空虚さを暴いてみせた当の出来事
こそ、全体主義支配およびその中核としての絶滅収容所ではなかっただろうか。

　アイヒマンの道徳意識が、絶滅政策の遂行にあたって何の妨げにもならなか
った――それどころか、ときには推進の一翼すら担っていた――のは、彼の道
徳法則が真正な道徳法則でなかったという単純な理由によるものではない。法
としての真贋以前の、実践理性に基づく道徳判断の論理形式のなかに、すでに
他者不在と思考放棄による道徳的破綻が組み込まれているためである。言いか
えれば、アイヒマンをめぐる道徳問題の本質とは、彼が不道徳であった点にあ
るのではなく、あまりにも道徳的だった点にある。良心に支えられた「無思考
性」は、おそらく絞首台に至るまで、堅固な鎧となって彼を現実世界から守り
つづけただろう。アイヒマン問題を詳細に検討するなかで見えてくるのは、道
徳判断と思考放棄との間にある、この強固な連結関係である。たとえ一人の独
裁者の妄執ではなく、自らの正当性を万人にア・プリオリに証明できる論理法

則であっても、あるいは歴代の賢者たちによる英知の集大成であっても、あらかじめ用意された道徳原理は全体主義の悪を理解する手立てとはならない。アーレントがアイヒマンを通じて発見したのは、全体主義に対する道徳哲学の無力、あるいは共犯関係であった。

　行為への道徳原理の適用がつねに思考放棄をともなわざるをえないのは、それが判断という営為に付随する種々の決定不可能性——行為の意味の不確定性や、他者存在にともなう偶然性——を極限まで排し、単独の人間に向かって直接に善悪の在りようを規定するためである[30]。そしてここでのもっとも深刻な問題は、道徳原理による善悪の規定様式が、全体主義の統治形態とあまりにも似通って見えることである。全体主義支配は「必然的推論」の連鎖に合わせて現実を歪曲し、合法則的な世界へとつくりかえていく運動であった。全体主義の支配する世界では、個々人は普遍法則に対する絶対的な服従を強制される。法と自分だけが存在する世界において、自立的思考や他者存在、おそらく自己の存在自体も徹底的に無用化される。こうした秩序形成は、道徳哲学における善悪の規定様式にそのまま当てはめることができるだろう。テロルの本質が人間の政治的営為を完全に破壊することにあるのだとすれば、実践的な道徳原理の本質は人間の思考と判断を破壊することにある。その意味で、テロルによる公的領域の支配と、実践知／実践理性による道徳領域の支配とは、互いに呼応し補完し合う両輪の関係にあった[31]。

　絶滅収容所の出現は、近代社会における人間理性への信頼を完全に破壊したが、それは大量殺戮事業が人間理性の届かない場所で行われたことを意味しない。ホロコーストはむしろ、バウマンの指摘するように、近代理性によって遂行されたとみなされるべきである（Bauman［1989］2000）。歴史法則による全体主義支配と道徳原理による思考放棄とをその共通性において捉えるならば、既存の道徳哲学は政治的悪に対して完全に無力であるばかりでなく、その悪に道徳的アリバイまで供与するという、「道徳的」にはまったく説明のつかない事態が極めて簡潔に説明される。その点で、アーレントの言う「悪の凡庸さ」とは、全体主義と近代理性との間の共犯関係を示す表徴でもある。

　アイヒマン裁判の後、アーレントは判断についての考察を深めていくが、それは全体主義と道徳哲学との共犯関係を解消し、善悪、正不正の判断を思考と

他者存在に結びついた営為として定位しなおすための試みであった。「根源悪」から「悪の凡庸さ」への転換は、道徳原理の支配する伝統的な道徳哲学からの訣別とともに、アイヒマンの行いを「悪」と捉えるわれわれの道徳規準の源泉の探求、つまり人間事象（human affairs）を判定することの可能な判断力をめぐる、新たな問いへと接続されていったのである。

【注】

1) ただし全体主義の悪を射程に収めることができなかったのは伝統的な「道徳律」だけではない。既存の「法」も「政治」も、道徳と同様に、絶滅政策の抑止力とはなりえなかった。というのも、ナチスによる大量殺戮事業はきわめて入念な行政手続きによって当時の政治体制および国際法の外側に置かれていたためである。ホロコーストはその前段階として、国籍の剥奪という法的・市民的人格（juridical person）の抹殺と、強制収容所での道徳的人格の抹殺という、二つの手順をふむことで成り立っていた。アーレントによれば、ヨーロッパのユダヤ人たちは、まず無国籍化によって法と政治領域から排除された後、強制収容所に移送・収容されることによって道徳的領域からも排除され、生きる屍となったその後に、生物としての個体性が破壊されるに至った（OT: 447-455）。それゆえに、ホロコーストに既存の「法」や「政治」、あるいは「道徳」上の問題点を見出すことはひどく難しい課題となる。なぜなら、まさにアイヒマンの「机仕事」が示すように、ナチスによる大量殺戮事業の中枢を担ったのは、犠牲者たちを伝統的な法・政治・道徳領域の〈外〉へとあらかじめ置くためになされた、国家官僚たちによる（それ自体は完全に合法な）行政業務であったためである。

2) アイヒマン裁判および戦時下のアイヒマンの活動について、本書が依拠する主な文献は以下となる。アイヒマンの所属部署および任務については、ナチスによるヨーロッパ・ユダヤ人絶滅政策の段階的進行過程、および行政機構の内実にかかわる膨大な資料を包括するヒルバーグ『ヨーロッパ・ユダヤ人の絶滅』（Hilberg [1961] 2003）参照。アイヒマン裁判の政治的背景、および裁判内でのアイヒマンの陳述については、アーレントの報告書のほかに、アイヒマン逮捕後におこなわれたイスラエル警察による8カ月、275時間にわたる予備尋問記録（Lang 1991=2009）、およびアイヒマン裁判の録画テープを発掘・編集した映画『スペシャリスト——自覚なき殺戮者』（Sivan [director] 1999）を参照。逃亡以後、逮捕以前のアルゼンチンでの生活およびアイヒマンの存在が発覚するきっかけとなった、いわゆるサッセン・インタビューについてはCesarani（2004）、およびStangneth（2014=2021）参照。

3) アイヒマン裁判は史上初めて法廷にヴィデオ形式のTVカメラが持ち込まれた歴史的な裁判——法廷史上においてもメディア史上においても——である。そのため、第一回公判から控訴審判決に至る裁判の全過程は、映像記録として今も残されている。500時間にわたるヴィデオテープの存在は長らく忘却されていたが、

90 年代に入って抜粋されたフィルムの一部が偶然発見されたことにより、資料のもつ歴史的価値の再評価が始まった。テープの発掘や入手経緯については、映画のスクリプトを含む解説書『不服従を讃えて』（Brauman and Sivan 1999=2000）参照。

4) ただしアーレントが法廷で実際に証言台に立って話すアイヒマンの姿を目にしたのはごくわずかな時間であったことが知られている。報告書の執筆にあたってアーレントが依拠したのは、主に関係者に配布された文書資料であり、アーレント自身は「アイヒマン本人の広範な証言が始まったわずか 3 日後に」（Hilberg 1996=1998: 173）イェルサレムを去っている。

5) ウィーンでのアイヒマンの最初の職業的成功を支えたのは、当時最年少のユダヤ人ラビであったベンヤミン・ムルメルシュタインであったことが知られている。ムルメルシュタインはその該博な知識をもってその後も献身的にアイヒマンに尽くし、ユダヤ人移住事業を進めると共に、テレージエンシュタットの設立にかかわり、同収容所の最後にして唯一生還したラビとなった。アイヒマンをユダヤ人問題の「スペシャリスト」たらしめた知識と教養は、その大半が彼によってもたらされた。ムルメルシュタインは戦後、戦時中のナチス協力の罪によって糾弾され、同時にユダヤ人の国外逃亡を支援したことで無罪となった。戦時中のアイヒマンとユダヤ人評議会の関係を誰よりも知悉していた人物であるが、戦後はイスラエルへの入国を禁じられ、アイヒマン裁判の証人喚問もなされなかった。ムルメルシュタインの証言については、インタビューを収めたランズマンのドキュメンタリー・フィルム『不正義の果て』（Lanzmann [director] 2013）参照。

6) 予備尋問の調書のなかでアイヒマンは、フランスにおけるユダヤ人の移送に際し、国籍の剥奪と財産の収用がどのように進められたかをめぐって次のように語っている。調査官「あなたはまだ、そうしたことすべてが『移送の技術的問題』に過ぎないと主張しますか？」、アイヒマン「そうです、大尉殿。それは……もちろん、そういうことすべては……移送に関係したことでした。しかし殺害ではありません。疎開と移送……それが殺害と混同されて、大尉殿、これは移送なんです。殺人とは関係ありません、大尉殿。大違いですよ、今だってそう言えますよ」（Lang 1991=2009: 112）。

7) EJ: 22 頁。なお、アイヒマンは予備尋問の中で、彼の課が現地の移送担当者用に策定した移送のガイドラインには、つねに「不必要な残虐行為は、できるだけ避けるように」という一文が付言されていたことを強調している（Lang 1991=2009: 126）。アイヒマンにとって運行計画とは一つの科学であり、自分が処理せねばならなかったのは、つねに「技術的問題」に過ぎなかったと考えていた。このように、虐殺任務において通常障害となる道徳的・心理的問題が、官僚制というフィルターを通じて「技術的問題」へと変換され、多くの実行者たちの間で心理的負担の少ない「合理的解決」が粛々と進められていったことは、バウマン（Bauman [1989] 2000）が繰り返し指摘するところでもある。

8) EJ: 114 頁。なお、アイヒマンは予備尋問のなかで、彼の受けた当時の命令が「非合法」な行為を指示していたとするレス大尉の指摘に対し、次のように答えて

いる。「もし 1945 年 5 月 8 日の終戦までに聞かれれば、私はこう言ったでしょう。『それは……えー……えー……ドイツ国民の多数によって選ばれた政府であり……えー……えー……地上全ての文化国家と同様に、その外交的使命を持っています。私のような小役人に何がわかるでしょうか？ 私は上司から命令を受けても、その内容について判断する立場にはありません。私はただそれに従い、忠実に服従せねばなりません』」(Lang 1991=2009: 136-137)。

9)　アーレント特有の独語英語であるこの単語は、邦訳が一定しておらず、「無思想性」とも訳される。本書では文脈に応じて「無思考性」あるいは「思考（能力）の欠如」と訳す。なお後述するように、『イェルサレムのアイヒマン』では inability to think (EJ: 49) という語句がこの意味で使われている。

10)　アリストテレスとカントとを二つの源泉とする判断論の系譜については Beiner (1983=1988) で概観されているが、ベイナーの議論ではアーレントの解釈に反して、カントにおける実践哲学（第二批判）と趣味判断（第三批判）との間の区分は捨象されている。

11)　『ニコマコス倫理学』の邦訳は、基本的には高田三郎訳に依拠している。ただし文脈に応じ、今道 (2004)、岩田 (1985) における訳出も適宜参考にした。

12)　アリストテレスは、個人にとって「善く生きる」ことを探求する倫理学を政治学の基礎原理に据えた (EN, I, 2, 1094b10-11)。つまりアリストテレスにおいて、政治学（ポリティケー）とは「ポリス（国）に関するフロネーシス（知慮）」(EN, VI, 8, 1141b, 22) を意味する。アーレントが「政治」という語句を用いるときは、このアリストテレスの倫理学＝政治学の用法にきわめて近く、アーレントを現代のアリストテレス主義者として捉える多くの読解の根拠の一つとなっている。アリストテレスのフロネーシスとアーレントの判断力との差異については本書第 4 章で集中的に論じる。

13)　共同の熟慮に基づく協働の判断としてのフロネーシスについては、Gadamer (1975=1986: 30-31) を参照。詳細は第 4 章で論じるが、ガダマーによれば、カントの美的判断論は判断の主観主義化によって共通感覚を脱政治化するものであった。ガダマーは、人文主義的伝統に根ざした共通感覚は本来極めて政治的な性質をもっていたと主張し、その源泉をアリストテレスのフロネーシスに求めた。その意味でフロネーシスは、単に個人の能力／状態を指しているだけではなく、そうした個人が「フロニモス（有徳者／卓越者）」となりうる社会空間、つまりそれを慣習として共有する共同体の存在を前提する。

14)　岩田靖夫によれば、アリストテレスはプラトンによる善のイデア（普遍概念）を強く退け、善の普遍性を個々の現象において顕現する「存在」と同じ構造の中で捉えていた（岩田 1985)。つまり最高善とは、フロニモスによる個々の道徳判断のなかに「存在」としてあらわれるのであり、普遍的であると同時に経験則（＝常識）でもあるという両義性をもつ。

15)　アリストテレス倫理学における、行為者レベルの「仮象の善」と普遍者における「善そのもの」との布置に関しては、岩田 (1985) 22-26 頁参照。

16)　カントに見られる道徳領域からの思慮 (prudence) の排除については、Beiner

（1983＝1988）に詳しい。カントにおいて、道徳性はすべての人びとに「等しく」「直接的に」到達可能な事柄でなければならなかったが、ベイナーによれば、カントが複数の人びとの共同性を内包するような適切な道徳判断モデルを構築しえなかったのは、道徳に対するそのような信念のためであった。

17) ギリシャ語の phronēsis はラテン語の prudentia、フランス語の prudence（思慮）へと転化した。これにあたるドイツ語が Klugheit となるが、カント研究においてこの語は通常「怜悧」と訳される。それはすなわち、カントがフロネーシスに対してそのような意味を与えていたことを示している。phronēsis の訳語の変遷については Beiner（1983＝1988）邦訳版あとがきに監訳者による解説がある。なお、関連する議論としてカントの道徳観とイギリス経験論との関連については、浜田（1981）、高田（2012）に詳しい。

18) Kant（1788）第 1 部第 1 編 2 章参照。

19) フロネーシスによる最高善の実践が、結果的に少数の有徳者の特権とならざるをえないのに対し、定言命法には、どのような人間に対してもなすべきことを明瞭かつ簡潔に命じることができる、という利点がある。カントにおいて、善とは万人に開かれた、というより万人がア・プリオリに負わねばならない絶対的な義務である。ただしカントの道徳観への批判が集中するのも、この点にかかわっていることは注意が必要であろう。というのも、カントにおいては、拡大された善へのアクセス可能性と引き替えに、アリストテレス的実践理性が本来もっていた共同の熟慮や協働的実践といった社会的・政治的次元がうしなわれ、道徳判断力がいわば人倫とかかわりのない個人の内部能力へと還元されたためである。たとえば知念英行はベイナー（Beiner 1983＝1988）の議論をふまえ、「カントのデオントロジー（義務論）倫理は、だれでもじかに接近し易い accessible という意味での道徳的義務の直接性を主張したが、それは、熟慮や慎慮（プルーデンス）を『世間知 Weltkenntnis』として倫理からしめだす結果をもたらした」（知念 1988: 89）と指摘している。

20) 「第三帝国の定言命法」という語句は、元々はハンス・フランク『国家技術』からの引用である（EJ による記載：Frank, Hans, 1942, Die Technik des Staates, pp. 15-16）。フランクは第三帝国領下のポーランド総督を務めた人物であり、ニュルンベルク裁判で絞首刑に処された。

21) 第三帝国の特殊な法体制下では、アドルフ・ヒトラーが唯一の立法者であり、彼があらゆる法令や制定法を、閣僚会議、国民投票を経由せず直接発布する全権能をもっていた。1933 年の全権委任法、翌年の大統領と首相の地位を兼ねた「総統（führer）」への就任（当初は「総統兼連邦首相」）をへて、軍隊成員、閣僚、官吏すべてがヒトラー個人への無条件服従を宣誓し、最高の立法者と最高の行政者と最高の裁判官の権能が最高指導者であるヒトラーの人格の中で統合された。それによってヒトラーは法律上でも憲法上でも制限されることのない無限の権力を手中にし、「法律とは彼の意志であり、立法とは彼の権力の発現であり、行政権力は……彼の名において執行された」（Neumann, F［1942］1944＝1963: 78）。

22) もちろん、定言命法の実践的限界はここで挙げられた論点にとどまらない。た

とえばアイヒマンが露呈したような、実践理性と「総統の意志」とを取り違える錯誤の源泉は、突き詰めていけば超越論的道徳法則の演繹構造に内在する問題ともいえる。というのも、「『総統の意志』と実践理性が同一ではない」ことを示すためには、実践理性が「総統の意志」とは別の形で確かに（外的な法ではなく個々人の精神の内奥に）実在していることを示しうる存在根拠の提示が必要になるためである。これは定言命法の超越論的演繹問題であると同時に、超越論的自由の証明問題でもある。Allison（1990=2017）によれば、カントは『基礎づけ』において、道徳法則の実在性を証明するためには理性の実践的能力の証明が必要だが、その証明は不可能であると考えていた。しかしその後の『実践理性批判』でカントは一つの転回を遂げる。すなわち、道徳原理こそが所与であるところの「理性の事実」であり、自由の現実性によって道徳原理の実在性が論証されるのではなく、道徳原理の拘束性によって自由の現実性が開示されるのだ、という証明関係の転倒がなされたのである。この転倒によって、自由は道徳法則の「存在根拠（ratio essendi）」であり、道徳法則は自由の「認識根拠（ratio cognoscendi）」であるという循環図式が形成される。つまり実践理性による意志の自律の可能性は、この循環関係のなかでのみ成立し、その限りにおいて超越論的自由の証明問題は解消される。カントはこの転倒によって実践理性の実在性を確証しうると考えたが、それが同様に「第三帝国の定言命法」においても成立しうることは注意を要するだろう。

23) カント道徳哲学への批判はジンメルの終生のテーマであり、ジンメルはカントに潜む主知主義（＝倫理に対する論理の優位性）をめぐり、社会学の立場から緻密で痛烈な批判を展開した。以下で挙げる論点は、主としてジンメル初期の論考である『道徳科学序説』（Simmel［1893］1991）の第5章「定言命法」の議論を参照している。『道徳科学序説』は入門編としての要素が強く、その後のジンメルによるカント批判はベルリン大学における16回のカント講義録（Simmel 1921=1994）でさらに深化をみせる。なお、本書の引用文は基本的に邦訳（大鐘訳）を参照したが、文脈にあわせて適宜原文から訳出しなおした箇所もある。

24) 道徳判断の普遍化可能性については、Winch（1972=1987）もまた、当事者と局外者における状況の違いが無視されていることを論じている。なお、定言命法における普遍化可能性という要件については、判断者の立場とは離れた別種の困難も指摘される。たとえば定言命法には「自分が望むことを他者もまた望む」という欲求の対称性が前提されるが、この対称性は他者との間にア・プリオリに成立しえない。カントにおける欲求（善意）と幸福の問題をめぐっては、Lacan（1962=1981）の議論がある。

25) カントの定言命法における allgemeines Gesetz は「普遍法」と訳されることが多い。このため、行為の Verallgemeinerung（generalization）は通常「普遍化」と訳されることが多いが、ジンメルの議論をふまえれば Verallgemeinerung は「普遍化」よりも、より協働的・社会的次元を意識した「公共化」の含意が強い。こうした観点から、本書では前後の文脈に応じて、allgemein を公（共）的と訳出している。

26) そうした事態は、アイヒマン個人の行為だけを指すのではない。民族虐殺は議論の余地のない端的な悪であるが、他方で、ヒットラーによる「ユダヤ人問題の最終的解決」の決定が、『シオン賢者の議定書』なる書に記された「ユダヤ人の世界征服」という（荒唐無稽の、しかし長い歴史を持つ）陰謀論を背景にしていたことはよく知られている。このことからわかるのは、どのような行為も文脈の操作や改変によって正当化できる可能があることである。われわれは今日の歴史から、虐殺を行う人びと、または他国の主権を脅かす人びとは、往々にして自らを「犠牲者」と位置づけ、虐殺行為を自分たちの生存のための正当な防御と言い張ることを知っている（cf. Snyder 2017）。

27) 戦時下という特殊な条件を外したとしても、アイヒマンのとった行動は、きわめてありふれた、大多数の人間の反応という意味での「常識」に沿ったものであったことは、ミルグラムの「アイヒマン実験」（Milgram［1974］2004=2008）によって証明された事柄の一つである。自分の行為の責を直接負わないことが権威によって保証された状況下において、人は他者に対し想像を越える残忍な行為を行うことができる。それは多くの人びとに起こりうるきわめてありふれた事態である。つまり、異常な加害行為をおこなう者についてわれわれが想定する怪物的なメンタリティよりも、むしろ命令の「異常性」からそれを命じる権威に疑念や批判を抱き、命令に抵抗することの方が、はるかに常人離れしたメンタリティを要するのである。誰かがその超人的精神を持っていなかったという理由によって、それを糾弾しうる者はわずかであろう。

28) Kripke（1982=1985）参照。

29) よく知られているように、アイヒマンの罪の一つとされた「人道への犯罪」（Crimes Against Humanity）はニュルンベルク裁判用に急造された比較的新しい概念であり、国家主権に対立すると共に、しばしば法の不遡及原理に反する事後法ともみなされる。Geras（2011）、May（2005）参照。

30) ただしアリストテレスの言うフロネーシスが「法則（規則）」と言えるか否かは議論の分かれる点である。というのも、アリストテレスの場合、道徳原理を永遠不変の必然的原理とみなす一方で、それは抽象的かつ確定的に与えられるものではなく、個別的状況において行為者自身の選択を必要とし、その不確定性を埋める能力こそがフロネーシスであると定義されているためである（EN, Ⅱ, 2. 1104a9）。本書では、アリストテレスが絶対善（「善そのもの」）の存在を前提していたこと、またそれを実現する能力としてフロネーシスを捉えていたことから、次章以降でみるように、フロネーシスに基づく道徳判断はカントのいう規定的判断――普遍的な法則があらかじめ与えられているときに、特殊を普遍のもとに包摂する能力――に属するとみなしている。補論3節も参照。

31) 第1章で論じたように、判断力をめぐるアーレントの議論には、行為者の判断と注視者の判断という、相容れない二つの位相が混在していることがしばしば指摘される（第1章注22）参照）。今日アーレントを論じる上ではほとんど重要性はないものの、この二つの位相はアーレント判断論の内的一貫性の欠如の表れともみなされてきた。しかしこれまでのわれわれの考察にしたがって、次のように考

えるならば、この「混在」は何ら彼女の思考の一貫性を損なうものとはならない
だろう。つまり、アーレントは無意識に二つの異なる判断主体を混同したのでは
なく、判断という精神活動を二つの視点から捉えていたにすぎない。「根源悪」と
「悪の凡庸さ」が、同じ現象（「思考の欠如」）を異なる視点から見たときの言葉で
あるのと同様に、「行為者の判断」と「注視者の判断」の分離もまた、同じ「判
断」という営為を異なる場所から捉えた結果である。言いかえれば、判断とは
〈活動的生活〉と〈観照的生活〉の界面に生じる営為であり、その意味で、決して
どちらか一方のみに属するものでも、まして二つの現象領域を媒介・統合するも
のでもない。判断は公的領域への言表を通じて触知可能な政治的行為となるが、
〈観照的生活〉の視点からは目に見えない思考と重ねられる。それぞれの判断論の
中心にあるのは、現象世界における複数の他者の存在と、精神世界における思考
の自立性である。ここでわれわれは、「悪の凡庸さ」がどのような形で判断と接続
されていくのかを確かめることができる。全体主義支配のおこなった「人間の本
性への攻撃」は、〈活動的生活〉の地平からみれば、あらゆる理解を超越する「根
源悪」でしかない。だが、精神の活動領域を含んだ〈観照的生活〉の地平から捉
えれば、思考停止による「凡庸さ」として記述される。その点で、二つの判断論
の間に齟齬を見出す多くの読解に反し、本書ではアーレントの議論に強固な内的
一貫性があることを主張したい。それと関連して、テクストの解釈上しばしば問
題とされてきた、アーレントが晩年に精神活動へと議論の焦点を移したことにつ
いても整合的な説明が可能となる。それは「悪の凡庸さ」という着想が「思考」
という〈観照的生活〉の活動に結びついていることから生じた移行であり、それ
までの〈活動的生活〉への関心がうしなわれたことを示すものではない。むしろ、
「悪の凡庸さ」をふまえた判断論の構築こそが、同時に「根源悪」とは何かを理解
するための手がかりとなる。その意味で、アーレントの行為（活動）論と思考
（精神生活）論とは、彼女の全体主義理解の両輪である。このことは同時に、テロ
ルと道徳原則が全体主義支配の両輪であったことに対応している。

第4章
廃墟からの公共性

1 カント『判断力批判』の発見

　全体主義下における道徳破綻の本質は、思考放棄（無思考性）と他者存在の喪失にあり、その背景には伝統的な道徳原理との共犯関係が見出される。アイヒマン裁判が明らかにしたのは、善悪、正不正の判別には、その精神活動の内に自立的な思考力と複数の人びとの存在とがあらかじめ織り込まれていなくてはならない、ということである。判断力をめぐるアーレントの考察は、ホロコーストの道徳的廃墟から再び判断力を取り戻すために、フロネーシスや実践理性とは別種の判断様式を探求するなかで深められていった。

　全体主義支配の特徴である無人支配は人びとに思考放棄を促し、言論空間を破壊した。ただ普遍法則と自分だけが存在する世界のなかで、合法則性のみによって行為の善悪が測られる独我論的な道徳判断は、政治的なもの本来の在り方と根本的に相反する。このことは逆に、人びとの間に自由のための公的領域を確保できるような、人間事象の判定にふさわしい判断の形式がどうあるべきかを考えるにあたって、重要な手がかりとなる。

　そもそも判断とはどのように定義されるだろうか。カントは第三批判である『判断力批判』のなかで、判断力を「特殊なものを、普遍的なもののもとに含まれているものとして思考する能力」（KU: 179）と定義し、人間の判断一般の形式を、規定的判断と反省的判断の二つに大別した。規定的判断力とは、普遍的な法則があらかじめ与えられているときに、特殊を普遍のもとに包摂する能力を指す。最初に与えられた前提命題から演繹的推論によって個別事例を判定

するのが規定的判断である。それに対し、規定的判断とは逆に個別事例から帰納的推論をへて普遍法則を見出すのが反省的判断となる。反省的判断力とは、悟性（Verstand／understanding）にとっては多様で偶然的な特殊事例だけが与えられた状況において、個々の具体的な事例から統一的な法則を遡及的に見出す能力を意味する。つまり反省的判断は、特殊から普遍へとさかのぼり、あたかもそこに先験的な自然法則があるかのように、個別の事例を判定する。ただし、そうした普遍原理が実際に存在しているわけではない。もし確定した法則が存在するならば、定義上、その判断は反省的判断ではなく規定的判断となるためである。ゆえに反省的判断における判断原理とは、ただ反省的判断みずからに法則性を与えるための仮象的な統制原理にすぎない[1]。

　ひるがえって、実践理性とは個別具体的事例に適用される所与の普遍的な道徳法則であった。このことから、カントの分類にしたがえば、実践理性に基づく道徳判断は規定的判断となる。全体主義下における道徳の機能不全は、実践理性が人間事象にかかわる偶発性と不確実性とを扱いえなかったことによってもたらされたが、それは同時に規定的判断という判断形式のもつ脆弱性でもある。規定的判断がその形式主義ゆえに公的空間の破壊を招くとすれば、人間事象の判断には、規定的判断とは別の形式をもった、法則なき場所で自立的に思考し、他者とのかかわりを保持しうるような判断形式が求められる。そのような判断の範型としてアーレントが見出したのは、カントが規定的判断の対偶として見出し定式化した反省的判断、より精確にいえば、反省的判断形式をもつとされる美的趣味判断であった。

　ここでカントにおける美的趣味判断の概略について簡単に触れておこう。カントは『判断力批判』の「美的判断力の分析論」で、美の判定に関する判断が反省的判断形式にしたがった判断であることを示した。規定的判断に分類される論理判断や認識判断と異なり、美的判断は客観とかかわりをもたない判断である。というのも、美しさにはただ快・不快という主観的な規定根拠があるのみで、客観的な基準がない。それゆえに、ある対象を美しいと確定できるような普遍法則は存在しない。したがって、美的判断は実践理性による道徳判断のように、他の人びとに絶対的な同意を強制することができない。しかしカントは、人は美についての自分の判定が妥当性をもつことについて、あたかもそれ

が客観的根拠をもった規定的判断であるかのように、すべての他者に同意を要請することがア・プリオリに可能だと考えた。なぜなら、美しさは主観的な感覚でありながら、その成立要件にはつねに、単なる主観を超えた普遍的な妥当性が求められるためである。

　主観的にしか判断されえない個人的感覚としての「美」に、なぜ主観を超えた妥当性が備わるのか。それは、美のもたらす快感が、個々人の利害関心や性格、私的な傾向性に一切かかわりをもたないからだ、とカントは述べる（KU: §2）。美の感覚とは、ただ対象の表象のみに結びついた価値中立的な適意（快）である。そのため美のもたらす適意には、対象の現実的な存在（実在）から生じる快適さ、という意味での感覚的満足が関係しない。つまり、美にかかわる趣味判断は、各人が生来もつ資質や傾向性、各人の置かれた特殊かつ偶然的状況などの個別条件による影響を受けない。また、美の適意は、実践理性が欲求対象とするような、道徳的善のもたらす実践的適意とも異なる。そのため、美に関する趣味判断は、関心なき適意に基づく純粋な「観想（観照）的判断」（KU: 209）に位置づけられる[2]。カント曰く「趣味とは、或る対象あるいは表象様式を判定する能力であり、この判定は適意もしくは不適意によっておこなわれ、そこではいっさいの関心が欠けている」（KU: 211）。言いかえると、われわれはこのような関心なき適意が呼び起こされるとき、その対象を「美しい」と感じるのである。

　したがって、美的趣味判断は理性ではなく快不快の感覚に基づく主観的判断だが、美の快は一切の利害関心から自由である、という一点において主観を超えた妥当性をもつ。各人の傾向性や個人的、偶発的事情に左右されない快とは、つきつめれば、自分の快が他のすべての人びとの快と一致しうることを意味する。美は独りの人間の内部では完結しない。つまり「あるものが単にその人だけを満足させるならば、かれはそれを美しいと呼んではならない」（KU: 212）。それはすなわち、誰かが何かを美しいと感じた（何かの表象から美の快を感受した）としても、それが単にその者にとってのみそう感じるだけなのであれば、「美」であるとは言えないということである。美は単独の主観の内で判定されるが、単独の主観の内だけでは成立しない。美は主観を超え、複数の人びとから同意を得ることで、初めて「美」として成立する。つまりカントは美的判断

が趣味判断であるという主張を通じて、美の判定が反省的形式をもつことと共に、美が本来的に公共的な性格をもつ現象であることを指摘したのである。

美には本来、単なる主観を超えた妥当性が備わっている。それゆえに、人は美に関する自分の趣味判断に対し、すべての人に同意を要求することができるし、要求できなければならない。美が個人的条件から独立した適意によって判定される以上、誰かが何かを「美」と判定することは、つまり「すべての人が自分の判断に普遍的に賛成することを信じ、すべての人に同意を要求している」（KU: 216）ことと等しいためである。カントによれば、美にともなうこの「関心なき適意」は、悟性と構想力（Einbildungskraft／imagination）との均整の取れた調和によって生じる。ここでの構想力とは直感における多様なものをまとめる認識能力であり、悟性はその構想力によってまとめられたものを概念によって統一する認識能力を意味する。われわれの認識一般を成立させているのは構想力と悟性だが、この能力は概念による制限を受けないため、通常は相互に「自由な遊び」を営んでいる。そして美の快を享受する心的状態とは、この自由にたわむれる悟性と構想力とが快く調和した状態をあらわす（KU: §9）。

ここで重要なのは、これら二つの認識能力があらゆる人間に例外なく共通する、という点である。つまり、人間が美を享受するための必要条件である悟性と構想力は、たとえばアリストテレスの言うフロネーシスのように、一部の者のみに具わる特権的な能力ではなく、すべての人間（主観）に当たり前に具わるとみなされる心的機能である。そのため、この二つの調和がもたらす美の快もまた、万人に普遍的に享受されうる心的状態であることが導かれる。言いかえれば、美と呼ばれる主観的適意は、その感覚受容能力があらゆる人間に普遍的に共通する。だからからこそ、主観の範疇を超えた公共的尺度によってその妥当性を測ることが可能なのである[3]。

われわれが自身の享受する美の快について、あたかもそれが普遍法則によって規定的に定義された結果であるかのように他の人びとにも同意を要求することができるのは、美的趣味判断がこのような公共的妥当性を志向するためである。その意味で、趣味判断力とは、つまり「与えられた表象に関するわれわれの感情に、すべての人がいかなる概念も経由することなく公共的な伝達可能性（allgemeine Mitteilbarkeit／general communicability）を有するところのもの」

（KU: 295）について、ア・プリオリに判断する能力として定義される。

　ここで再びアーレントの議論に目を向けよう。アーレントは一般的なカント解釈を覆し、カントのもっとも優れた（しかし彼自身は意図せざる）政治哲学は、道徳判断をめぐる『実践理性批判』ではなく、美的趣味判断を論じた『判断力批判』にほかならない、と主張した。先に触れたように、アーレントのカント読解は、全3巻を予定された『精神の生活』の最終巻にあたる「判断篇」として構想された。アーレントの死によって執筆は中断され、われわれの手許にはただ『カント政治哲学の講義』と題された一連の講義録だけが残された。今日ではその講義録が未完の「判断篇」として位置づけられている。

　『カント政治哲学の講義』の冒頭で、アーレントはまず「カントに政治哲学はあるか」という問いを立て、第三批判こそが「書かれざるカントの政治哲学」であるという大胆な仮説を展開した。その妥当性を裏付ける最大の論拠としてアーレントが挙げたのは、ほかのどの「批判」よりも、『判断力批判』がもっとも密接に〈公的なもの〉（the public）すなわち〈政治的なもの〉（the political）に関連していることである。人間事象の範疇を超え、理性界に属する「叡知的存在者」すべてに妥当するとされる『実践理性批判』とは異なり、『判断力批判』では、人間はむしろ「現実に存在し、社会の中で生活する複数の人びと」（LKPP: 13）として語られる。さらに、美的趣味判断には「実践理性」や「歴史の真理」などに類する、人智を超越した普遍法則による絶対的な支配の観念が一切登場しない。美的趣味判断では、所与の法則にしたがって世界を作りかえるのではなく、まず個々の出来事が与えられ、そこから思考／想像力を通じて帰納的に（仮象的）原理が見出される。その点で、偶然性と不確実性に満ちた人間事象の判定には、規定的判断ではなく反省的形式をもつ趣味判断の方がよりふさわしい判断だとアーレントは考えた。

　そしてもちろん、アーレントのカント解釈の根底に見出されるのは、理性に基づく道徳判断に対する極めて強い不信感である。いかなる形でも政治領域内に認識判断を持ち込んではならない。なぜなら認識判断には、必ず必然的強制力が付随するためである。こうした危機意識こそがアーレントを独自のカント解釈へと導いた最大かつ直接の動因であることは疑いないだろう。道徳哲学の依拠する理性的道徳判断を棄却し、それとは真逆の形式をもつ美的趣味判断を

人間事象の判定にふさわしい「政治的判断」[4]とみなすこと——書かれざる政治哲学としてカントの第三批判を読み解くそのユニークなカント論は、アーレントの全体主義理解を踏まえた特殊な文脈において初めて十全に捉えることが可能になる。

2 共通感覚と伝達可能性

　アーレントのカント解釈の詳細について、もう少し踏み込んでみよう。カントは判断力に関する自分の議論を快と不快にかかわる趣味の領域に限定したが、アーレントはそこにカントを嚆矢とする新たな政治哲学の萌芽を読みとった[5]。では、政治的な事柄についての判断として、美的趣味判断がもつ利点はどこにあるのだろうか。

　第一に、定義上、趣味判断が人間の思考力ときわめて密接に結びついている点が挙げられる。美は対象そのものではなく、対象の表象（represent）に結びついた適意であり、構想力による反省作用を経由することで初めて対象化される。ということは、つまり反省的判断を通じた美的なものの判定には必ず、主観と対象との間に現存しないものを再–現前化（re-present）させる能力、つまり構想力が介在しなければならない。法が直接的に命令を下す実践理性と異なり、美的判断では対象との間に思考を介するため、判断をおこなう人間と判断対象である出来事との間には一定の距離が生まれる。美の判断に不可欠な「関心なき適意」の成立条件は、判定者が対象の実在に直接巻き込まれていないこと、つまり思考がもたらす対象との距離にある。

　趣味判断がもつ第二の重要な特性は、アーレント自身も挙げているように、カントの美的判断がその成立条件として複数の他者の存在を所与とすることである。美の判断には、それ自体のうちに他者へと向けられた同意要求が含まれる。誰かが「この花は美しい」というとき、その者はそれがあたかも花自身の特性であるかのように、「この花自身がすべての人の適意を要求している」（KU: 281-282）と語っているに等しい。ゆえに、美の判定はどんなときも判定者一人だけでは完結しない。というより、もし誰かが孤島に流され、誰にも知られず独りだけで生きるような状況に陥ったとすれば、その者の美への関心は

おそらく徐々に失われていくだろう。カントは人間のもつ美への関心が、人間に生来そなわる「社交性（Geselligkeit／sociability）」——すなわち「社交への自然な衝動」および「社交に対する適応性と社会へと向かう性向」（KU: 296-297）——に基づくと考えた。美的趣味判断において高い判断力を持つ人、つまりは「趣味の良い人」とは、その人固有の判断が広く他者に受け入れられ、かつそのことに深い満足を覚えるような社交に長けた者のことをいう（KU: §41）[6]。

　カントの美的判断論を特徴づけるのは、構想力による反省作用と他者への志向性であり、この二つの独自性は美的判断の妥当性基準（standard）と尺度（criteria）とを論じるなかにあらわれる。カントは美的判断の妥当性規準を共通感覚（sensus communis）と呼び、その測定尺度を伝達可能性（Mitteilbarkeit／communicability）と名付けた。この二つの概念を通じて主観と客観とを媒介しつつ切断するカント独自の論理構成は、アーレントのカント読解においても中心的な論点となる。以下、その詳細についてカントの議論を追ってみよう。

　まず、反省的判断としての美的判断には、客観的な法則が存在しない。そのため、美はもっぱら快・不快という主観的根拠のみによって判定される。しかし美的判断がまったく何の原理にも依拠せず、たとえば食べ物や色彩や音色の好き嫌いなど、快い感覚にかかわる「各人各様の趣味」でしかないならば、その判断は判定者個人の主観として自己完結するほかない。その場合、自分の個人的な趣味に、主観の枠を超えて他者からの同意を要求することは到底望みえないだろう。しかし現実に、人は自分の内にある規準によって美を判定し、それを他者に伝え、意見の一致を得ることができている（もちろん同意が得られないこともあるが、とにかく同意要求それ自体は成立している）。カントはこの事実を踏まえ、そこからさかのぼって、美的判断を可能にするなんらかの主観的な原理の存在が帰納的に導出されうると考えた。皆が同じ一つの原理に従うからこそ、われわれは他者と共に判断を吟味することができる。つまり趣味判断は、判定者の主観として、すべての判定者に例外なく共有される何らかの原理——カントの言葉を用いれば、「何が我々に快いか、あるいは快くないかを感情によってのみ、したがってまた概念によってではないが、しかしそれにもかかわらず普遍妥当的に規定するような原理」（KU: 238）——に従う。というより、本来私秘的であるはずの趣味に関して、全ての人間に判断の一致を要求

することがア・プリオリに可能であるためには、あらゆる人間が個別に共有する普遍的な原理の存在が想定されねばならない。

カントは個々の判断から遡及的に見出されるこの不可視の原理こそが共通感覚だと考えた（KU: §20）[7]。美しさとは、対象の表象に結びついた適意（＝快）の感情をあらわすが、そうした感情が概念を経由せずに——つまり普遍性を備えた抽象によらずに——他者の同意を要求できるのは、このような原理に依拠して判断がなされる場合に限られる。もちろん、美的判断は反省的判断であり、厳密にいえば、共通感覚はその実在が経験的に確証されうる原理とはいえない。したがって同意要求の根拠となる共通感覚は、カントの言うところの「観念的規範」（KU: 239）として存在しているにすぎない。実践理性の判断が万人に無条件の同意を強制するのに対し、美的判断の同意要求とは「全ての人の判断は、我々の判断に一致するであろうというものではなく、我々の判断に一致すべきである」（KU: 239）という規範的な要求となる。言いかえれば、そうした「当為（Sollen）」を含む規範的判断の権利要求が、仮象的な規範原理としての共通感覚を前提することによって、はじめて可能となるのである。

つまり美的判断とは、原理としての共通感覚に基づいた個別の判断事例であると同時に、共有されている原理をどのように適用すべきかについて一つの範例を示すものでもある。趣味判断に含まれる他者への同意要求が規範的な性格をもつことから、カントは美的判断の妥当性を「範例的妥当性（exemplarische Gültigkeit／exemplary validity）」（KU: 239）と名付け、客観的 - 普遍妥当性から区別される主観的 - 普遍妥当性として定義した[8]。主観的 - 普遍妥当性とは、主観にも客観にも収斂しない、自律した複数の主観の間に成立する間主観的な妥当性である[9]。

カントは趣味判断の妥当性規準が共通感覚にあると考え、同時にその測定尺度を他者への伝達可能性と呼んだ。伝達可能性とは、ある判断にどれだけ広く人びとの主観的一致が得られるかをあらわす尺度である。美の判定における規範的原理の主観的適用——つまりは「趣味」ということだが——に対する他者からの同意は、美についての自分の主観的感覚が他者の主観とどれだけ一致するかを示す。したがって判断の伝達可能性とは、その者が共通感覚の適用に優れた人であること、つまり優れた共通感覚の持ち主（＝趣味の良い人）である

ことを示す指標となる。

美的判断がこうした妥当性規準をもつことは、実践理性に基づく道徳判断との決定的な違いである。すべての理性的存在者に対してア・プリオリな妥当性をもつカント道徳哲学において、判断とは定言命法にしたがって主観的な格率と客観的な道徳法則とを一致させる純粋に論理的な手続きを意味した。ただ自らの無矛盾性のみを正当性の根拠とする道徳判断は、他者の存在を一切必要としない。「善とはなにか」は、理性によってア・プリオリに指示される事柄であり、そこで示された「善」は、万人に対し無条件の受容が強制される[10]。それに対し、美的判断の原理である共通感覚は、地上に生きる人びとの主観の内部であらかじめ共有されていることがア・プリオリに想定されうる、というだけの観念的規範である。その役割は、判断に絶対的な正当性を与えるのではなく、判断への同意要求の行使に正当性を与えるにすぎない。さらに美的判断は、複数の主観への伝達可能性（同意可能性）によってその妥当性が測られる。それは共通感覚を持ち、かつ現実に意見を伝えられる人びと（あるいは判定者の構想力を通じて現前されうる人びと）という、有限の範囲内でのみ成立するア・ポステリオリな妥当性である。

たとえば誰かが優れた美的判断をおこなおうとするならば、その者は自分の判断が他者からどの程度の同意を得られるか、つまり伝達可能性に配慮しなければならない。そのために必要なのは「判断の主観的な個人的条件を抜け出すことができ、普遍的立場（判定者は、他者たちの立場に身を置くことによってのみこうした普遍的立場をとることができる）に基づいて、じぶん自身の判断をめぐって反省を加える」（KU: 295）ことだとカントは論じる。美的判断に要請されるこうした思考様式、つまり「拡張された思考様式」（KU: 295）は、共通感覚が各人に共有される規範原理であると同時に、個々人に備わるルール適用能力でもあることをあらわしている。共通感覚のもつこの二面的な性格について、カントは次のように論じる。

我々はこの共通感覚（sensus communis）を、万人に共通の（gemeinschaftlich）感覚の理念、すなわち或る判定能力の理念として解さねばならない。その判定能力とは、みずからの反省において、他のすべての人びとの表象様

式を思考のうちで（ア・プリオリに）顧慮する能力なのである（KU: 293）。

　したがって共通感覚とは、他のすべての人の判断を、自分の考えのなかで能動的かつア・プリオリに顧慮する反省能力でもある。もちろんこの「共通感覚」という術語はカント独自のものではない。カントをはるかに遡り、古来多くの哲学者たちが探求し長い論争史をもつ道徳哲学における鍵概念の一つである。また、原理であると同時に能力でもあるという点では、アリストテレスのフロネーシスにもよく似ている。共通感覚の歴史的な系譜については次節以降で検討するが、ひとまずここでは、カントの言う共通感覚が単なる経験知として共有される「常識（common sense）」とは本質的に異なること、その大きな理由が、カントが共通感覚に見出す「他者を顧慮する能力」にあることを指摘しておこう。趣味判断における共通感覚とは、単に判定の原理であるばかりでなく、他者への志向性をもって想像力を働かせ、主観のうちに客観性を宿す伝達（コミュニケーション）能力をも含意するのである。

　ただし「他者の（表象の仕方の）顧慮」とは、特定の他者の判断に左右されることではない。自らの想像力によって一般的な他者の立場に身を置き、可能的な他者の判断と自分の実際の判断とを引き比べてみることである。それはただ「我々自身の判定に偶然的に付きまとう種々の制限が思考のなかで捨象されること」（KU: 294）によって可能となる。美とは複数の他者の承認を通じて現れる公共的現象として捉えられるが、それゆえに、美の判定には私的な諸条件を想像力によって捨象するための抽象的思考が求められる。自分の私的な立場を離れ、どれだけ広く他者の判定を想像しうるかが、趣味の良さの尺度となる。逆にいえば、他者の立場への顧慮を欠き、私的な諸条件にとらわれている限り、人は美について適正な判断を下すことができない、ということである。

　カントのこうした議論を受け、アーレントもまた、美的なものの判定において人はつねに他者と共に世界に住まう存在であることを重視する。

　　判断、特に趣味判断は、つねに他者と他者の趣味を熟慮し、他者の下しうる判断を考慮に入れる。このことが必要であるのは、私が人間であり、人間の仲間の外では生きることができないからである。私が判断を下すのは、こ

のような共同体の一員としてであり、超意味的世界（supersensible world）の一員としてではない。超意味的世界とはおそらく、理性は具えるが同じ感覚器官は具えていない存在者たちの住む世界である。そのような存在者としては、私は、他の人びとがどう考えるかにかかわりなく、自分に与えられた法に従う。こうした法は、自明であり、かつ自分自身によって自らを強制する（LKPP: 67-68）。

　講義録では明示されていないが、「超意味的世界」とは理性が支配する叡知的世界、すなわち論理必然性に沿って人為的に作りかえられた全体主義的世界にほかならない。そこでおこなわれる判断は、自分の考えや他者の意見には一切かかわりなく、自己と「法」のみによって完結する実践理性の道徳判断である。それに対し、美的判断をおこなう判断主体は、そのような「超意味的世界」のなかで互いに孤立する単体の人間ではない。彼らは、他者の存在を自らの存在条件とし、関係の網の目のなかに生きる複数の人びとである。
　逆にいえば、人間のそうした複数的な在り方を前提とすることによって、はじめて法や論理の専制がもたらす無思考状態から脱し、人間事象の善悪を適切に判断するための視座を開くことが可能になる。美的判断にともなう「他者の顧慮」、つまり思考による私的条件の克服は、実践理性のような普遍的（客観的）法則を持ち込まずに、かつ主観によるエゴイズムからも脱する可能性を指し示す。アーレントは、こうした趣味判断の特性のなかに全体主義支配に抗しうる新たな判断様式の可能性を読み取った。道徳的な思考放棄から再び判断能力を構築するには、規則への盲従を命じる専制的な道徳哲学を離れ、自立した思考と他者存在に結びついた、政治的なものに本来的に備わる判断力へと向かわねばならない。それゆえにアーレントは、全体主義支配の分析をへて、公的世界にふさわしい政治的判断の範型をカントの美的趣味判断に見出したのである。

3　趣味判断から政治的判断へ

　アーレントの判断論は、カントの美的趣味判断を公的世界における善悪、正

不正の判断として再解釈する過程で築かれた。その議論は、まず美と政治との親近性を論証するところから始まる。一見もっとも縁遠く見える趣味と政治だが、両者を架橋するためにアーレントが着目したのは、美的判断にあらわれる「無私の観察者」という視点である。以下では、アーレントによる判断論の展開とその詳細を、彼女の視点からたどってみよう。

　第1章でみたように、アーレントのカント論は最晩年の著作として予定されていたものだが、カントの趣味判断をめぐる省察自体は、執筆活動のかなり早い時期から始められていた。明示的に判断を主題とする最初の論考である「文化の危機」では、文化的活動様式としての趣味（taste）に含まれる公共的側面が論じられている。この論考のなかで、アーレントは、趣味にはもともと判断という要素が具わっていること、また、芸術領域における活動様式としての趣味は、現象に巻き込まれずに全体を見渡すことのできる鑑賞者／注視者（spectator）の存在によって政治的な活動様式へと架橋されることを指摘する。

　アーレントによれば、古来、芸術鑑賞における嗜好を意味する趣味は、「知を愛する者（philosophia）」、つまりキケロの言う鑑賞者の立場から舞台の全体をながめ、区別し識別し判断する営みのことを指す。それは出来事に魅了されつつも、美への能動的な愛に基づき利害関心なき場所から「見るためにのみ見る」という、「全ての営みのうちで最も自由な営み（liberalissimum）」（BPF: 219）であった。無私の立場から出来事の全体を眺め評価をおこなうことから、芸術に対して鑑賞者たちの占める立ち位置は、公共的な出来事に対して「不偏の注視者（impartial spectator）」たちが占める倫理的＝政治的立場に等しい。つまり、鑑賞者／注視者による趣味／判断がおこなわれる場であるという点において、芸術領域と公共領域は本来的に共通する判断様式をもつといえる。

　アーレントはさらに、「趣味」についての自身の理解の正しさは、カントの『判断力批判』によって裏付けられる、と続ける。なぜなら『判断力批判』のなかの「美的判断力批判」には、注視者の視点からみた「美的なものへの能動的なかかわりとして理解しうる趣味の現象」（BPF: 219）の記述が含まれるためである。ただ法と自分自身の良心との同一化のみを目指す実践理性と異なり、美的判断は他者の現前、あるいは、表象（representation）に依存する。つまり、美的判断は思考によって現前化された想像的な他者との潜在的な合意を目指す

が、それは「心を決めるにあたっては完全に私一人であるにしても、私が最終的になんらかの一致に達しなければならないとわきまえている他者との先取りされたコミュニケーション」（BPF: 220）である。ゆえに、そこでは観察者の思考、つまり他者の立場に身を置いて考える開かれた思考様式が求められる。アーレントはこうした思考様式が、人間のもっとも基本的な政治的能力の一つだと主張し、次のように論じる。

　判断する能力は、まさしくカントが示した意味で特殊に政治的な能力、すなわち、事柄を自分自身の視点からだけではなく、そこに現前する全ての人のパースペクティブにおいて見る能力にほかならないこと、さらに、人びとは判断を通じて公的領域、共通世界における自らの位置を定めうるということは、判断力が政治的存在としての人間の基本的な能力の一つでもある——このことは、政治的経験がほかから分節化されて以来の旧い洞察である（BPF: 221）。

アーレントは想像的な他者との対話を「拡大された心性（enlarged mentality）」と名付けた。あらゆる他者の立場を顧慮することによって、人は私的なパースペクティブを脱し、他者たちと共有する公共世界へ参入することが可能になる。美しさをめぐる判定能力がもっとも重要な政治的能力に数えられるのは、「趣味」という能力が公的領域における羅針盤の役目を果たすからにほかならない。それゆえに、美的判断力の議論のうちには、「カントの政治哲学のうちで、おそらくはもっとも偉大でもっとも独創的な面」（BPF: 219）が含まれているとアーレントは考えたのである。

　こうした観点から、アーレントはカントの美的判断論を独自の政治的判断論へと書きかえていった。その後のアイヒマン裁判の傍聴、『イェルサレムのアイヒマン』の出版、それが引き起こした論争をへて、カントの趣味判断に依拠する政治的判断論の考察は少しずつ深められていく。最後のカント論となった『カント政治哲学の講義』では、「文化の危機」で論じられたような公共空間（観客席）に在る人びとよりも、むしろ公的世界から退却した傍観者、あるいは歴史の裁定者（物語の語り手）としての注視者をめぐって考察が進められた[11]。

『カント政治哲学の講義』で引き続き中心的な論点となったのは、趣味判断に特有の思考様式である。アーレントは、「他者へと拡大された思考様式（enlarged thought）」、つまり可能的なすべての他者の立場に身を置いて考える「再現前化の思考（representative thinking）」は、出来事に巻き込まれず全体を見渡すことのできる注視者のための場所を準備する、と述べる[12]。歴史を判定する注視者と出来事の渦中にいる行為者とを決定的に分かつのは、「拡大された思考」が生み出す対象との隔たりである。注視者が出来事から置く距離は、「是認にしろ否認にしろ、あるものをその固有の価値において評価するために不可欠の隔たり」（LKPP: 67）をもたらす。というのも、対象に直接関与する行為者は、しばしば自分の名声を追求し自らの判断を歪めるが、出来事に巻き込まれることのない注視者は、諸々の偶然的条件を超出して一般的他者の立場から裁定を下すことが可能となるためである。主観的かつ私的な諸制限から解放された注視者の立場には、公正な判断に必要不可欠な不偏性と没利害性とがそなわる。

さらにアーレントは、人間事象を判定する場合も、趣味判断と同じように傍観者の視点を獲得することが公平な判断の条件であることを指摘する。人は精神の拡張、つまり「拡大された思考」を経由して、はじめて人間事象を反省するにふさわしい観点に到達することができる。歴史を構成する出来事や物事（human affair）に対する公平な判断は、注視者に特有の「関心なき適意」というフィルターを通して、一般的他者という無私の立場からの判断を可能にするのである。

カントの趣味判断論は、行為者に対する注視者の優位性を暗黙の前提とするが、このような、当事者ではなく第三者による判定を重視する議論は伝統的な道徳哲学においても決して珍しいものではない[13]。アーレント自身が指摘するように、行為者に対して注視者がもつ特権は、もっとも古くから存在する哲学的観念の一つであり、歴史をさかのぼれば〈活動的生活〉（政治）に対する〈観照的生活〉（哲学）の優位性と同じ起源をもつ[14]。しかしアーレントは、こうした哲学的伝統における哲学者、つまり世界から退却し、永続する真理を追い求める観照者と、カントの言う傍観者はある一点において決定的に異なっていると主張する。それは、前者の観照がつねに孤独のなかでなされる単独者の

営為として自己完結するのに対し、後者は自分たちが目にしたものを判断し、互いに伝え合うという公表性を前提とすることである。カントの言う傍観者とは、いわば「裁判官の立場」[15]にある。さらに重要なのは、これがカントの著作全体に通底する彼の哲学への基本姿勢とも重ねられる点であろう。アーレントはカントの趣味判断における「拡大された思考」が、カントが別の場所で論じる「批判的思考」にきわめて似通っていることを指摘し、次のように論じる。

　批判的思考は、すべての他者の立場が検証に対して開かれている場合にのみ、可能である。したがって批判的思考は、他方では依然として孤独な営為でありながら、自分を「すべての他者」から遮断することはないのである。たしかにそれはずっと孤立しながら進むが、しかし構想力の力によって他者を現前させ、そうすることで可能的に公共的でありすべての面へ開かれている空間の中に入る。換言すれば、批判的思考はカントの世界市民の立場を採用している。拡大された心性をもって思考することは、視察に行くために自分の構想力を訓練することを意味しているのである（LKPP: 43）。

批判的思考によって、人は現実の私的な制約から離れ、公平な注視者の観点に立つことが可能になる。そして判断そのものは個人のなかで単独に形成されるとしても、伝達可能性を尺度としてその妥当性が測られる判断は、真理の探究とは異なり、自分の意見を公表し他者の同意を求めるための、あらゆる者に開かれた場の存在を前提とする。つまり主観の内部で伝達可能性のある判断をおこない、その判断を他者に伝え、同意を要請するという、美的判断を構成する一連の要素は、それ自体が構想力によって現前化され、かつ実際に意見を伝えるための複数の人びとの存在と結びついている。そのため、たとえ判断がなされるために、一度は（観想する哲学者と同様に）世界からの退却をともなうとしても、そうした判断をおこなうことは、人びとの間に伝達のための場を創出し、またそこへの参入を必然的にともなうのである。
　美を判定する趣味判断と、人間事象の善悪、正不正を判定する政治的判断との共通項はどこにあるのか。一言でいえば、それは両者がともに複数の他者との関係性──カントの用語では社交性、アーレントの用語では、人びとの間に

在ること（worldliness）——を基盤としていることだろう。あるいは、人間が
「人間」であるために他の人びととの存在を必要とする、という意味においての、
人間の根源的な他者存在への依存性という言い方もできる。趣味判断と政治的
判断は、世界を共有し、共に生を営む複数の人びとを判断主体とし、人びとの
そのような在り方を判断の条件かつ制約とみなす点で同一の様式をもつ。思考
と他者存在をその成立条件とするところに、趣味判断を政治的判断へと読みか
えるための最大の論拠が見出されるだろう。

　美的趣味判断が含意する他者への志向性について、アーレントは次のように
論じている。

　　この理論は、人間の相互依存を必要と欠乏（needs and wants）のために仲
　間に依存することであると主張するような、他の一切の理論から根本的に一
　線を画するものである。カントは我々の心的能力のひとつである判断力が、
　少なくとも他者の存在を前提する、ということを強調する。そしてこの心的
　能力は、われわれが用語上単に「判断」と呼ぶものだけを意味しない。それ
　は「自分の感覚や感情は、他者に伝達されうる限りにおいてのみその価値の
　あるものとみなされる」という考えと結びつく、いわばわれわれにとって魂
　全体の装置である（LKPP: 74）。

　その意味で、アーレントが言うように、伝達可能性とはまさしく公共性
（Öffentlichkeit／publicness）（LKPP: 69）を意味する。趣味判断を政治領域へと
敷衍するアーレントのやや強引ともいえるカント読解を擁護しうるとすれば、
他者とのコミュニケーションを介した協働性の実現、つまり公共空間を創出す
るための強力な契機が、カントの趣味判断に織り込まれているためである。道
徳判断を支配する実践理性が内なる自己との一致を目指すとすれば、美的判断
を統制する共通感覚は内なる他者との一致を目指す。アーレントがカントの判
断論に見出した新たな政治哲学の可能性は、このような読解をへて、実践理性
がもたらす機能不全から人間の判断能力を救い出す方途へとつなげられるので
ある。

4　共通感覚の系譜

　ここまでは、アーレントが全体主義下の道徳命題たる定言命法をしりぞけ、規定的判断とは真逆の形式をもった反省的判断のうちに、政治領域にふさわしい判断様式を見出していく過程をたどった。カントは反省的判断の射程を趣味の領域に限定したが、アーレントはそれを政治的な事柄全般にかかわる判断のありようを示すものだと解した。人間事象を対象とする政治的判断とは、たとえば「歴史の真理」や「人類の進歩」などの普遍法則に依拠するのではなく、人間の自立的な思考に基づき、自分以外の複数の他者の存在と結びついた活動でなくてはならない。その意味で、美を公共的な現象として捉え、理性ではなく共通感覚を判断規準とするカントの美的判断論は、人間事象にふさわしい判断のあり方を模索するアーレントにとって格好の範型となった。

　アーレント判断論について、その詳細は次章以降で論じるが、その前にここで確認しておかねばならない重要な論点がある。アーレント判断論、つまりアーレントによるカント趣味判断論の継承および政治領域への展開が、道徳哲学の伝統のなかでどのような意味づけをもつのかについてである。先に触れたように、カントが趣味判断の妥当性規準とした共通感覚（sensus communis）の系譜は古く、アリストテレスを源泉としつつも古代から近現代に至る長大な論争史が存在する。趣味判断を公共に開かれた判断へと読み解いていくアーレントのカント読解の前には、当然ながら、共通感覚をめぐるカント独自の概念規定があり、アーレントの政治的判断論はその外延上に位置づけられる。そのため、アーレントの議論を精確に理解するには、その準備段階としてまずカント以前にさかのぼり、道徳哲学の伝統、それに対してカントがおこなった切断と転換を踏まえ、そこからアーレントによるカントの継承・再解釈・書きかえ、という一連の入り組んだ流れを把握する必要がある。結論からいえば、アーレント判断論は道徳哲学の伝統から大きく乖離するうえに、厳密にはカントの趣味判断とも似て非なる独自の議論として構想されている。その固有性、つまり伝統的な道徳哲学にもカント趣味判断にも還元されえないアーレント独自の思想は、カントとアーレントそれぞれの議論における共通感覚の定義を精査する

ことによって初めて見えてくる。よって以下ではアーレントの思考の核心へと踏み込む前に、その思想の全体をより大きな枠組みから捉えるために、まず共通感覚の系譜の概略をたどることから始めてみよう[16]。

　共通感覚の系譜は、大別して二つの流れに整理できる[17]。一つは知覚作用、または身体感覚としての側面を重視する系譜で、主として〈アリストテレス－スコラ学〉の系譜に属し、古代ギリシャ語ではコイネ・アイステーシス（koine aisthēsis／common perceptual sense）と呼ばれる。二つ目は、人びとに共有される感情や規範、いわゆる「常識（common sense）」としての側面を重視する系譜であり、こちらは古代ローマの哲学者キケロを源泉とする〈ローマ古典－ルネサンス人文主義〉につらなる。

　まず、前者の〈アリストテレス－スコラ学〉の系譜からみていこう。五感の枠を超えてそれらを統合する共通の感覚について最初に言及したのはアリストテレスである。アリストテレスは『魂について』のなかで、その感覚を「共通感覚（koine aisthēsis）」と呼び、それ自体は固有の感覚器官をもたない、五感を貫く共通の属性を感受する能力として定義している。アリストテレスによれば、われわれの五感はそれぞれ独立に作用するが、一つの対象が複数の異なる感覚をもたらす際に、われわれは個々の感覚を単なる感覚の束としてではなく、まとまりのある一つの経験として感受する。たとえば「白くかつ甘いもの」を感覚する場合、視覚において白いことと、味覚において甘いことは、独立した個々の器官においてばらばらに作用する感覚でありながら、同時にそれらは単一の対象から受ける感覚であるという、同一性の感覚をともなう。つまりアリストテレスの言う共通感覚とは、複数の感覚が「一つの対象」に共通に具わる性質だと判別するための、人間における五感の統合機能、いわば統制感覚を意味している[18]。

　アリストテレスによるこの定義は、身体的な感覚作用の見地から共通感覚を捉え、それを外的な知覚器官（外感）の外延に位置する内部感覚（内感）とみなすところに特徴がある。こうした自然学的な見解は、その後、厳密な概念区分を旨とするスコラ哲学に受け継がれ、なかでもアリストテレス哲学を神学的に継承したトマス・アクィナスによって中世盛期に包括的な展開がはかられる[19]。トマスは、魂の内的感覚として共通感覚、想像、評価力、記憶の４つ

の感覚を挙げ、特に共通感覚を想像と記憶の根源に位置づける[20]。共通感覚を五官から切り離し思考にかかわる機能の根幹に置いたことによって、アリストテレスの共通感覚における見えない知覚器官としての側面を取り除き、その内部化をより徹底した形でおしすすめたといえる。

　そうした内部化に対し、もう一方の系譜である〈ローマ古典－ルネサンス人文主義〉は、共通感覚を今でいう「常識（common sense）」に近い感覚、つまり共同体感覚（センスス・コムニス）として捉える。その特徴は、古代ローマの「公共精神」を源泉に、共通感覚を修辞学や雄弁術などの人文学の諸系譜と結びつける点にある。修辞学・雄弁術とは、聴衆や読者を想定し、彼らをレトリックによって説得するという具体的実践にかかわる学問領域であり、中世においてはスコラ学の論理至上主義に対する批判およびカウンターとしての学問的意義を担った。その精神は 15、16 世紀文芸復興期（ルネサンス）のイタリアにおいて継承され、「レトリックと哲学の融合」という見地から近代道徳哲学における礎石の一つとなる（中村 2000）。

　ここでの共通感覚は、第一に社会的かつ心的な徳目および政治感覚を意味している。アリストテレスの用語法に照らせば、『魂について』で定義された共通感覚ではなく、むしろ『ニコマコス』に書かれた実践知としてのフロネーシスに近しい。そして「共通感覚」という言葉で後代に受け継がれたのは、〈アリストテレス－スコラ学〉のコイネ・アイステーシスではなく、主としてこの〈ローマ古典－ルネサンス人文主義〉の流れを汲むセンスス・コムニスの方であった。それは「万人の幸福に対する感覚、共同体ないし社会への愛、自然な愛情、人間性、親切心」[21]などを示す共同体の感覚であり、身体器官に基づく生理的感覚とは明確に異なる、伝統的かつ共同体的な実践知の体系を意味する。

　近代以降の道徳哲学に連なる共通感覚の系譜としては、まず 18 世紀のイタリアにおける G. ヴィーコ（1668-1744 年）、および J. ロックに薫陶を受けたイギリスの第三代シャフツベリ伯（Anthony Ashley Cooper, 1671-1713 年）が挙げられる。両者は共に古代ローマで使用されていた共通感覚の概念に立ち戻り、共通感覚を共同体的な倫理（美）へと結びつけた（Vico 1708=1987）。特に善美の一致を理想としたシャフツベリ伯と、彼に続く F. ハチソン（1694-1746 年）は、人間には音や色を知覚するように、善悪や美醜を識別する内感（第六感）

があると主張し、後に続く D. ヒューム、A. スミスと共に道徳感覚学派を形成した[22]。そこには「常識」としての共通感覚に再び〈アリストテレス - スコラ的〉な共通感覚を接続しようとする意図を汲むことができる。このような、共通感覚を身体的感覚と社会的感覚を調和させる統合感覚として再定義する道徳哲学は、ハチソンを継承・発展させたヒュームの懐疑論や、ヒュームへの応答として形成されたスコットランド常識学派、さらにフランスにおける「良識（bon sens）」の啓蒙思想の源泉でもある（Gadamer 1975＝1986 I : 36）。

18 世紀後半を生きたカントの論じる「共通感覚（センスス・コムニス）」が、こうした文脈を背景にしていることは念頭におかれねばならないだろう。ドイツにおける共通感覚の受容はイギリスとフランスの啓蒙思想を経由したが、H. G. ガダマーによれば、当時のドイツの社会的・政治的条件の未整備から、共通感覚という言葉が本来もっていた批判的含意はドイツに流入する際にことごとく捨象され、極端に脱政治化された形でドイツ啓蒙主義へ継承された。わずかな例外をのぞいて、共通感覚は「もっぱらひとつの理論的な能力、つまり道徳的意識（良心）および趣味と並べられる理論的な判断力と理解された」（Gadamer 1975＝1986 I : 38）とガダマーは言うが、この傾向はカントにおいてさらに決定的なものになる。共通感覚をめぐるカントの議論は、周知のようにイギリス道徳哲学の道徳感覚説（正確には、それを極限までおしすすめたヒュームの懐疑論）への対抗案として考えられた。カントは善と美を一致させる思想に反対し、共通感覚を美的経験についての判断原理に限定したが、そのことによって、本来の出自であった道徳哲学の領域から共通感覚を完全に切り離したのである。

以上の流れをふまえて、再びカント - アーレントにおける共通感覚の継承を検討しよう。ガダマーはカントのセンスス・コムニスに、道徳的モティーフの脱色による内容の空洞化、およびローマ的伝統との断絶を読み取った。美を公共的現象と捉える点でカントは人文主義の伝統を継承しているが、共通感覚の働きを悟性と構想力の調和によって説明するカントの定義は、共通感覚を主観の能力に還元する点でむしろトマス・アクィナスに近い。ガダマーはこうしたカントの議論を行き過ぎた「主観主義化」だと批判し、人文主義的伝統への回帰の必要性を説いた。だが、ガダマーのような批判が可能であるのも、裏を返せばカントがそれまでの共通感覚の系譜にある程度まで内属しているからで

もある。注意深く読めば、『判断力批判』におけるカントの議論は、キケロを源泉とする〈ローマ古典－ルネサンス人文主義的〉なセンスス・コムニス論の伝統を色濃く残していることがわかる。その伝統がもっとも端的にあらわれるのは、カントによる次のくだりであろう。つまり、美的判断に含まれる同意要求が、単なる請求を超えた規範性を帯びる、という先にみた主張である。カントによれば、「共通感の旨とするところは、一種の『べし』を含むような判断の権利の確立」（KU: 239）にあり、美的判断における同意要求とは「一致すべき」（KU: 239）という規範的要求を意味する。つまり共通感覚とは美的経験に関する一種の規範であり、規範があるからこそ、その適用に関しての一致・不一致を論じることができる。言いかえれば、「当為（Sollen）」を含む美的判断の権利は、観念的規範としての共通感覚の存在を前提することによって、はじめて基礎づけられるのである。

　共通感覚を、社会的に共有された成文化されえない不可視の法則、つまり規範として捉える点で、カントの議論にはまぎれもなくローマ的修辞学の伝統が息づいている。しかし同時に、彼の言う「共通感覚」には、〈アリストテレス－スコラ的〉な要素が備わっていることも見過ごしてはならない。というのも、先に触れたように、カントの共通感覚は、たとえばフロネーシスのように実地の政治的経験に基づいて社会的に共有される常識ではなく、美的判断の権利がア・プリオリに保証されるための論理的帰結として要請される、各人が共通して保持する内的感覚として描かれているのである。

　カントによる共通感覚の定義に含まれるスコラ的側面がもっとも端的にあらわれるのは、なぜわれわれが共通感覚の存在を想定しうるのか、その根拠について論じた箇所である。カントの言う「共通感覚」は、「すでに美的判断はおこなわれている」という経験的事実から遡及的に見出される観念的な判断規範であった[23]。共通感覚の明示的な存在根拠については必ずしも措定されていないが、部分的な議論から推論を再構成することはできる。カントにおいて、共通感覚が存在することとは、美醜に対する判断が（主観的な）普遍妥当性をもつことと同義である。そして美の快が間主観的な普遍妥当性をもつ（＝あらゆる人間に主観的に共有される）のは、その適意が成立するための内的条件が、あらゆる人間に共通しているためである。カントにおいては、この認識能力

（認識条件）の普遍的な共通性こそが、自らの美的判断に普遍的妥当性を要求しうる権利の保証となる。

　つまり、万人に共通感覚が具わると想定できる実際的な根拠は、美の適意を感受する主観の条件の同一性にほかならない。すでに見たように、美的経験のもたらす「関心なき適意」は、悟性と構想力の調和した状態から生じる感覚であった。ゆえに、美の享受にかかわる主観的条件とは何よりもまず悟性と構想力に見出されるが、この二つの認識能力の源泉は、つきつめれば人間の身体的（解剖学的）・心的機能にある。そのため、同じ身体構造と心的機能をもつ存在である限り、それらの認識能力は人間一人一人に（ア・プリオリに）共通して具わる能力といえる[24]。つまりわれわれは、身心器官の同一性を通じて、美的経験を可能にする条件を普遍的に他者たちと共有している。二つの認識能力の調和それ自体は、他者と共有しえない内的経験であり、その適用は個々人において異なりうる。だが、感覚条件の普遍的同一性を前提する限りにおいて、われわれは個々の主観的判断が普遍妥当性をもつかのように、美的経験の一致を他者に要求することができるのである。

　共通感覚の源泉を人間の認識条件、つまり心身の機能的同一性に帰するカントの考察からは、〈アリストテレス – スコラ的〉な伝統との明確な連続性を読みとることができる。ヴィーコを理想とし、生粋の人文主義に立脚するガダマーのような論者からみれば、カントの議論はセンスス・コムニスの空疎な主観主義化にすぎない。そしてカントが共通感覚の存在根拠を内感の一致に見出している以上、ガダマーのカント批判は一定の妥当性をもっているだろう。だが他方で、カントの共通感覚は、共通感覚を五官の延長上に位置づける〈アリストテレス – スコラ的〉な伝統には還元しきれない過剰さをもあわせもつ。その意味では、道徳感覚説を唱え、二つの伝統の間にある断絶を架橋しようとしたハチソンとカントとの距離は思いのほか近い。カントはいわば、道徳感覚説をおしすすめると同時に、それを美的経験のみに特化させたのである。

　ここまでの議論を整理しよう。これまでの人文主義的伝統のなかで、共通感覚とは道徳領域における判断の規準であり、健全なる共同体規範を意味していた。共通感覚は市民の誰しもがもつ道徳意識であり、この感覚＝常識を十分に具えていると想定できるからこそ、われわれは市民全員に対し善悪、正不正に

かかわる判断や、公共の利益への配慮を求めることができる。カントはこうした道徳哲学の伝統を論理と感覚の二相に分離する。一方では、善にかかわる道徳判断を実践理性による論理法則の下に置き、他方では、美にかかわる趣味判断のみを共通感覚の対象とした。

　このような文脈からみたとき、アーレントによるカント読解は、これまでとは少し異なった様相をみせる。彼女のカント理解は、一面では、きわめて忠実な人文主義的伝統への回帰として読むことができる。実践理性による道徳判断の拒絶、および美的判断の政治領域への拡張──アーレントによるこれら一連の解釈は、カントが一度道徳領域からその根を切り離し、新たに築いた美的判断の道筋を逆行し、ふたたび美を政治領域へと折り返そうとする試みのようにもみえる。また論考「文化の危機」にあるように、アーレント自身、ある地点まで趣味判断能力としての共通感覚は古代ギリシャのフロネーシスに淵源すると考えていた[25]。では、カントの趣味判断に「書かれざる政治哲学」を見出すアーレントのカント読解は、カントが引いた善と美の分割線を失効させ、議論をカント以前に巻き戻すだけの、単純な伝統回帰の試みでしかないのだろうか。あるいは、一部の論者が指摘するように、ドイツ哲学者の職業病とも揶揄される古代ギリシャ＝ローマ人文主義への憧憬と復古精神（Hellenism）の表出にすぎないのか。もちろん、そうではないというのが、ここでのわれわれの答えである。

　思想史の系譜からみる限り、カントの美的判断論を再び政治領域へと差し戻すことは、シャフツベリ–ハチソンを経由したローマ古典–人文主義的伝統への回帰を意味する。現在のアーレント研究においても、おおむねこのような解釈で一致しているといえるだろう。すでに見たように、それは決して根拠のない解釈ではない。というのも、実践知（フロネーシス）としてのセンスス・コムニスを重視する議論は、歴史的にみても一定の周期であらわれる言説であり、いずれの場合も、哲学的思弁、論理形式主義、合理主義の行き過ぎた専制に対する反動形成として出現するという特徴をもつ。そしてアーレントの思考の中心を占める全体主義もまた、雑多で偶然に満ちた世界を、論理必然的な一貫性をそなえる虚構の世界へとつくりかえようとする運動であった（第2章2節参照）。その意味では、彼女もまた疑いなく、ヘレニズムに根ざした人文主義的

伝統に強く帰属する思想家の一人である。

　しかしアーレントをそのような枠内においてのみ捉えた場合、彼女がなぜあれだけ強くカントに固執したのかは、まったく説明のつかない事柄となるだろう。単に人文主義への回帰を唱えるだけであれば、最初からカントをとびこえて、シャフツベリ＝ハチソン、あるいはデカルトの近代独我論に警鐘を鳴らしたヴィーコに戻れば事足りる話である。にもかかわらずアーレントにとって、公共的な事柄をめぐる判断の範型は、ほかでもなくカントの趣味判断でなければならなかった。アーレントを単なる共和制主義者、ギリシャ＝ローマの懐古的信奉者、あるいはあくまでもドイツ存在論の系譜において捉えるならば、彼女の思想を読み解くうえで決定的な役割を果たすカント哲学という重要な契機を見逃すことになる。

　もう一つ指摘しておきたいのは、古来の人文主義者たちとアーレントの立場はある一点において根本的に異なっているという点である。それは、全体主義という史上類のない支配体制によって、既存の政治感覚と道徳観念は無意味化し、回帰すべきあらゆる伝統がすでに破壊しつくされていたことである。彼女の立つ廃墟には、機知や趣味、良識等々への期待に満ちた共同体的感覚（センスス・コムニス）などすでに跡形もなく失われていた。全体主義をへた後の判断力を考える者にとって、それ以前の世界での道徳観念を復興するという選択肢は最初から存在しない。全体主義の新しさと伝統からの断絶を繰り返し指摘したアーレントの思考に、どんな形であれ何らかの復古主義を読み込むことは、彼女の全体主義理解の一切を無視する深刻な誤読といわねばならない。

　政治を論じるアーレントの出発点は全体主義支配の経験にあり、その事実を切り離して彼女のテクストを読むことはできない。ホロコースト以降の世界において、人はいかにして善悪や正不正を区別できるのか。経験的であれ、先験的であれ、あらかじめ定められた道徳法則は、人間一人一人の自立的な思考と言論とを根こそぎ奪う。思考放棄によって判断力は機能不全に陥り、やがて善悪を区別することの意味すらもうしなわれるだろう。その点においては、アイヒマンが服従した「第三帝国の定言命法」であっても、古来の賢者たちによる実践知であっても、さして大きな違いはない。アーレントが直面した道徳的諸問題は、明らかに、ただ伝統的価値への回帰を唱えれば解決されるような類の

ものではなかった。善悪や正不正を測るための何か画期的な判断基準を歴史の
なかから拾い出す以前に、彼女はまず善と悪、正と不正の区別が再び意味をも
ちうる可能性の条件を探求しなければならなかったのである。

5 リアリティと共通感覚

このような問題設定をふまえて、われわれはようやくアーレントの「共通感
覚」読解に着手することができる。「カント政治哲学」を独自の視点から読み
解いていく過程で、アーレントは共通感覚を、二つの伝統にも例のない極めて
ユニークな視点から定義した。彼女は共通感覚を、善や美を判定する能力（内
感）／規範としてではなく、そうした個々の判断に先行する感覚、つまり対象
となる事物が「端的にそこに在る」（LM: 51）という世界の実在性（reality）を
感受する能力とみなしたのである。

まず、晩年に書かれた『精神の生活』の「思考篇」から共通感覚をめぐる記
述を引いてみよう。彼女は「すべての感覚経験には、通常、実在の感覚がとも
なう」（LM: 49）という。ただしその感覚は、五官からばらばらに感受される
個々の知覚やコンテクストから外れた対象によって形づくられてはいない。で
は、知覚経験はどのようにリアリティの感覚へと結びつくのか。そこであらわ
れるのが、共通感覚である。アーレントは知覚経験を実在感覚に結びつける共
通感覚の働きを、主に二つの経路から記述する。

> 私が知覚するものが実在的であるということは、一方では、私と同じよう
> に知覚する他の人びとを織り込んだ世界性というコンテクストにおいて、そ
> して他方では、私の五官の協働によって保証される。トマス・アクィナス以
> 来われわれが共通感覚、センスス・コムニスと呼んでいるものは、一種の第
> 六官である。それは五官の協働を保ち、私が見、触れ、味わい、嗅ぎ、聴い
> ているものが同じ対象だということを保証するために必要とされるのである
> （LM: 50, 傍点引用者）。

アーレントによれば「知覚しているものが錯覚ではなく、確かに存在してい

る」というリアリティの感覚は、次の二つの条件が満たされたときに生じる。第一の条件は、知覚器官である五官のそれぞれが、同一の対象にかかわっていることである。人は相互に独立した5つの感官による知覚——視角、聴覚、嗅覚、味覚、触覚——が整合性をもって同じ対象を知覚しているという感覚がなければ、その事物の実在を感じることができない。それぞれ独立に作用する感官の協働を通じて、初めて知覚対象が錯覚ではなく実在の事物であることが確信されるのである。第二の条件は、自分の知覚する対象が、他者たちとの共通世界のコンテクスト、つまり「自分と同じように知覚する他の人びとがいるこの世界」と結びついていることが確証されるときである。独立した五官の協働と同様に、独立した他者の知覚経験を通じた協働（inter-subjectivity）を通じて、人は世界の実在に対する確固たるリアリティを感受することができる。そのため、個々の知覚が実在感覚を構成するには、内官をとりまとめ、それを他者たちの住まう外の世界へと適合させるもう一つの感覚が必要となる。アーレントによれば、このような統制能力こそが、古来「共通感覚」と呼ばれるものにほかならない。

　共通感覚に五官の統合機能を見出すアーレントの定義は、明らかに、〈アリストテレス – スコラ学〉の系譜に連なる。アーレントが別の箇所でトマスの後継者であるドゥンス・スコトゥスの議論に依拠していることからも、彼女が共通感覚について、実はきわめてスコラ学的な理解をもっていたことが示唆される。ただしアーレントは、共通感覚の機能を知覚の統合になぞらえながらも、そこに従来の〈アリストテレス – スコラ学〉にはみられない二つの重要な契機を加える。一つは、共通感覚による五官の統合機能を、対象の単なる同一性の感覚を超えて、対象の実在性の感覚へと拡張していること。二つ目は、その実在感覚の条件として、自らの五官の統合に加えて「他の人びととのコンテクストの共有」という、主観を超えた間主観的な要件を挙げていることである。アーレントによれば、実在性とは、自閉した内部感覚のみによって与えられるものではない。人が知覚対象の実在を確信するには、その対象があらわれるコンテクストを他の人びとと共有していなければならない。それはつまり、全く異なった立場から自分とは別様に知覚する複数の他者たちがこの地上に存在し、かつその人びとの間で、それぞれに知覚する対象が同一のものであることが確

認されうる、という状況である。共通感覚にそなわる二番目の統合機能について、アーレントは以下のように論じる。

　　身体器官のうちに定位しえない神秘的なこの第六官は、厳密には私的な感覚である五官──私的であるがゆえに、感覚的な質や強度は他人に伝えることができない──を、複数の他者とともに分かち合う共通世界に適合させる。「私にはこう見える」という主観性が矯正されるのは、現れる仕方は異なるにせよ、同じ対象が他の人びとにも現れるという事実があるためである（LM: 50）。

　実在感覚は、共通感覚を介した自分の内官同士の協働だけでなく、自身の内官と他者の内官との協働によって確証される。共通感覚が間主観的な感覚統合機能を担うこと、そうした作用によって各人の偏向した「主観性」の矯正がおこなわれること。この部分の記述には、明らかにカント趣味判断論における共通感覚のモティーフが色濃くあらわれている。ただしアーレントはその間主観的な感覚を、カントのように事物の「美しさ」ではなく、確かにそれがここに在るという事物の「実在性（リアリティ）」を感受することだと考えたのである。

　カントがおこなった定式化と、アーレントの言う二重の協働性を担う共通感覚の説明とを比較してみると、この地点でアーレントが、共通感覚の伝統的理解からも、そしてカントによる一連の定式化からも外れた重大な方向転換をおこなっていることがわかる。アーレントの言う実在感覚としての共通感覚は、人文主義的な人間愛でもなければ、美的経験のもたらす快でもない。自分以外の他の人びととの介在を要するという点で、厳密には（内的な）感覚作用ともいいきれず、スコラ学的な意味での共通感覚（コイネ・アイステーシス）に還元することも難しい。系譜的にみれば、アーレントはスコラ学的共通感覚を踏襲しながらも、カントが挿入した間主観的次元を経由して、共通感覚を事物の同一性の感覚から実在性の感覚へと読みかえたのだと言うことができる。それによって、善や美を直感的な感覚知覚の一つに数えたハチソンのような論者をちょうど逆転させる形で、アーレントは直感的な同一性──精確には同一性ではなく実在性──の感覚の方が、善や美と同様に、実はきわめて間主観的な感覚

であることを指摘したのである[26]。

　こうした特異な共通感覚論を通じて、アーレント判断論はカントの圏域から明確に離脱し、独自の議論として展開されていく。カントとの決定的な分岐は次の問いをめぐってあらわれる。それは、判断原理としての共通感覚の存在をどのように基礎づけるのか、各人がそれぞれに共通感覚を持つことの根拠をどこに求めうるのか、という問いである。

　実在性に結びついた共通感覚の存在根拠はどこにあるのか。カントの共通感覚が、つきつめれば人間の心身器官（認識機能）の同一性に依拠していたのに対し、アーレントにとっての共通感覚は、そのような特定の内官（sensus interior）の同一性を基盤とするものではない。それが依拠するのは、感覚器官の同一性ではなく、感覚対象の同一性である。つまりアーレントの言う共通感覚とは、感覚の内的条件が他者との間で一致しているという事実すらも、それを通じてのみ確信しうるような、あらゆる実在性の源泉となる感覚を指す。では、感覚対象の同一性とは、何によって保証されうるのか。この問いについて、われわれは『精神の生活』のはるか以前に書かれた『人間の条件』の中にすでに答えを見出すことができる。端的にいえば、アーレントが共通感覚の最終的な存在根拠とみなしたのは、「世界の共通性」という事実であった[27]。『人間の条件』で、アーレントは実在感覚リアリティについて次のように論じている。

　　共通世界の条件の下でリアリティを保証するのは、世界を構成する人びとの「共通の本性」ではなく、むしろなによりもまず、立場の相違やそれにともなう多様なパースペクティブにもかかわらず、すべての人がつねに同一の対象にかかわっているという事実である（HC: 57-58, 傍点引用者）。

　つまり、世界に対する実在感覚は、すべての人びとが同じ世界を共有しているという端的な事実において保証される。自らの感覚を通じてしか事象に触れることのできないわれわれは、ただこの世界の普遍的な同一性を通じて、知覚される現象が幻覚ではなく確かに実在するという確信をもつことができる。それゆえに、あるものが実在することは、自分の五官すべてが同一の対象を共有していることだけでなく、「現れる仕方は異なるにせよ、同じ対象が他の人び

とにも現れるという事実」によって、はじめて保証される。言いかえれば、アーレントは共通感覚、つまり「すべての人に共通する判断能力」の存在根拠を、人間の心性や身体組成の普遍的共通性に求めるのではなく、すべての人間における世界の共通性に求めたのである。そのことは、同じ『人間の条件』における次のような記述にも読み取ることができる。

　世界はわれわれすべてに共通する。このことは、世界が唯一持っている特性であり、世界が万人に共通であればこそ、われわれは世界の実在性を判断することができるのである。そして共通感覚は、政治的能力のなかでも極めて高い位置にある。というのも、共通感覚こそが、きわめて個別的なわれわれの五官と、それが感受する特殊な知覚情報とを、一つのまとまりとしてリアリティに適合させるからである（HC: 208）。

　最晩年に書かれた『精神の生活』と、初期の『人間の条件』との間にみられる対応関係から、実在性の感覚についてアーレントがいかに強固で一貫した見解をもっていたかが示されるだろう。アーレントによれば、世界が唯一持っている特性、つまり「万人に対する世界の共通性」とは、「この地上に生き世界に住まうのが、一人の人間ではなく複数の人びとであるという事実」（HC: 7）と等しい。世界に複数の人びとが住まうこと、世界は万人に共通すること、そして人びとは互いに差異ある存在であること──これらは全て等価であり、アーレントはその事実を総称して複数性（plurality）と呼んだ。人びとの複数性のなかにあらわれる世界の同一性、あるいは世界の共通性の上にあらわれる人びとの複数性こそが、各人が享受しうる世界のリアリティの源泉となる。つまりアーレントにおいて、共通感覚の存在根拠とは、突き詰めれば人間の複数性という端的かつそれ以上遡及することの不可能な事実のうちに見出される[28]。

　道徳哲学の伝統において、共通感覚とは、美や善の判定にかかわる不可視の原理／能力を意味していた。しかしアーレントにとっての共通感覚とは、判定のための指針となりうる要素がほぼ含まれていない。アーレント判断論における共通感覚とは、あくまでも世界の共通性と人びとの複数性という事実の上に築かれる実在の感覚を意味するのであって、それは共同体的美徳や美のもたら

す快などの価値判断のはるか手前にある、個々の判断が意味をなすための根源的な感覚といえるだろう。アーレントは「ある共同体において共通感覚が著しく衰退し、同時に迷信や迷妄が著しく増大するのは、ほとんど確実に、世界疎外の徴候である」（HC: 209）と述べる。逆にいえば、共通感覚を支える複数性とは、世界からの疎外を乗り越え、人びとと共に世界の内にある在り方（worldliness）をあらわす言葉である。それはあらゆる実在感覚の根拠となる事実だが、それゆえに、複数性それ自体のリアリティは何からも保証されることがない。複数性とは、人間が人間として地上に在るために、アーレントがただ一つ措定したア・プリオリな条件（法）である[29]。

　善や美の感覚に先行し、リアリティの感覚こそが人間にとって第一の政治的能力だとするアーレントの洞察は、共通感覚をめぐるこうした理解を前提に読まれねばならない。アイヒマンにとって対話能力の低さが現実逃避のための防御壁であったのと同じように、リアリティの失われた世界では、善悪、正不正について考えること自体の意味が失われる。全体主義の廃墟から再び判断力について考えるには、論理法則や規範を書き直すよりもまず、世界の実在が確保されねばならなかったのである。

　カントにおいて、共通感覚の存在は美的判断の同意要求をア・プリオリに正当化するための要件であった。同様に、実在感覚としての共通感覚もまた、善悪、正不正に関する判断の同意要求をア・プリオリに保証する。それは反省的判断であり、法によって規定された「正解」を含まないだけでなく、唯一の正解を規定したいと願う欲望自体を棄却する。その意味で、リアリティとしての共通感覚は、実践理性やフロネーシスとは鋭く対立する概念である。正不正の判断には、世界のリアリティが先行する。というより、善や正義への希求を他の人びとと共有するためには、なによりもまず、世界が実在することの確信が共有されていなくてはならない。おそらくそれは、正不正の区別が今なお意味をもちうるための条件は何か、という問いへの答えでもあるだろう。

　アーレントの共通感覚は、ともすれば人文主義的な共同体感覚（フロネーシス）に還元されてしまう。そのため、判断をめぐる彼女の議論は政治思想や道徳哲学の枠内で語られることが多かった。しかし共通感覚を、複数の人びとの存在が織り込まれた世界のリアリティに対する感覚として解するならば、政治

学や哲学、倫理学の枠を超え、彼女の思想を社会学の原理論的な考察として読み解くための視座が開かれる。この地点において、アーレント判断力は社会学の根源に横たわる意味とリアリティの問いに強く共鳴するのである。

6　純化の思考

　アーレント思想はカント哲学の強い影響下にある。そのことは、もちろんアーレント判断論がカントの美的趣味判断を範型に築かれたという事実のうちに端的にあらわれているだろう。しかしこれまでみたように、アーレントはカントの議論をそのまま公的領域へと移植したのではなかった。彼女が議論の土台としたのは、『判断力批判』を構成する一部の省察にすぎず、それも独自の視点からきわめて自由な読みかえをおこなっていった。少なくともアーレントの関心がカント第三批判の包括的・体系的継承になかったことは疑いない。判断論をめぐるカントとのかかわりは、厳密な読解に基づく踏襲というより、むしろ自分の考えに合致する箇所だけを抜き出し局所的に流用していったという印象すら与える。アーレントにとってカントの美的趣味判断は——おそらく彼女にとって他の思想家たちの議論すべてがそうであったように——自らの思考のための原材料であり、議論構築の単なる足がかりであった。

　しかしそれでもなお、アーレントは思想家として、ハイデガーやその源泉たる古代ギリシャ – ローマ哲学からの影響を凌ぎ、カント哲学からはるかに多くを受け継いでいる。そう断言できるのは、彼女の著作すべてにわたって、その根底にはつねにカント特有の思考様式が息づいているためである。アーレントがカント哲学から継承したもっとも重要な遺産は、おそらくカントが「批判（Kritik）」と名付けた純化の思考である。アーレントはカントから政治哲学を引き出す過程で、カント哲学の本質としてこの思考様式を見出した。それは種々の論点の表面的な継承からは測ることのできない次元で、広く深くアーレントの思考全体を規定している。

　『カント政治哲学の講義』のカント論は、彼女自身が言うように、カントの「書かれざる政治哲学」を再構成する試みである。アーレントは、自らの企図の正当性を説明する際に、「カントのうちに政治哲学は存在するが、しかしほ

かの哲学者とは対照的に、カントはそれを書かなかったのだ」（LKPP: 31）と主張した。アーレントにとってカントの政治哲学は、ただ思考の中に潜在する隠れた主題としてのみ存在した。ゆえに、それは政治的な表題の付せられた晩年のわずかなエッセイのなかに見出されるのではなく、カントの思考を貫く通底音として捉えられねばならない。そしてアーレントは、「批判」という思考様式こそがその主題の名称であり、かつカントの政治哲学の本質にほかならない、と考えた。

カント研究の文脈からみると、カントの「批判」は、独断論と懐疑論の双方に抗して立てられた制限と純化の思想である。『純粋理性批判』の二つの序文のなかで、カントは純粋理性批判の仕事を「理性が一切の経験に・か・か・わ・り・な・く到達しようとするあらゆる認識に関して理性能力一般を批判すること」（A: xii）だと述べている。『純粋理性批判』の中心課題とは、形而上学から臆見と誤謬とを除去し、「学問としての根本的形而上学を促進するための必然的暫定的な準備」（B: xxxvi）をおこなうことであった。カントはそのために、理性自身の能力をあらかじめ批判し、すべての謬見の源泉たる理性の越権を戒めることが必要不可欠だと考えたのである。

したがってカントにおける「批判」とは、概念の純化を通じてその限界を規定する思考を意味する。一方で「可能的経験のあらゆる限界を超えて人間の認識を拡張」（A: xiv）しようとする独断論があり、他方には「全形而上学に関して短絡的手続きをとる」（B: xxxvi）懐疑論がある。そのはざまで、両者に抗して思弁的理性の救出を試みたカントは、自らの企図を、制限と純化から構成される批判的思考を通じて実現した。

アーレントは、カントが打ち立てた批判的思考――すなわち「偏見を通り抜け、吟味されていない意見や信念を通り抜けて、思想の道を切り開くこと」（LKPP: 36）――の起源は、ソクラテスの助産術にまで遡ることができると主張する。カント自身も意識していたように「相手の無知をもっとも明白に証明する」（B: xxxi）ことで謬見の源を塞ごうとするカントの態度は、「論争相手からすべての無根拠な信念と『無精卵』――つまり彼らの心を満たす単なる幻想の除去」（LKPP: 37）を旨とするソクラテスの方法論に通じる。そしてアーレントがソクラテスとカントの間に見出したもっとも大きな共通点は、両者が共に、

自らの思考を公共のものとする（公衆の前で表現する）ことを強く望んでいた点である。

　ソクラテスは、説明や意見を求めるあらゆる要求に応じ、市場に現れたすべての人を相手に論争をおこなう特異な哲学者であった。同様にカントは、ほとんどの哲学者と異なり自分の思想を哲学者以外の人びとに広く伝える希望を生涯にわたって持ちつづけ、『純粋理性批判』を通俗化するための出版計画を真剣に考案していたという[30]。カントにとって批判的思考は、公衆の批判——アーレントの表現では「自由なかつ公開の吟味という試験」（LKPP: 39）——にさらされることによって、つまりは自らの原理を自らに適用することによって、より純化されていくはずだと考えられていた。いみじくもソクラテスの末路が示すように、あるいはメンデルスゾーンがカントを「一切の粉砕者」と呼んだように、このような批判的思考は本来的に破壊力を内包する。アーレントがカントに見出した「政治哲学」の核となるのは、この「思考の公共化」をめぐるカントの信念とその政治的含意にほかならない。

　カントが望む「思考の公共化」は、『啓蒙とは何か』で論じられる「自らの理性を公共的に使用する自由」（Kant 1784=1974: 10）と密接に関連している。カントによれば、啓蒙を成就するために必要なのは理性の自由な使用であるが、この自由は無制限ではなく、私的な使用に限ってはいくらでも制限されてよい。理性の私的使用とは、公職に就く役人や将校や牧師など、特定の公共体において与えられた立場から理性を使用することであり、任意の公共体の利害関係に即して理性の使用を制限することは、なんら啓蒙の妨げにはならない。しかしそうした個別的な利害関係を捨象し、自分を全公共体の一員とみなすとき、理性の使用は公共的なものとなる。理性の公的使用とは、たとえば「ある人が学者として、一般の読者全体の前で彼自身の理性を使用する」（Kant 1784=1974: 11，傍点原文）ような場面である。たとえその者が公職に就いていたとしても、「自分を同時に全公共体の一員——それどころか世界公民的社会の一員」（Kant 1784=1974: 11）とみなし、著書や論文を通じ、世界に向かって自説を主張する学者の資格においては、論議し、自らの見解を公衆一般の批判に供する自由は、いささかも制限されてはならない、とカントは主張する。この「自らの理性を公共的に使用する自由」とは、民衆が啓蒙を成就し、世界公民的社会の一

員たりうるために要請される市民的自由であり、言うまでもなくカントの「批判」において必要不可欠な条件であった。

　アーレントにとってカントのこうした主張が特に重要であったのは、カントがこの言論・出版の自由を、「思想の自由」に付随する派生的で副次的なものとして位置づけていなかったためである。カントは反対に、言論・出版の自由こそが自由な思考を保証すると考えた。批判期に書かれた論考『思考の方向を定めるとはどういうことか』において、カントは次のように論じている。

　　第一に、思考の自由は、市民的強制と対立する。たしかに人の言うように、話したり書いたりする自由は、上部の権力によって奪われることがあっても、思考の自由はそれによって奪われることは決してないかもしれない。しかしながらわれわれが、他人に自分の思想を伝達しまた他人が彼らの思想をわれわれに伝達するというようにして、いわば他人と共同して考えることがなければ、われわれはどれだけのことを、どれほどの正しさをもって考えるであろうか！　それゆえ人はたぶん次のように言うことができるであろう。自分の思想を公に伝達する自由を人間から奪い去るような外的権力は、思考の自由をも人間から奪い去ってしまうのだ、と（Kant 1786=2002: 84, 傍点原文）。

　ここで重要なのは、「伝達」を通じた「思考の共有」、すなわち言論・出版の自由こそが、思考の自由に先立つ、より基底的な自由だというカントの指摘であろう。言論の自由をめぐる通常の解釈では、言論・出版の自由は、思想・信条の自由に付随する派生的な自由として捉えられることが多い。だがアーレントが言うように、カントは「思考能力こそがその公共的な使用に依存すると信じていた」（LKPP: 40）。言いかえれば、「思考」なるものがまず実体的に存在し、それを公表したり宣伝したりする自由が後から要請されるのではない。そうではなく、言論の自由、つまり公開の自由こそが思考に先だって思考を可能にする条件であり、そうした公表の場、あるいは公表可能性なしにはいかなる思考も成立しないとカントは考えたのである。

　思考とは本質的に、他者を必要としない哲学者の孤独な営為である。アーレントはそのことを認めつつも、同時に思考のもつ政治的性格について次のよう

に続ける。つまり「何であれ、人が独りでいるときに見出したことを、口頭や文書で伝達し、他者の吟味に晒されることがないならば、孤独のうちに発揮されるこの能力［思考］は消失してしまうだろう」（LKPP: 40）。このような、他者存在を要件とする批判的思考とは、私的な利害や制約にとらわれることのない自由な見地と、公表のための言論空間を必要とする。普遍的かつ公共的立場に立ち、公開性と没利害性とをそなえた批判的思考が、まさに美的趣味判断に要求される「拡大された心性」と一致することは、アーレントの指摘をまつまでもない。「自分自身との対話」としての思考過程は、公衆にさらされ、議論として公共のものとなることによって、はじめて批判的思考としての地位を得るのである。

　アーレントは「理性の公的使用の自由」の中に、『実践理性批判』における超越論的自由とは異なる公共的な自由の系譜を読み取った。カントのなかに書かれざる政治哲学があったとすれば、それは叡智的存在者の実践哲学ではなく、市民社会における「世界観察者（Weltbetrachter）」（LKPP: 44）、つまり公平無私の注視者をモデルとする判断論である。こうしたアーレントのカント読解は、美的趣味判断の「拡大された心性」にカント自身の批判的思考を重ねる特有の視座によって支えられている[31]。観察し、思考し、判断し、自らの意見を他者に伝達するための空間が消失したならば、おそらく同時に人間は思考能力をも喪失するだろう。アーレントがカントから引き出した「批判」の政治的含意は、『カント政治哲学の講義』第10講における、公的領域と判断力の関係についてアーレントの書いた一節を引くと、より明瞭になるだろう。

　　美的対象の現存にとって不可欠の条件は、伝達可能性である。つまり鑑賞者／注視者の判断力が、それを欠いてはいかなる美的対象もまったく現象できなくなるような空間を創り出すのである。公的領域は演技者／行為者（actor）と制作者（maker）によってではなく、批評家（critics）および鑑賞者／注視者（spectator）によって構成される。しかしこの批評家と鑑賞者の要素は、どの演技者と制作者のうちにもある。この批評的・判定的能力を欠くならば、行為者または制作者は鑑賞者から孤立し、気付かれることすらなくなるであろう（LKPP: 63）。

つまり、判断（意見）そのものは批判的思考を通じて形づくられるが、批判的思考は公的領域（空間）の存在によって可能になり、公的領域は公表された判断を通じて創出される。アーレントはカント政治哲学を通じて、思考と判断と公的領域の三者間をつなぐ循環関係を見出した。手すり（原理）なき場所でなされる思考と、そうした自立的思考（Selbstdenken）に基づいて他者たちに自分の意見を伝える人びと、それらの間に構成される自律的な公的領域こそが、「悪の凡庸さ」に抗してアーレントが見出した公的世界の本来の姿にほかならない。そしてまた、カントの批判的思考をめぐるアーレントの考察は、彼女の著作をひもとく者にとってきわめて重要な示唆を与える。というのも、アーレントがカントの「批判」を評して述べた「制限と純化の思想」とは、まさに政治に対峙する際のアーレント自身の身振りと重ねられるためである。

　〈政治的なもの〉をめぐるアーレントの思想は、制限と区分による排除から構成されている。〈観照的生活〉と〈活動的生活〉、公的領域と私的領域、労働（labor）／制作（work）／活動（action）など、彼女が政治領域を描き出すために設けた区分と分類は枚挙にいとまがない。諸概念の分割と分離の操作は、一方で彼女の議論を硬直化させ現代社会への適用可能性を著しく低減させた。その点で、アーレントのこうした概念操作をめぐっては、多くの論者から非難と懐疑の目を向けられてきた。しかしそれらをカントの「批判」の文脈で捉えた場合、彼女のおこなった制限は、公的世界からあらゆる政治外在的な契機を徹底して取り除こうとする一貫した純化の手続きに変貌する。つまり、強硬な線引きとカテゴライズとを繰り返すアーレントの思想は、それ自体が、純粋な〈政治的なもの〉を剔出する批判的思考として捉えることができるのである。

　次章以降でみるように、ほかの何ものにも依存することなく、自らの作動によって自らの存立条件を創出する自立的かつ自律的な公的世界のヴィジョンは、カント的な「批判」の視座を介して、初めて適切に理解することが可能になる。そのように考えた場合、彼女の思考はカントの『純粋理性批判』の政治版、いわば「純粋政治批判」の企てとしてわれわれの前に現われるだろう。逆にいえば、彼女が政治に課した一見不可解で益のない（ようにもみえる）種々の境界と制約は、アリストテレス的な概念区分の踏襲――彼女のおこなった分類とア

リストテレスによる概念区分との間に対応関係があるのは明白である——よりも、むしろカントの「批判」の概念に重ねられることで、初めてその意図を精確に捉えることができるのである。

　次章以降では、こうした文脈に沿って、〈政治的なるもの〉へと向けられたアーレント独自のパースペクティブを、制限と純化の思考として再構成する。それによって、アーレントの描き出す世界を一つの体系（システム）として提示したい。

【注】

1)　統制原理については、カントの以下の記述を参照。「特殊的な経験的諸法則は、……あたかも同じくある悟性……が、特殊的自然諸法則にしたがう経験の一つの体系を可能にするために、そのような統一をわれわれの認識諸能力のために与えたかのような統一にしたがって考察されなければならない、という原理にほかならない。しかしこれは、こうした悟性が現実にこのように想定されなければならないというわけではない（というのも、この〔統一の〕理念が原理として役立つのは、反省的判断力に対してだけであって、それは規定するためではなく、反省するためだからである）。そうではなくて、反省的判断力というこの能力は、このことによって自分自身にだけ法則を与えるのであって、自然に対して法則を与えるのではない」（KU: 180）。

2)　逆にいえば、何らかの利害関心や個人的欲求が介在した時点で、純粋な趣味判断とはいえなくなる。本書第5章でより詳細に論じるが、この没利害性は、美が公共的性格をもつ根拠であると同時に、美的判断の成立条件でもある。

3)　KU: §9、特に以下の記述を参照。「対象を判定する際の主観的条件が有するくだんの普遍性にのみ、〔美的判断における〕適意のこの普遍的（公共的）な主観的妥当性（allgemeine subjektive Gültigkeit）は基づいており、その適意を私たちは、じぶんが美しいと呼ぶ対象の表象とむすびあわせるのである」（KU: 218）。

4)　アーレントはカントの趣味判断を読み解いていく過程で、自分の構想する判断を単なる「判断」か、もしくは「政治的判断（political judgment）」と呼んだ。その意味は、「政治的な事柄（＝人間事象 human affair）の判定にふさわしい判断」であり、本書で「政治的判断」というときはもっぱらこの意味で用いている。

5)　注意を要するのは、アーレントがカントの隠れた政治哲学とみなしたのが、もっぱら『判断力批判』の第一部、美的趣味判断を論じた箇所に限られる点である。同じく第一部に含まれる崇高論および第二部の目的論的判断論については、省察の対象から除外されている。アーレント自身はこのことについて、目的論的原理は、個々の特殊的な事柄の意味をいかにして理解するかという問いに対するカントの解決策にすぎず、特殊的なものそれ自体を扱っているわけではないためだ、と断っている（LKPP: 14）。たとえば村井（1996）ではこの理由は次のように推

察される。つまり崇高論については、崇高の経験が無限なものとの対峙にかかわっているため、判断に再び超越的な視点を持ち込んでしまうこと、さらに崇高さの判断においては自己と絶対者という関係が前景化され、判断を他の人びとと共有しうる間主観的な契機がうしなわれるためである。さらに、目的論的判断論の除外については、その全体主義的性格が理由に挙げられるだろう。この点については本書補論でより詳細に論じるが、手段＝目的関係から事物を捉える目的論的思考様式を公的領域から徹底して排除する態度は、アーレントの思索全体に一貫する。

6) 特に以下の記述を参照。「社交においてこそ、単に人間であるということだけでなく、みずからの流儀にしたがって、洗練された人間になろうとする思いが生じるのである（そしてこれが文明の始まりである）。なぜなら、洗練された人間であると判定されるのは、みずからの快を他者たちに伝達するのを好み、またそれに巧みな人のことであり、また対象に満足するためには、その対象に対する適意を他者たちとともに感じ得ることが必要であるような人のことだからである」（KU: 297）。

7) カントは別の箇所の注で、趣味を美的共通感（sensus communis aestheticus）、通常の人間悟性（常識）を論理的共通感（sensus communis logicus）と名付け、二つを区別している（KU: 295）。常識を「論理」と呼ぶのはカント特有の定義だが、本書ではカントの言う「共通感覚」をもっぱら前者の意味で用いている。

8) カントの「主観的‐普遍妥当性」の原語は "subjektiv-allgemein Gültigkeit" だが、アーレントはこれを一般的妥当性（general validity）と英訳している。それはもっぱら "subjektiv-allgemein" が、万人に対する（つまり普遍的な）妥当性ではなく、判断者の思考の範囲内において想像される有限の人びとに対する妥当性を意味するためである。アーレントによる英訳については、『カント政治哲学の講義』編者による脚注155（LKPP: 163）もあわせて参照。

9) ここでいう「間主観性（intersubjectivity）」とは、共通感覚に基づいた主観性、つまりアーレントの言う「非客観的感覚のうちにある非主観的契機」（LKPP: 67）を意味する。カント自身は必ずしも「間主観性」という語句を使っていないものの、以下では、アーレントの用語法を踏襲し、カントの趣味判断論における判断の妥当性を「間主観的妥当性」と表記する。

10) カントは、道徳判断は無条件的必然性をもつ判断でなければならないとみなし、反省的思考の産物であるとは考えていなかった。このことから、アーレントは、実践理性による道徳判断は「厳密に言えば判断ではない」と指摘している（LKPP: 72）。つまりアーレントにとっては、規定的判断はそもそも最初から「判断」の範疇に含まれておらず、彼女の言う「判断」とは、つねにすでに思考をともなう政治的判断を意味する。それはちょうど、「世界」という語句に、すでに「公共性」が含意されることと等しい。そのため、厳密には「政治的判断」や「公（共）的世界」という表記は同語反復でしかないが、本書では混乱を防ぐため、文脈に応じて適宜「政治的判断」や「公（共）的世界」という表記を用いている。つまり本書でいう「政治的判断」とは、「アーレント独自の解釈によって政治領域へと適

用されたカントの趣味判断様式をもつ判断」であり、「公的世界」とは「そうした政治的判断を介して他者と共有される世界」を含意する。

11) こうした視点の移行にかかわらず、本書では、初期から晩年に至るまで、判断をめぐるアーレントの関心に本質的な変化が生じたとは考えていない。本書第3章注31）も合わせて参照。

12) 生起した出来事の重要性を判定する尺度が、もっぱら注視者（spectator）あるいは観察者（beholder）の立場から表明される意見のうちにあるというカントの見解は、『判断力批判』ではなく、「諸学部の争い」（Kant 1798）や『永遠平和のために』（Kant 1795）など、晩年に書かれた政治哲学の論文で論じられている。

13) たとえば「公正な観察者（impartial spectator）」は A. スミス（Smith［1579］2002＝2003）の術語であり、また「拡大された精神（enlarged mentality）」も、スミスの言う「共感（sympathy）」を想起させる。このことは、カントの趣味判断が、もともとはイギリス道徳哲学に出自があることを示し、アーレントのカント解釈、つまり趣味判断の公共的（政治／倫理的）読解の妥当性を支持する一つの論拠となる。ただし、スミスの言う「公正な観察者」はカントの忌避する「思慮（prudence）に富む者」という意味合いが強く、また政治哲学者の先人としてカントが深く傾倒していたのは、スミスよりもルソーであったことが知られている。とりわけルソーが『社会契約論』（Rousseau 1762＝1954）のなかで提示した同情（compassion）——この言葉にアーレントは強い嫌悪感を示す——と、同情に基づいた一般意志というコンセプトに、カントは大きな影響を受けている。この点から、カントにおいてスミスは継承よりもむしろ乗り越えるべき存在であり、カント趣味判断とスミス道徳感情論との親近性は、カントによる道徳判断の趣味判断化（美学化）を示すものでしかないともいえる。スミスとカントの比較論については浜田（1981）所収の「補論一：イマヌエル・カントとアダム・スミス」「補論二：ハチスン・スミス・カント」および知念（1988）参照。

14) 注視者／観客の優位を語る際にアーレントがしばしば好んで引用するのは、ピュタゴラスものとされる次の寓話である。「人生は……祝祭のようなものである。競技をするために祝祭に来る者もいれば、商売をするために来る者もいる。だが最良の人々は観客（theatai）としてやって来る。それと同様に、人生においても、奴隷的な人間は名声や利益を追求するが、哲学者は真理を追究する」（LKPP: 55）。つまり人生において「最良の人々」たりうるのは「真理を追究する哲学者」ということになる。

15) この「裁判官の立場」とは、アーレントによれば、「裁判官が判決を下すときに行使すると思われる公平さに達した」（LKPP: 56）一般的立場を意味する。

16) もう一つ、こうした準備作業が必要となる理論外在的な理由がある。それは、カント再解釈に基づくアーレントの判断論が、現代の政治理論研究の文脈において、彼女に狭義のアリストテレス主義者——あるいは、現代において分断されたカント的リベラリズムと共同体主義を調和する折衷理論——という誤ったレッテルを貼り付けられてきたことである（cf. Habermas 1976, Benhabib［1996］2003）。ハバーマスの「誤読」については本書補論で改めて論じるが、こうした解釈が生

まれる背景には、カントが趣味領域に限定した「共通感覚」を、再び道徳・政治領域に敷衍しようとするアーレントのカント論に、伝統的な美徳や価値、論理化されえない実践知や規範への回帰という共同体主義的な含意が誤って読み込まれてきたためである。ここではこうした多くの読解に反し、共通感覚論の系譜からアーレント判断論の本質を明らかにすると同時に、アーレント思想をアリストテレス主義へと還元しようとする試みが、政治理論におけるアーレントの根源的な異質性を読み落とす結果につながることを主張したい。

17)　アリストテレス以降の共通感覚の系譜については、中村雄二郎『共通感覚論』（中村 2000、特に第 3 章 2-3 節、第 4 章 3 節）に詳述されている。また、ヴィーコ、シャフツベリ以降の共通感覚概念のドイツにおける受容についてはガダマー『真理と方法』（Gadamer 1975=1986（I））に詳しい。なお、共通感覚の二つの系譜として挙げた〈アリストテレス‐スコラ〉と〈ローマ古典‐ルネサンス人文主義〉はガダマーによる分類表記であり、中村（2000）でも踏襲されている。

18)　「他方で、諸感覚は、それぞれ互いに他の感覚に固有の対象を付帯的に感覚するが、それは諸感覚がそれ自身個々別々な感覚としてではなく、一つの感覚として感覚するのであり、それは［二つの性質が併存する］同一のものに同時にかかわる感覚が生じたときに成立するのである」（DA: 425a-b=128）。

19)　アリストテレス哲学はローマ帝国滅亡後、西ヨーロッパの世界から 1000 年近く完全に姿を消したが、その後 12 世紀のスペインで、ムスリムの思想家たちに保持されていたアラビア語訳の原典がキリスト教聖職者たちによって「発見」された。突如よみがえった古代の知識が当時に与えた衝撃の社会的背景、およびその後の論争については Rubenstein（2003=2008）に詳しい。したがって、時代的には遠く離れたアリストテレスとトマス・アクィナスだが、両者の間を埋める思想的系譜はほぼ存在せず、トマスはアリストテレス哲学の直接的な継承者といえる。

20)　Thomas Aq. *Summa theologiae*, I, q. 78, a. 4.（邦訳第 6 巻：137）参照。

21)　ガダマーは、シャフツベリ伯の解する共通感覚がこのような含意を持っていたこと、さらにその基礎になったのはマルクス・アウレリウスの「公共のことを理解する心」であることを指摘している。Gadamer（1975=1986（I）: 35）参照。

22)　道徳感覚学派については、Hope（1989=1999）参照。なお、シャフツベリ伯から始まるこの学派によって初めて倫理学における「無私の観察者」という視点の重要性が提示され、後のカント『判断力批判』に継承された。カントが道徳感覚学派から受けた影響については、高田（2012）に詳しい。

23)　たとえばカントは、共通感覚が現実に存在し、作動していることを次のように説明する。「共通感覚というこの不定な規範は、我々が現実に前提としているものである。このことは、我々が〔普遍的な〕趣味判断を下しているという越権行為によって証明されている」（KU: 239）。

24)　カントによる次の一節を参照。つまり、趣味判断が万人に対し主観的な普遍妥当性を要求しうるのは「対象の判定における〔悟性と感官という〕主観的条件のかかる普遍性に基づいている」（KU: 219）。

25)　「文化の危機」、特に次の一節参照。「ギリシャ人はこの能力（趣味判断の能力：

引用者注）をフロネーシスすなわち洞察力と呼び、それを政治家の第一の徳目あるいは卓越とみなし、哲学者の知恵（ソフィア）から区別した。この判断する洞察力と思弁的な思考の違いは、前者はわれわれが通常、共通感覚と呼ぶものに根ざすのに対し、後者は絶えずそれを超越する点にある」（BPF: 221）。

26) 共通感覚の系譜からみても、共通感覚を実在性と結びつけるアーレントの見解は、ほかに例をみない独自性をもつといえる。われわれの文脈からみたとき、カントにおいて共通感覚から実在性へと至る契機がうしなわれたとするならば、それは主として共通感覚の作用を美（あるいは崇高）の経験に限定したことによる。共通感覚をそれらに限定することとは、つまり五官のうちの視覚のみを特権化し、諸感官の協働性がうしなわれたことを意味するためである。ただし、カントの共通感覚理解には、あらかじめ社会的感覚としての「実在性」が前提されているという指摘もある。たとえば大橋（2005）は、暴力という現象の分析を通じてカント共通感覚の他者介在性を指摘し、古来論じられてきた共通感覚が（アーレントがそう解釈したように）他者の存在を介して世界の実在性に結びつく感覚であったと論じている。もしカントについてそのような読解が可能ならば、カントが古代ローマからの人文主義的伝統を捨象し共通感覚の脱政治化をおこなったというガダマーの批判は妥当性を失うこととなるが、本書の射程を超えるためここでは扱わない。

27) したがって、アーレントの議論がカント的な主観主義から一線を画すのは、彼女がたとえばガダマーのように共同主観性の伝統へと回帰したからではない。共通感覚の源泉を、個人の認識能力の同一性から世界の共通性へと移行させたからである。ただしアーレントによるカントの共通感覚の読みかえについては、本書とは異なる解釈もある。たとえば梅木（2004）は、ジャン＝リュック・ナンシーとフィリップ・ラクー＝ラバルトによるカント崇高論の読解を援用しつつ、カントの美的判断における「没関心性」をハイデガーの「自由な恩恵」に結びつけ、認識論から存在論、さらに「友愛の政治学」へと至る道筋を提示している。梅木によれば、アーレントがカントの主観主義と区別されるのは、彼女がこのような「没関心性＝没利害性」を公的領域の基本原理としたことによる。

28) ただし世界の同一性という事実のリアリティ自体が、共通感覚によってもたらされる感覚である以上、この議論はある種のトートロジーに陥らざるをえない。アーレントは独創的な方法でこの循環問題の解決を図ったが、それについては本書第5章で詳細に論じる。

29) 「単体ではなく複数の人間がこの地球に住まう。複数性とは地上の法である（Plurality is the low of the earth.）」（LM: 19）。したがって、川崎修による「アーレントにおいて共通感覚の成立根拠はなにか」（川崎 2010: 100-101）という問いに対して、われわれは端的に「複数性」だと答えることができるだろう。この「複数性」という事実を唯一の所与したところに、アーレントが単に現象学的な「生活世界」の理論を政治領域に適用しただけの論者ではないことが示されている。

30) LKPP, 39頁。なお、『純粋理性批判』の通俗化計画は後に変更され、『ゲッティンゲン学報』に掲載された書評への反論となる『プロレゴメナ』として執筆され

た。Kuehn（2001=2017: 494-495）参照。

31) アーレントは『カント政治哲学の講義』第九講のなかで、カントの言う「世界市民」概念が、実際には「世界観察者」の立場と等しいことを、フランス革命に言及したカントの書簡等の引証から示している。こうした「観察者（＝注視者）」の普遍的かつ不偏的な立場は、美的判断の「拡大された思考」がもたらす観点に通底する。「世界市民＝注視者」図式は、理性の公共的使用の自由とあわせて、第三批判がカントの隠れた政治哲学であるというアーレントによるカント解釈の論拠の一つである。

第5章
排除の政治とその始源のアポリア

1 道徳哲学の誤謬

　前章では、カント哲学を通じてアーレントの思考の軌跡をたどり、アーレントによる判断力論が思想史上きわめて特異な場所にあることを確認した。本章ではアーレントの議論の内側に踏み入り、その核心の所在を明らかにしたい。

　従来、趣味は個人の嗜好の問題として議論や説得の対象からは除外されていた。しかしカントは美しさが主観を超えた妥当性をもつことに着目し、独自の美的判断論を構築した。アーレントはカントの議論を土台として、趣味判断の公的領域、つまり人間事象にかかわる〈政治〉の領域への適用を図った。これら一連の、美の判定能力を「正と不正、善と悪の問題を識別する能力」(LM: 5)へと読みかえていくアーレントのカント解釈には、一つ特異な前提がある。それは、アーレントの〈政治的なもの〉(*the political*)という概念が、もともと美の領域である芸術と強い親近性をもつことである。

　政治と芸術の関係については、『過去と未来の間』所収の論考「文化の危機」で詳細に論じられている。アーレントによれば、芸術と政治の間には、本来的に調停不能な抗争関係が存在する。それは芸術に携わる人びと、つまり芸術家や職人といった制作者たちと、政治に携わる行為者たちの間に生じる抗争である。多くの場合、制作者と行為者の立場は相容れず、両者はしばしば互いに対し敵意や嫌悪、不信の念すら抱き合う。こうした対立の理由は、芸術と政治の領域における活動様式、つまり制作と行為とがそれぞれまったく異なる条件に服しているためである。しかし同時に、アーレントは、芸術と政治を人間の活

動様式ではなくその生産物において比較してみた場合、両者の共通点はただち
に明らかになると言う。

> 政治の「生産物」である言葉や行為と同じく、明らかに芸術の生産物［で
> ある美的なもの］も、現れかつ見られることのできる一定の公的空間を必要
> とする。それらは、全ての人に共通の空間のうちでのみ、それ自身の存在、
> すなわち現れ（appearance）であるその存在を充たすことができるのである
> （BPF: 218）。

　つまり、芸術と政治を結ぶ共通の要素は、両者が共に公的世界の現象である
ことによる。制作人たる芸術家は〈活動的生活〉を構成する3つの区分の1つ
である〈仕事〉の領域に属する。ただし、芸術家が創り出す芸術作品について
は、それがあらゆる事物を凌駕する耐久性をそなえ、時間を超えて存続すると
いう点で、〈仕事〉ではなく〈活動〉の領域に属する。なぜなら芸術の生産物
たる美は、一切の必要を超越し、ただ公的空間への現れを本義とするためであ
る。美は個々人の利害関心や偶然的な傾向性から免れ、生命過程の拘束からも
っとも自由な現象の一つである。美にそなわる耐久性と潜在的な永続性は、交
換価値と機能性がすべてを覆う功利主義的見地の対極に位置する[1]。つまりそ
の世界性（worldliness）——人間を自身の身体へと閉じ込める生命過程ではな
く、人びとの間の空間に属するという意味で——において、芸術領域の生産物
である美と、政治領域の生産物である言論は、等しく公的事象に数えられるの
である。
　このように、アーレントがカントの趣味判断論を独自の判断論へと読みかえ
ていく過程は、政治を芸術領域へと敷衍し公的領域から生命過程の及ぼす強制
力を排除していく道程でもあった。そのなかで、アーレントはある一つの決定
的に重要な概念操作をおこなう。それは判断を、真理への到達ではなく、意味
の理解を目指す心的活動とみなしたことである。生命のみならず、真理のもつ
強制力をも公的領域から排除するこの概念変更によって、アーレントの判断論
はそれまでの道徳哲学から完全に訣別する。
　言うまでもなく、伝統的な道徳哲学における道徳判断の究極目的は、普遍的

真理であるところの最高善へと到達することにある。善のイデアを太陽にたとえたプラトンはもちろん、イデアとしての善の存在を否定したアリストテレスにおいても、善が真理（alētheia）の一つであるというプラトン的前提は継承された[2]。同様に、道徳にア・プリオリな確実性を求めたカントにおいても、実践理性の命じる最高善は万人にとって拒絶不可能な普遍的真理であらねばならなかった。だからこそカントにとって、善を実現するために何をなすべきかを命じる実践的道徳判断はア・プリオリな概念に基づく自律的な認識判断（定言命法）でなければならず、同時に、快不快の感覚に基づく趣味判断とは別に構想されなくてはならなかった[3]。

　しかしアーレントは、超越的観念によって基礎づけられた道徳観は、理性の最終目標を真理への到達に求める西洋形而上学の伝統から生じた誤謬にすぎないと述べる。知覚に与えられた錯覚を思考によって取り払い、現象（仮象）を超えて真の存在に至らんとする、プラトンから端を発する哲学者の視座は、真の存在と単なる現象という古来の形而上学的対立に淵源する。こうした長い哲学的伝統は思考（cogito）によって実在性を証明しうると考えたデカルトをへて近代的独我論へと結実するが、アーレントはそれを「哲学上の、もっともしつこく、おそらくもっとも悪質な誤謬」（LM: 46）とみなし、『精神の生活：I.思考』では徹底した批判を展開した[4]。以下アーレントの議論をたどってみよう。

　アーレントによれば、あるものが実在するというリアリティの感覚は、けっして思考から導出されるものではない。端的にそこに在るという仕方での実在性とは、知覚経験にともなう感覚であり、思考とは独立した心的活動だからである。思考は知覚経験を停止（epochē）させ、感覚与件や常識を疑いそれらを批判することができるが、知覚経験にともなう実在性は思考によって証明することも、逆に破壊することもできない。この思考と知覚経験の間の区別こそが、カントが立てた Vernunft と Verstand、つまり理性と知性の区別に対応する[5]。

　　カントが認識能力である Verstand（知性）と区別して Vernunft（理性）と名付けた思考の能力は、まったく異なった性格をもつ。そのもっとも基本的な次元での両者の区別を、カント自身の使った言葉で述べるならば、「理

性概念は概念的に捉える［begreifen, comprehend］のに役立ち、知性概念は知覚を了解するのに役立つ」（B: 367, 原注）ところにある。言いかえれば、知性（Verstand）は感覚に与えられるものを捉えようとするが、理性（Vernunft）の方はその意味を理解しようとするのである（LM: 57, 傍点引用者）。

　つまり知性（Verstand）は認識活動をつかさどり、理性（Vernunft）は思考活動をつかさどる[6]。両者の差異は、「知ること」と「考える」ことの差異である。そして重要なことは、真理とは認識の最高の規準であり、認識活動は真理への到達を目指すが、その規準は思考には決して適用されえないという点である。「カントがラテン語の *perceptio* のドイツ語訳に Wahrnehmung（知覚）という言葉を使ったこと……に示されるように、真理は感覚の証拠に基づいている」（LM: 57）とアーレントは述べる。真理のもつ確実性とはつまり、事実のもつ自明性に等しい。反駁の余地のない強制力をもって「われわれの感覚なり頭脳なりの本性から承認せざるをえない」（LM: 61）真理があるとすれば、それは感覚や知覚を通じて与えられる「事実の真理（factual truths）」のほかにはない。より平易な言いかたをすれば、人はただ事実を知るのであって、考えるのではない。事実は議論や説得に揺らぐことはないが、まさにそのことが、どれだけ理性を働かせても決して事実＝真理には届かないことの証左にもなる。「真理が思考から生まれてくると期待するということは、思考したいという欲求と、認識したいという衝動を混同していることを示している」（LM: 61）にすぎないのである。

　「あらゆる個別の形而上学的誤謬に先立つ基本的な誤謬は、意味の解釈に際して真理をモデルにすることである」（LM: 15）とアーレントは言う。真理とは認識の対象であり、認識と思考がまったく別の心的活動であるかぎり、思考によって真理に到達する術はない。この点において、判断力、つまり「善悪の問題、正不正を区別する能力は思考力と結びついているのではないか」（LM: 5）という、思索の端緒におけるアーレントの洞察は、既存の道徳原則全体に対しての二つの鋭い異議を含んでいることがわかる。一つ目は、これまで見たように、アイヒマン裁判をきっかけとして、従来は認識の帰結とされてきた道徳判断を認識ではなく思考に結びついた心的活動として定位したこと。そして

二つ目は、善悪や正不正を、真理ではなく意味の範疇に属する概念としたことである。善悪、正不正を認識ではなく思考の対象とみなすことは、既存の道徳哲学を真理の軛から解き放つ。それは同時に、天上にあるとされる善や正義を人びとの住まう地上、つまり公的世界のうちに取り戻すことでもある。

　では、正不正の判断が思考の産物であるならば、思考をつかさどる理性とは心的活動のなかでどのような位置を占めるのだろうか。アーレントはこの問いに対し、知性の究極目標が真理の認識であるのに対し、理性が求めるのは意味の理解だと答える。真理の探求が実在への問い、つまり「それ（現象）は在るのか」を問うことだとすれば、意味の理解とは「それ（現象）はなぜなのか」を問うことにほかならない。回答可能な目的をもつ認識に比べ、思弁的思考には明確な目的や終わりが存在しない。アーレントは、目に見える成果をなんら生み出さず、自分を世界から隔絶された場所に置くことによってのみ成立するこの孤独な営為が、それゆえにかぎりなく空虚であることを認めている。しかしまたアーレントは、想像力によって感覚を停止させ、世界から距離を置くこの能力がなければ、知覚の明証性に抗して考えることも、常識の推論を超えてその所与性を疑うこともできなくなるだろうと述べる。つまり、

　　意味という答えようのない問いを立てることによって、人びとは問いを求める（question-asking）存在として自らを確立するのである。答えのある知覚的な問いすべての背後には、まったく空虚な、あるいは空虚にみえると非難を浴びてきた答えようのない問いが潜んでいる。もし人びとが思考という意味への渇望を失い、答えようのない問いを問うことをやめてしまえば、われわれが芸術作品と呼ぶ思考の産物を生み出す能力を失うだけでなく、あらゆる文明の基礎となる、回答可能な問いのすべてを立てる能力をも失っていくことになるだろう（LM: 62）。

　認識の究極目的が真理への到達にあるならば、ひとたび真理を知れば、認識という心的活動も終了する。しかし意味に唯一の答えはなく、意味の探求にも終着地点はない。ゆえに、意味の探求者はただ理解を求めて思弁的思考を積み上げていくだけである。その点で、賢者たちの英知や思慮をどれだけ掻き集め

てみても、あるいは万人の内奥に存在する実践理性の絶対命令に服してみても、思考への欲求を満たすことはできない。正不正が真理ではなく意味に属する概念ならば、政治の領域において出来事の正不正を見極めることとは、認識ではなく思考によってその意味を理解しようとする終わりのない道程となる。そして、美しさが人びとの間の空間においてのみあらわれる現象であるのと同様に、意味もまたその成立には人びとの間に生まれる公的空間、つまり複数の他者の存在を必要とする。カントは美が公共的な現象であり、それゆえに「これは美しい」という言明自体のうちに、すでに他の人びとへの同意要求が含まれていると考えた。同様に、公的世界における善悪、正不正の判断は、他者への伝達可能性を前提として、他者からの応答可能性にひらかれていなければならない。言いかえれば、アーレントにおける判断とは、何が正しく何がそうでないのかを「私にはこう見える（ドケイ・モイ）」という仕方で人びとに向けて問うことであり、同時に他者のそうした呼びかけを聞き、応答することでもある。アーレントは思考と判断とをつなげることで、判断という心的活動を、真理への到達ではなく、人びとの間で交わされる問いと応答の連鎖として描き出したのである。

　呼応する言葉と行為の応酬のなか、つまりコミュニケーションのなかにこそ、アーレントの言う「網の目」としての公的世界が姿を現す。実践理性から共通感覚へ、良心から批判的思考へ、そして真理から意味へ──アーレントがおこなった一連の概念操作は、「根源悪」から「悪の凡庸さ」への移行によって引き起こされた論理的帰結にほかならない。彼女は伝統的な道徳観念に巣くう誤謬を一つずつ解体し、それらを人間事象の地平に根ざす〈政治的〉な概念へとずらしていった。それによって超越的な真理に支配された道徳哲学を、人間事象の地平で生み出される言論行為／コミュニケーションへと書きかえていったのである。明らかにハイデガーから継承されたこの特有の手法を通じ、アーレントは真理への誤った認識希求に基づく伝統的な道徳哲学を解体（Abbau）しながら、他方で政治的な事象をめぐる新たな判断論としての再構築をおこなった。その意味で、判断力をめぐるアーレントの思索は、既存の道徳が破壊された後の廃墟から、新たな〈政治〉を立ち上げるための議論であり、道徳の廃棄であると同時に、道徳の救済としても位置づけることができる[7]。

2 真理と生命の棄却

　このようなアーレントの思想を一言で表すならば、「排除の政治」と名付けられるだろう。周知のように、アーレントは人間事象の領域、つまり彼女の言うところの政治の場となる公的空間から、実に様々なものを削ぎ落としていった。『人間の条件』での議論から一般的に言われるのは、窮乏、苦痛、憐憫、身体など、家政（oikos）の領域に還元される諸要因だが、すでに見たように、アーレントは家政と同様に、真理や理性、神、論理、法則といった、観照（theoria）にかかわる諸要因も等しく公的領域から排除した。ここで重要なのは、それらすべてが、いずれも伝統的な道徳哲学、あるいは政治哲学——「政治哲学」という言い方自体が、アーレントにおいては壮大な撞着語法にほかならないのだが——においてもっとも重視されるべき二つの根本理念、つまり生命と真理にかかわっている点である。そのため、アーレントは判断力を論じるにあたって、まず真理と生命をめぐる伝統的な諸観念一つひとつを取り出して吟味し、それらがいかに政治本来のあり方を破壊する契機となったか、あるいはそうなりうるかを論証しなければならなかった。主著の一つとされる『人間の条件』は、こうした文脈における膨大な選別と切断作業の集大成でもある[8]。

　なぜ生命と真理とが公的領域から排除されねばならないのか。それは、言語領域の外にあるこれら二つの契機が、人間にとって不可抗力な絶対的強制力をもって思考と言論（action and speech）[9]を破壊するためである。真理は端的に反駁不能である。その正しさは論議を要さず、地上のどのような力をもってしても捻じ曲げることはできない。生命維持にかかわる必要／欠乏（necessity）もまた、議論や説得を超えた次元にある。飢えや窮乏は各人を自分の身体のみに従属させ、苦痛と恐怖に苛まれた人間は世界や他者への関心を簡単に手放してしまう。同時に、真理や生命が人間におよぼす自然必然的な強制力は、人びとの間にある差異や複数性を抹消する。真理を前にして、人間はみな一様に「理性的存在者」であるほかなく、また生命体という点において人間の存在は単なる「動物（生物）」か、あるいはせいぜい「種（類的存在）」へと還元される。その意味で、真理と生命のもつ力は互いに異なる人びとに統合と同化を強

制し、一律に沈黙と盲従を命じることのできる絶対の魔力でもある。だからこそ不確かで移ろいやすい政治の場において、この二つの教義は人びとを動員するもっとも強力で安易な動力源として重用されてきた。そして言うまでもなく、アーレントの理解において、真理と生命——歴史の「真理」や劣等「人種」という虚構を通じて——のもつ効力を最大限に動員した自然必然的支配の一つの極致を示したのが、全体主義支配であった。

　もし人間事象の外にある生命や真理を人びとの営みの最高理念に掲げるならば、政治は単に理想を効率的に実現するための手段となり果て、思考と言論から構成される〈現れ〉の空間は壊滅するだろう。それゆえにアーレントは、政治の価値を決して真理や生命によって基礎づけてはならないと考えた。政治の価値はより高次の目的に従属する道具的価値——その価値はただ、どれだけ効率的に上位目的を実現したかによって測られる——に求められるのではなく、政治それ自体を目的とする内在的な価値でなくてはならない。このような信念に基づいて、アーレントは、思考や言葉を必要としない超越的な、あるいは自然的な理念に政治の存在根拠を帰着させる旧来の政治、つまりは啓蒙と解放の政治を徹底して拒絶したのである。

　その意味で、彼女の思想は不変の真理を愛する「哲学」とは一線を画すし、平等な生存を求める「政治学」の範疇からも大きく外れる[10]。ただしアーレントの判断論を社会学的な文脈へと開いていく過程で真剣に考慮せねばならないのは、上位理念を持たない政治概念の是非ではない。重要なのはむしろ、アーレントの意図を踏まえた上で、今日の政治的（あるいは「社会問題」的）な文脈において提起される次のような懸念であろう。つまり、単に政治領域から、人間にとって不可抗力な強制力を排除するだけで、われわれは言論領域の自由を守ることができるのだろうか。そうした排除もまた一種の思考停止にほかならず、結果としてもっとも擁護されるべき言論の可能性をかえって大きく損なってしまうのではないか[11]。というのも、アーレントの議論は暗黙的に、言語と非言語——社会学的には、社会内在的（構築的、あるいは言説的）なものと社会外在的なもの——の間の厳格な境界区分を前提とする。そのため、自然必然的とみなされるものをあらかじめ政治領域から切り離し、介入不可能な外部に置くことは、結果的にそれらの所与性と不可抗力性とを強化する事態に陥

りかねない。真理や生命が政治領域のなかで振るう絶対的な統制力に対抗するためには、単に切り離すのではなく、むしろその観念によって産み出される権力の布置を解明し、言論領域のなかで解体していくことこそが求められるのではないか。アーレントのおこなう闇雲な区別と排除では、不可抗力とみなされる〈真理〉や〈生命〉の社会的な被構築性を問うための言論空間が、かえって閉ざされてしまうのではないか。

　もちろんアーレントに向けられるこれらの批判と懐疑は、部分的には現代社会における特殊な政治的要請から出来したものであり、アーレントが一貫して対峙した（そしてわれわれの主題でもある）全体主義の悪への問いとは文脈を異にする。しかしこうした疑義は同時に、アーレントの判断力論をどう読み解くべきかについての重要な示唆を含む。というのも、批判の焦点である公／私の境界区分をはじめとして、アーレントの前提する言語／非言語領域——それらすべては、突き詰めればアーレントのおこなった理性（Vernunft）／知性（Verstand）の間の区分に淵源する——の弁別可能性が何を意味するのかについて、別の角度から明らかにするためである。

　端的にいえば、アーレントは言語／非言語領域を単純に切断したわけではない。判断力をめぐる議論を精査することで見えてくるのは、アーレントが「事実」という地平から、極めてユニークな方法で言語／非言語という二つの領域を分節化しつつ架橋したことである。こうした視点から彼女の議論を読み解くうえで、鍵概念となるのが、先に触れた「事実の真理」である。それは感覚や知覚を通じて与えられる出来事としての事実であり、一貫して公的領域から言語外在的なすべての契機を取り除こうとしたアーレントが、ただ一つの例外とみなした〈真理〉の形態であった。

　では、アーレントはどのような形で言語／非言語領域を架橋したのだろうか。政治領域における事実の役割については、『精神の生活』に先立って書かれた「真理と政治」で論じられている。『イェルサレムのアイヒマン』出版後に起こった一連の騒動への所見として書かれたこの重要な論考のなかで、アーレントは、事実が論駁不能性をもつ真理の一つであること、しかし事実の真理は言論を破壊するものではなく、逆に事実の真理としての地位を守ることこそが政治の存立条件になるのだと主張した。以下、アーレントの議論をたどってみよう。

真理とはまず、言語領域の外にあるもの、つまりその妥当性が「（政治的）意見による支持を何ら必要とせずに妥当する」（BPF: 233）ものとして定義されるが、アーレントはライプニッツ（Leibniz 1714=2005）にしたがって、真理をさらに二つの位相に分割する。一つは数学や科学、哲学の領域に属する理性の真理（rational truth）[12]であり、もう一つは、人間事象の領域に属する事実の真理（factual truth）である。

アーレントは、理性の真理を政治領域にそぐわないものとする一方で、事実の真理を「政治の領域の組成を構成する当のもの」（BPF: 231）として、次のように論じている。

　事実の真理は哲学（理性）の真理とは反対に、つねに他の人びとに関連している。それは多くの人が巻き込まれている出来事や環境に関わり、目撃によって立証され、証言に依存する。それはたとえ私的領域に起こるものであれ、それについて語られる限りで存在する。事実の真理は本性上政治的である。事実と意見は区別されねばならぬが、互いに敵対するものではなく同じ領域に属している。事実は意見の糧であり、そして意見は様々な利害関心や情念によって活気づけられて大いに異なりうるが、事実の真理を尊重する限り正当でありうる。事実に関する情報が保証されず事実そのものが争われるようになるならば、意見の自由など茶番である。いいかえれば、理性の真理が哲学的思弁の糧であるように、事実の真理は政治的思考の糧である（BPF: 238）。

ともに真理でありながら、理性の真理と事実の真理は、言論（意見）とのかかわり方において対照的である。理性の真理の正しさは、人びとの間でどう語られるかに一切依存しない。たとえ人間が一人も存在しない場所であっても、理性の真理はそれ自体において真理でありつづける。反対に、起こったことの真実を意味する事実の真理はきわめて脆い。なぜなら、事実とはつねに「他の人びと」に関連しているためである。理性の真理の対極にあるのが誤謬と無知であるとすれば、事実の真理の反対物は虚偽または意図的な嘘である。事実の事実性は、偽証や歪曲、ねつ造、隠蔽などの人為的操作、つまり政治領域から

の操作によってたやすく破壊される。そのため、理性の真理とは逆に、事実の真理は言論による恣意的な操作から守られねば存在することができない、きわめて脆弱な真理である。

アーレントの言う事実の真理とは、たとえば「1914年8月4日の夜に、ドイツ軍がベルギー国境に侵入した」などの、動かしようのない「冷厳な基礎情報」(BPF: 239) としての事実を意味する。そのもっとも大きな特性は、それらがまったくの偶然に由来し、そうある(あった)ことについてなんの必然性も存在しないことにある。理性の真理にそなわる頑健な論理的必然性とは異なり、事実の真理の明証性とは、その出来事の現実性(reality)に支えられるほかない。事実とは理性ではなく知性の対象であり、それはただ現実の出来事として、そこで何が起きたのかを、誰かに目撃され、証言され、記録され、人びととの間で共有されるかぎりにおいて真実でありつづける。つまり、事実が事実であるためには、たえず人びとの間における想起と承認とを必要とするのである。

もちろん、理性の真理と同様に、事実は議論によって自由に書きかえられるものではない。しかし理性の真理と異なり、ただ偶然のみに依拠する事実の真理には何の強制力もない。そのため、事実はしばしば政治権力によって簡単に歪曲・捏造され、単なる「憶見(doxa)」に引き下げられ、あるいは別の「事実」へとすり替えられる。どれだけ議論を尽くしたところで、数学の定理、たとえば(ユークリッド幾何学公準のもとでは)三角形の内角の和が180度であることを変えることはできないが、現場にいた人びとがそろって一斉に嘘をつくならば、事実はたやすく改ざんされうる。そのため、理性の真理が端的に「変更不能」であるのに対し、事実の真理にかかるのは「変更してはならない」という倫理的要請である。つまりそこで求められるのは、「われわれは、事実の事柄それ自身に手を触れる権利を認めない」(BPF: 239)という、政治の側、つまり言論の側からの自主的な権利制約である。

では、政治がこの自主的な権利制約に応じる動因はどこにあるのだろうか。それは、事実を事実として尊重することそれ自体が政治自らの糧となり、かつ自身の存続条件となるためである。事実と意見(言説)の境界がどれほど曖昧だとしても、この二つは断固として区別されなければならない。なぜなら両者

の境界が失われ、人びとの都合で事実が恣意的に書きかえられる世界では、どのような意見や判断も意味や価値を持ちえないためである。事実が不可侵の真理として人びとの間で承認されることによって、つまり個人的な感情や特定の集団利害にかかわりなく、その不可侵性が人びとの間で共有される限りにおいて、事実は真理として思考の糧となる。アーレント自身の言葉を用いれば、人びとが「自由に行為し、変えることのできる政治領域が、損なわれずにその自律性を保持し約束を果たすことができるのは、もっぱら政治自身の境界を尊重することによる」（BPF: 264）のである。

　政治領域を破壊する理性の真理と違って、言論によって簡単に破壊される事実の真理は、その被傷性ゆえに、政治の自律を示す「約束」となる。つまりアーレントは、人間から思考能力と言論を奪い取る理性真理のかわりに、事実という、言論による操作から守られねば存在しえない極めて脆弱な偶然の真理に、政治の存立根拠を求めたのである。言論は言語外領域にある超越的な強制力から守られねばならない。しかし同時に、外部規準を何ももたずただ「臆見」のみが競合する空虚な場に「自由」は決して実現しえない。アーレントはこの難問に対し、政治は自らの境界侵犯に対して自主的な権利制約を課す、という形で応答した。われわれは、言論空間における排除と純化を通じた言論の自律的自由――言うまでもなく、この自律としての自由を最初に定式化したのはカントである――の実現に、アーレントの構想する公的空間の卓越した独創性を見出すことができるだろう。

　とりわけ重要なのは、言論領域とのかかわりにおける事実の両義的性格であろう。事実は言論から不可侵の地位にありながら、人びとの間で語られ共有される限りにおいてのみ事実たりうる。つまり、事実が反駁不能な真理として言論の外部に在りつづけるには、〈現れ〉の場としての公的空間がなくてはならない。言いかえれば、事実は言論を通じてのみ、言語領域の外部に存在する不可侵の真理としての逆説的な地位を得るのである。

　このことは、アーレントによる「排除の政治」が、言説的なものと非言説的なもの、あるいは社会構築的なものと社会外在的なものについての単なる分断と固定化ではないことを示している。言語と非言語領域は、両領域にまたがる「事実の真理」によって分断されつつ接続される。アーレントの議論において、

事実の明証性、つまり世界の実在性（リアリティ）とは、超越的な真理でもなければ、ただ言論によって産出される虚構でもない。政治領域の内部と外部は、絶対主義と相対主義の不毛な対立を超えて、まさに言論と事実がそうであるように、互いが互いの可能性の条件となるような相互循環を通じて架橋されるのである。

3　創設＝基礎づけの革命論

　事実は政治の外からその境界を定めるが、同時に、言論を通じてのみ事実の真理としての地位が守られる。その点で、事実は政治領域に属する唯一の真理である。『革命について』で論じられたアメリカ革命の独立宣言は、まさにこうした「事実」に基づく政治体の創設行為であったといえる。論考「真理と政治」が真理、特に事実の真理と政治との関係をめぐる省察だとすれば、『革命について』はもう一つの不可抗力である生命と政治との関係を主題とする。

　そのなかでアーレントは、歴史上のほぼ同時期に起きたアメリカ独立革命とフランス革命との対比を通じ、生命過程の強いる強制力が公的領域におよぼす腐食作用と、絶対的な強制力の一切を排した場所に現れる政治的自由について論じている。以下、その議論をたどってみよう。

　アーレントによれば、フランス革命とは、19世紀以降にあらわれた「貧困」、つまり生存のための必要に駆られた人びとが、初めて政治の舞台に殺到した瞬間であった。貧困とは生命過程における絶えざる欠乏状態であり、「人間を、自分の肉体の絶対的指令のもとに、すなわち、あらゆる思索の埒外にある、すべての人が自分のもっとも直接的な経験から知っている必然性（necessity）の絶対的指令のもとに」（OR: 60）閉じ込める点で、私的領域に属する前政治的状態である。フランス革命の主役となったのはこうした困窮にあえぐ群集であり、彼らが革命に求めたのは、公共的次元での自由（freedom）ではなく、日々の生活における必要と欠乏からの解放（liberation）であった。欠乏がもたらす苦痛はあらゆる人間に共通するが、苦痛そのものを他者と共有することはできない。肉体的苦痛を根拠とする人びとの紐帯が、結局は個々人の差異を抹消した上でしか成り立たないのは、苦痛のこうした無世界性ゆえである。ただ生命の維持と私的生活における幸福のみを最高善とするフランス革命の人びとは、

「一般意志」（Rousseau 1762=1954）という虚構の疑似人格を作りだし、文字通り一体となって王政を転覆に至らしめた。その後に続く革命の死産、つまり憲法＝政体（constitution）の持続の失敗とロベスピエール独裁による恐怖政治は、必然性の教義によって引き起こされた政治的惨事にほかならない。

　そしてフランス革命と対置する形でアーレントが描き出したのは、〈政治〉の創設経験としてのアメリカ独立革命である。アーレントによれば、フランス革命の人びとが民衆への哀れみという感情的同調によって結束した解放者（liberators）であったのに対し、アメリカ革命の人びとは政治的連帯に基づく創設者（founders）であった。なぜなら、解放されるべき「悲惨な人びと」が存在しなかった――もちろん現実には存在したが、少なくとも革命の理念上には含まれていなかった――アメリカにおいて、革命の代表者たちの使命は解放でも啓蒙でもなく、自分たちの独立と自由の実現、およびそのための永続的な制度（政体）を新しく創設することにあったためである。

　彼らにとって人民とは一者ではなく多数者を指し、まさに「その複数性（plurality）において尊厳をもつ、無限に多様な人びと（multitude）」（OR: 93）を意味した。無論、彼らの間の対等性は当時のアメリカ社会における奴隷制と黒人労働からの搾取によって不当に支えられたものであることを、創設者たちは自覚していた。しかしアメリカ革命の原動力は、いかなる意味においても虐げられた者たちへの同情（compassion）の上に築かれたものではなかった、とアーレントは言う。アメリカ革命の人びとは奴隷制に反対したが、それはただ彼らが「奴隷制度が自由の創設と整合しないことを確信していたから」（OR: 71）にすぎない。アメリカ革命では、自由の創設のため、派生的に奴隷解放が求められたのであり、決してその逆ではなかったのである。

　フランス革命と異なり、アメリカ革命の人びとは永続的な政体の創設に成功し、建国者となった。アーレントによれば、二つの革命の成否を分けた決定的な違いは、その権威の終極的な源泉にあったという。憲法とはあらゆる実定法に認証を与える最上位の法だが、あらゆる革命において、新たに憲法（constitution）を制定（constitute）しようとする革命者には、必ず突き当たる一つの難問がある。それは、未だない憲法をこれから生み出す人びとには、憲法制定にあたって要請される制定上の権限が何一つ与えられていない、という矛盾で

ある。そのため、彼らは自らが打ち立てる法と権力の権威をどこに委ねるか、つまり革命の暴力の正統性と正当性を何に託すのかという問いに、各々が独自に答えを示さねばならない。アーレントによれば、すべての革命が不可避的に直面するこの難問に対し、アメリカ革命は比類のない独創性をもって応じた。彼らは自分たちが創設する憲法＝政体の根拠を、超越的な絶対者ではなく、創設という行為そのもののうちから引き出したのである。

　なぜジェファーソンらは、1786年の独立宣言で「（万人の平等は）自明の真理である」と言わずに、「われわれは（万人の平等を）自明の真理と˙み˙な˙す˙」（We *hold* these truths to be self-evident.）と言わねばならなかったのか。それは、権威の正当性を人間の領域の外にある超越的存在から引き出してくる危険性について、彼らが十分自覚的であったためだとアーレントは言う。国王にかわる別の絶対者を探し求め道半ばで潰えたフランス革命とは対照的に、安定した政治体の創設に唯一成功したアメリカ革命の卓越性は、まさにその点に存する。政治体の創設に関するアーレントの記述を抜粋しよう。

　　アメリカ革命の人びとが自分たちを「創設者（'founders'）」と考えていたという事実そのものが、新しい政治体の権威の源泉は結局のところ、不滅の立法者とか自明の真理とかそのほかの超越的な源泉などではなく、むしろ創設の行為そのものであることを彼らがいかによく知っていたかを示している。ここから、あらゆるはじまりが不可避的に巻き込まれる悪循環を突き破るための絶対者の探求は無意味であるということがわかる。というのは、この「絶対者」は、そもそも始まりの行為そのもののうちにあるからである（OR: 204）。

　ある事柄を自明な真理とみなす、という宣言は、それ自体が権威を創設する永続的な行為となる。なぜなら、言葉とは裏腹に、そうみなされねばならない真理とは決して自明なものではないためである。自明と˙み˙な˙す˙というこの奇妙な宣言は、自明性の確立であると同時に、確立するというその行為において、確立されねばならない真理の自明で˙な˙さ˙を˙も露呈する。ジェファーソンは明らかに、「万人の平等」が自明の真理などではないことを充分に自覚していたと、

アーレントは指摘する。言うまでもなく、本当に自明な真理を「自明である」と宣言する必要はない。つまり何かを真理とみなしつづけるという宣言には、つねにその自明ではない創設の起源へと回帰し、繰り返し自明なものへと書きかえていく終わりのない更新の作業が含まれる。同時に、この宣言は、法と権威の永続的な創設行為に加わる「われわれ」とは誰であるかの表明でもある。「万人の平等」を自明の真理とみなすこと、つまり同一の真理を共同で保持し、繰り返しその起源に立ち戻り、それが自明であることを想起・承認する協働行為（act in concert）こそが、時を超えて「われわれ」に継承される権威への永続的な認証となる。つまり「われわれ」とはこの真理を保持している人びとであると同時に、この真理によって保持されている（be held）人びとでもある。

　アメリカ革命においては、創設（foundation）という行為に含まれる起源への回帰、および革新に開かれた終わりのない想起と承認の行程そのものが、革命によって創設される権威の源泉＝根拠（foundation）であった。創設にともなう起源の永続的な保存と拡大は、歴史上初めての成文憲法であるところの合衆国憲法における、修正条項という独自の制定方式に示されている。アーレント自身の言葉を用いれば、「アメリカ憲法の権威はまさに、修正や増補を受容するその固有の能力のうちに見出される」（OR: 202）。新しい始まりという革新的な行為の永続的な保存は、アメリカにおいて憲法崇拝として結実した。その意味で、独立宣言とは、まさにアーレントが事実の真理と呼ぶものの下で政治領域を創設する、「始まり」の希有な声明であった。

　独立宣言をめぐるこのユニークな読解は、先に見た事実の真理をめぐるアーレントの議論と軌を一にし、その例証としての位置づけをもつ。アーレントは事実の真理をめぐって、政治領域の外にある事実の真理性が守られるには、政治の側からの持続的な想起と承認とが要請されると論じた。そしてアーレントによるアメリカ革命の省察が示すのは、そうした脆弱な真理を、自明の（つまり、政治領域外の）事実として政治領域の内部において共同で保持しつづけることこそが、創設の権威を永続的に認証するための――つまり自由を実現しつづけるための――不可欠な条件だということである。アメリカ独立宣言に内在するこの両義性を、ホーニッグ（Honig 1995）に倣って J. L. オースティン（Austin 1962=1978）による言語行為論の区分に即して捉えるならば、次のよう

に記述し直すことができるだろう[13]。つまりアーレントは、通常、事実確認的（constative）とされる独立宣言の、行為遂行的（performative）側面に着目し、独立宣言のうちにそれ自身の権威を創設する行為、および起源へと立ち戻り永続的に認証する行為が含まれていることを示した。ただしオースティン自身が言うように、事実確認的であることと行為遂行的であることは互いに不可分であり、両者を切り離すことはできない。事実確認的な発話はつねに事実確認であることにおいて──つまり、何かを「事実である」と言うことにおいて、すでに──行為遂行的である[14]。そのため、精確にいえば、「自明の真理とみなす」という声明はその事実確認性において行為遂行的であり、またそのように成立した行為遂行的次元において事実確認的となる。アーレントはこのような、最初の言明を端緒とし自身の反響のなかで折り重なる多重的な発話構造を、独立宣言のなかに読み取ったのである。

　ただしアーレントの読解には、言語行為論の概念形式には回収されえないある種の余剰が含まれている。それは創設の行為に内在する「始まり（beginning）」それ自体のうちに、アーレントがきわめて特殊かつ固有の意味を見出していることである。アーレントは、フランス革命が自身の権威の認証を外部の「神々」に委ねた結果、自らが打ち建てようとした当の政治領域を破壊してしまったのに対し、アメリカ革命は、創設行為そのもののうちに権威の認証過程を組み込んだことで、持続的な政体の創設に成功したのだと論じる。では、独立宣言を通じて永遠に認証されるべき始源の権威とは、そもそもどこからやって来るのか。なぜ「創設」という行為自体のうちに権威を認証しうる絶対者（the absolute）が含まれるのか。アーレントによれば、それは始まりそれ自体がつねに、自身の公理と共に世界に顕現する絶対的な何かであるためである。「始まりの妥当性の根拠となるもの、いわば、始まりに内在する恣意性から始まりを守る絶対的なものとは、始まりとともに世界にその姿を現す公理にほかならない」（OR: 212）と、アーレントは言う。公理（principle）の語源であるラテン語の *principium* にはそもそも始まりという意味が含まれ、さらに古代ギリシャ語のアルケー（archē）は、まさに始源と公理の両方の意味をもつ言葉であった。これらの古い言葉が指し示す通り、新しく始まること、あるいは始めることとは、すなわちそれ自体において自らの公理を示し、本来相対的であ

るほかない人間事象の領域を絶対的なものへとつなぐ唯一の繋留点となる。アーレントが好んで引用するアウグスティヌスの言葉——「始まりが存在せんがために、人間はつくられた」——は、始まりに宿るこの絶対的な神聖性へのキリスト教的な表現にほかならない。その神聖性とは、「新しく始める」という人間だけがもつ固有の能力の顕現であり、究極的には人間が誕生によって世界に現れるという事実に根ざしている。アーレントはこの動かしがたい事実を出生（natality）と名付け、以下のように論じた。

　　……人間には新しい始まりを作り出すという論理的に逆説的な課題をおこなう能力が備わっている。なぜなら彼ら自身が新しい始まりであり、それゆえに始める者だからである。始めるための能力そのものは、出生（natality）、つまり人間すべては誕生（birth）によってこの世界に現れるという事実に根ざしている（OR: 211、傍点引用者）。

　アメリカ革命における政体の創始・創設にアーレントが見出した始源の公理とは、まさにこの出生であった。それは公理であると同時に「事実の真理」として独立宣言のなかに顕現し、新たに始められた政体の権威を政治領域の外部から基礎づける唯一の根拠となる。そして創設の権威は、この世界に新たな人間が誕生しつづけること、つまり新しい始まりが現れ、新しく始められることと同様に、原初の宣言を通じてその起源へと繰り返し回帰し、不断に更新されることによって、「われわれ」に永続的な真理の保持を可能にするのである。

4　オートポイエティック・システムとしての政治／言論

　これまで、アーレントによるアメリカ革命の読解をひもとき、創設の行為によって一つの政体が生み出される過程をたどった。言語外領域にある「自明の真理」は、独立宣言を通じて政体の内部と外部を切り離しつつ架橋し、制定法の権威を人間事象の地平において認証する。創設を果てのない永続的な行為として描き出したアーレントは、創始の権威の源泉となる始源の事実を出生と呼んだ。アーレント判断論の軌跡を追うわれわれの文脈において重要なことは、

独立宣言のなかに埋め込まれたこの永続的な創設行為が、判断論にあらわれる言論の継起的な相互連環に重ねられることである。

すでに見たように、心的活動としての判断は、アーレントによって真理の認識ではなく意味の理解へとずらされた結果、言論空間において他者たちに自分の判断（ドケイ・モイ）を伝え、他者に応答する終わりのないコミュニケーション過程となった。そしてアメリカ革命——精確にはアメリカ独立宣言——という歴史上の特異な出来事を、アーレント思想における言論行為一般の文脈へと敷衍したとき、狭義の出生にかわる始源の「事実」となるのが、まさにアーレント思想の中心に位置する複数性（plurality）という概念である。

アーレントが複数性を、出生とならぶ特別な「事実」として考えていたことは、『人間の条件』の次の記述に端的に示されている[15]。

　「始まり」としての行為が誕生という事実に対応し、出生という人間の条件の現実化（actualization）であるならば、言論は差異性という事実に対応し、同等者の間にあって差異ある唯一の存在として生きる、複数性という人間の条件の現実化である（HC: 178）。

ここからわかるのは、出生と複数性はともに、人間が政治的存在として世界に現れるための条件であること、そしてこの二つが公的領域において現実化されるとき、出生は創設として、そして複数性は言論として現れるとアーレントが考えていたことである[16]。創設と言論の——つまり出生と複数性の——内的連関性について、アーレント自身によるそれ以上の明示的な記述はみられない。しかしこれまでの論点を丹念につないでいけば、判断をめぐるアーレントの議論全体が、アメリカ革命という特定の歴史的文脈を超え、彼女の構想する〈政治〉そのものの創設行為として描かれていることは明らかである。アーレントはアメリカ革命への省察を通じて、政治体の創設という始まりの行為に永続的な自律運動が内在することを見出した。そしてアーレントの判断論を創設と出生の相互連関の文脈から捉え返したとき、判断とはまさに、政治を基礎づけうる権威の源泉、あるいはただ一つのア・プリオリな根拠としての複数性が、増補と修正に開かれた言論実践を通じて自らを実現していく永続的な作動とし

て読み解くことができるのである。

　第4章で見たように、複数性とは「地球上に生き世界に住むのは単数の人間（Man）ではなく複数の人びと（men）である」（HC: 7）という、もっとも単純かつそれ以上分解することのできない、世界の公理（principle／law）をあらわす言葉であった。アーレントは人間事象をめぐる判断の規準として古来の共通感覚（sensus communis）を発見し、それを実在の感覚として再定義した。人間の実在感覚は、複数性という事実によって——厳密には複数性がこの世界の事実であることによって——支えられている。世界には一人ではなく複数の人びとがいること、そして複数の人びとが同一の世界を共有していること——この二重の意味を担う複数性こそが、いまここで知覚される事物が錯覚ではなく確かにここにあるという、世界のリアリティに対する確信の根拠となる。それは公的領域にかかわる真理を経験的かつ偶然的な事実のみに限定したアーレントが、ただ一つだけ、無条件に認められるア・プリオリな真理として措定した始源の事実である。人間の複数性が失われた世界、つまり地上にはあたかも単独の一者しかいないような虚構で覆われた世界において、政治は存立しえない。というより、人間の在り方が複数的でないならば、政治はそもそも存在する意味がない。もし人びとが皆等しく同一の意見しかもたないならば、われわれは他者と言葉を交わす必要もなく、自由の概念は消失するだろう。だからこそ、アーレントは複数性を、政治が、精確には自由が可能であるための最大かつ不可欠な条件だとみなしたのである。

　そして複数性は所与の事実であるが、他方では思考と言論、つまりは判断を通じて初めて公的世界に顕現する。もちろん人はみなそれぞれが誰とも異なる唯一の存在としてこの世に生まれ出で、誕生した瞬間からつねにすでに複数的に在る。しかしそのことが確証され共有されるには、言論空間の中で互いの差異が、語られた言葉、なされた行為を通じて触知可能な事実へと変換されなければならない。それだけでは決して世界に現象することのない思考は、精神生活と活動生活の界面に位置する判断という営為を介し、初めて「政治の生産物」である言論として人びとの前に出現し、複数性を世界に現実化する[17]。「人間が物理的対象としてではなく、人間として相互に現れる」（HC: 176）こと、言いかえれば、「何」であるかではなく「誰」であるかが世界に暴露されるの

は、つねに言論の地平においてである。

　このことをアーレントが読み解いたアメリカ革命の文脈へと敷衍してみよう。公的領域において自明な真理とみなされる複数性は、言論という人びとの協働行為を介して、初めて〈現れ〉の空間のなかで事実となる。そして互いの差異に基づき、地上にある人間の複数性を現実化するその協働行為こそが、アーレントによって言論（action）と名指された活動様式の本質にほかならない。あるいは、このように言うこともできるだろう。人間がおこなう数多の営為のうち、各人の唯一性と人間の複数性、つまり「同等者の間にあって差異ある唯一の存在」であることを、共通世界に現実化しうる特別な行為がある。アーレントはそれをほかの諸営為——労働や仕事や観照（哲学）——から区別し、「政治」と名付けたのである。

　その意味で、複数性は言論の成立条件であると同時に、言論によってもたらされる帰結でもある。こうした定義を踏まえれば、公的世界における言論と複数性の相互連関は、アメリカ革命における創設行為と出生のアナロジーにおいて次のように記述し直すことができるだろう。人間が一者ではなく複数者であるからこそ、人びとは思考し判断をおこなうことができる。政治的な事象の判断はそれ自体が他者への同意要求を含み、またそれゆえに他者からの応答可能性に開かれたコミュニケーション行為となる。人びとの間で交わされる不断のコミュニケーションを通じて、複数性は触知可能な事実として公的世界に現実化され、同時に公的世界そのものを創設する。しかし、あらゆる実在感覚を支える根源であるがゆえに、複数性それ自体の真理性はほかのどのような事実からも保証されることがない。それはただ人びとの間で交わされる言葉や行為を介し、つまり自らの実践を介してのみ、事実として世界に実現される事実＝真理である。

　あるいは、このように言うこともできる。世界に新たな人間が生まれ落ち、新たな始まりがもたらされるたびに、複数性はその起源へと回帰する。複数性はそのたびに新たに書きかえられ、起源の保持と拡大に開かれた「自明の真理」として、人びとの間で想起、共有される。つまり複数性とは始源の事実、あるいは世界の公理であり、それ自体のうちに、すでにリアリティへの認証が含まれるのである。判断をめぐるこの再帰的な循環運動のなかにこそ、言論と

複数性とを通じた公的世界の創設と保持をめぐる永続的な自律運動が織り込まれている。

　端的にいえば、アーレントにおける「判断」とは、複数性に支えられた言論が自らの実践のなかで自らの存立根拠、つまり自らの可能性の条件である複数性を現実化（事実化）していく持続的な循環運動を意味する。行為遂行的に事実化される真理という、複数性の両義的な概念規定は、神や理性など超越的観点からの基礎づけに依存せず、自律的で純粋な言論空間の構想を可能にする。それは同時に、アーレントの考える判断力が、「判断力」という名で通常想定されるような正しい判断をおこなうための能力ではなく、ただ思考し判断をおこなうことそれ自体を目的とする字義通りの能力であることを示している。この地点においてアーレント思想は、伝統的な政治思想の文脈から大きく転換し、むしろ社会学の学知へと舵を切る。そしてわれわれが、アーレント思想のもっとも鋭い独創性を見ることができるのもこの地点である。

　判断をこのような公的領域の創設行為として捉えたとき、社会学の文脈からただちに想起されるのは、社会学者 N. ルーマンによって提起された社会システム理論、特にオートポイエーシス概念が導入されて以降の後期の著作であろう。周知のようにルーマンは、「社会的な秩序はいかにして可能か」という巨大な問いのもと、構造機能主義、あるいはその批判的継承者の立場から、全体社会の現実の作動を記述するための一般理論として独自のシステム理論を打ち立てた。

　ルーマンの言うオートポイエーシスとは、自身の作動を通じて自己を産出していく、自己言及的な再生産作用を意味する。たとえばオートポイエティック・システムとは、「システムの諸要素がそのシステムの諸要素のネットワークのなかでのみ、つまり再帰（Rekursion）を用いてのみ生産され再生産される」（Luhmann 1995: 84=2004: 77）事態を意味する。それは「自己の再生産と再生産の条件とを再生産する」（Luhmann 1995: 86=2004: 78）という意味において、自らの作動を通じて自己を環境から分化させる、作動的に閉じられた自己言及的システムである。

　「社会的なもの」を極端に嫌悪したアーレントと、「社会テクノロジー」あるいは「テクノクラートのイデオロギー」とも揶揄されるルーマンとの間に近接

性を読み取ることは、にわかには難しい。しかし表層的な用語法を超え、その内実を精査したとき、ルーマンの言う「操作的に閉じたオートポイエティック・システム」という自己言及的システムは、アーレントの描く政治（コミュニケーション）と複数性の循環関係に極めて近いことがわかる[18]。実際、アーレントの考える言論の自己言及的かつ自己産出的な循環運動は、明らかにオートポイエティックである。政治領域は、言論の実践を通じて自らの環境であるところの「事実」、すなわち言語外領域を規定、または現実化する。よりシステム理論に即した形でいえば、政治は自らの作動を通じて、自己の存立条件としての複数性を実現し、システムと環境の差異化を通じ、言説を言説外領域から分化させつつ架橋する。それはまさに、「諸操作が、リカーシブに閉じた再生産連関としての統一体（単位体）を形成していく」（長岡 2006: 147）事態を示している。つまりアーレントが論じたような、言説／言説外領域の境界を分化すると同時に架橋する言論の自律運動は、その作動全体が「政治」と名指されたとき、システム／環境 - 差異に基づくオートポイエーシスとして読み解くことができるのである[19]。

　ルーマンは一般システム理論を確立した『社会システム』（Luhmann 1984=2020）の中で、オートポイエーシスに際して必要とされる自己言及とは、言説外領域（自己の外部としての他者）への言及をともなう「随伴的自己言及」でしかありえないと論じる。ルーマンによる次の一節は、自己言及を契機とするオートポイエティック・システムと、アーレントの論じる言論との間にある基底的な近接性を示すものである。

　　自己言及によって回帰的な、円環状の閉鎖性が確立される。しかし閉鎖性は自己目的として、また一般的な維持機構として、あるいは確実性原理として働くわけではない。それはむしろ、開放性が可能となるための制約条件なのである。あらゆる開放性は、閉鎖性によって支えられている。それが可能となるのはただ、自己言及的作動が意味総体を汲み尽くすのではなく、全体化する効果を発揮するわけではなく、随伴するにすぎないからである。つまり完結することなく、終局へ至ることなく、目的（telos）を満たすことなく、まさしく開かれている＝未決であるからなのだ（Luhmann 1984=2020: 237）。

上記は「自己言及」の記述であると同時に、「正解」の存在を前提としない
「判断」についての、精確なシステム論的記述でもある。アーレントの描く一
見トートロジックな複数性の成立要件は、言論領域／非言論領域の区別をシス
テムと環境の区別に置き直すことで、公的領域による自己の維持と存続を記述
する「操作的なシステムの理論」（長岡 2006: 147）として理解することができる。
　では、社会システム理論からアーレントの政治概念を捉えることで、どのよ
うな知見がもたらされるだろうか。アーレント特有の政治概念、特に『人間の
条件』で描かれたような――真理や生命という最終目標（telos）をもたず、た
だ公開闘技場において互いの差異＝卓越性を競い合うような――政治的行為を
めぐっては、これまで多くの論者によって批判と検討がなされてきた。たとえ
ば H. ピトキンはアーレントの〈活動〉概念を、「アゴラにおける際限ない無駄
話」[20]と批判し、B. ホーニッグは「差異と複数性を前提とする闘争的（アゴニ
スティック）な自己開示」（Honig 1995: 160）だと擁護した。しかし〈現れ〉の
空間を一種のオートポイエティック・システムとみなすことで、アーレント思
想に新たな地平が開かれる。その存立は環境に依存するが、インプット・アウ
トプットがなく、「作動的な閉じ」（operative Geschlossenheit）＝「作動的な継起」
（operative Schließung）によって環境から自律した固有の領域を形成する、オ
ートポイエティックな言論領域――アーレントは、政治のなかにこうした作動
を読み込むことで、言語外領域に淵源する絶対的強制力の支配から免れた、言
論のみで構成される純粋な自律領域、つまり自由が実現しうる領域としての公
的空間を構想したのである[21]。自らの実践（言論）を通じて自身の存立根拠
（事実＝真理）を産出する政治の基礎づけ論――アーレントの〈政治〉をその
ような視点から捉えることで、われわれは初めて彼女の思想全体を貫くその希
有な独自性を把捉することが可能になる[22]。人間から言葉を奪う超越的な絶
対者を政治領域に持ち込まず、ただ自らの価値においてのみ存立する――つま
り、ただ自由の実現のみを至上価値とする――純粋な政治空間はいかにして成
立しうるのか。アーレントの判断論とは、こうした問いへの答えとして読み解
かれねばならない。
　アーレントは、真理や生命ではなく、人間の複数性を政治の根拠とみなし、

政治自らが複数性を保持することを政治それ自体の存立条件とみなした。判断という主題のもとで描き出されたのは、正解のないまま正解を求める言論の再帰的な循環運動である。それはまた、世界——それが全体主義を可能にした世界であっても——との和解をめざしたアーレントが自らに課した、複雑で終わりのない、明確な結果をもたらすこともない思索の道程とも重ねられるだろう[23]。そして公的領域における言論の継起的作動をオートポイエーシスとして捉えるならば、アーレントにおいては、複数性こそが始源（archē）であると同時に終極目的（telos）として位置づけられていることがわかる。政治のアルケーかつテロス、これはまさにアリストテレスによる古代都市国家ポリスの定義にほかならない。次の一節は、ポリスに対するアーレント独自の定義としてしばしば引用される一節である。

　厳密に言えば、ポリスというのは、ある一定の物理的場所を占める都市−国家ではない。それはむしろ共に行為し、共に語ることから生まれる人びとの組織である。そしてポリスの真の空間は、この目的のために共に生きる人びとの間に生まれる。……行為と言論はそれに参加する人びとの間に空間を作り出し、その空間は、ほとんどいついかなる場所においても自らにふさわしい位置を見出すことができる。それは言葉のもっとも広い意味における現れの空間である（HC: 198）。

アーレントはポリスをあらゆる政治体の原型（プロトタイプ）として讃えたが、それはときに多くの評者から批判され、ポリスにおける特殊歴史的な諸制度——奴隷制に支えられ、特権者のみが享受しえた排他的平等や英雄崇拝の競演制（アゴーン）など——の無批判な理想化、あるいは懐古趣味ともみなされてきた。しかし現れの空間をひとたびシステム論として捉え返すならならば、アーレントの描くポリスは、彼女がカフカについて述べた次のような一節を想起させるだろう。

　われわれは、所与のリアリティの経験とは具体的な細部の豊かさや劇的な行為だと思い込み、それらに秩序と精確さを与える対価としての抽象の蒼白さを精神の作用に負わせるのを当然としている。これに対してカフカは、す

べて削ぎ落とした最小限の「抽象」的経験（bare, "abstract" minimum of experience）から、「現実」の生の特徴をなす豊かで、多様で、劇的な要素すべてを細大洩らさず宿すような一種の思考風景を、知性と精神の構想力の力だけで創り出した。……この不気味なほどの先取りの才能を彼が発揮したのも、彼にとって構想力こそがリアリティの最も重要で生命にあふれた部分であったことによる（BPF: 10）。

　ここで言われるカフカの構想力は、彼と同様、生きられたリアリティに思考の糧を見出したアーレント自身の著作にも通じている。アーレントはただ、政治外契機すべてを削ぎ落とした後で見出される、最も純粋な政治体の「思考風景」としてポリスを見出したにすぎない。彼女の言う「ポリス」とは「門」や「城」であり、あるいは既になく未だない寓話である。
　そして同様に、アーレントの術語系において、複数性とは公的空間のなかで言論を共有する——それは「世界」を共有することと同義であるのだが——人びとの在り方をあらわす単純な語句にすぎない。しかし複数性が地上に実現されていることは決して当たり前ではなく、それが「自明の事実」として共有されていることには何ものにも代えがたい意味と価値がある。アーレントの言うとおり、事実それ自体にはなんの強制力もない。それは人為的に、つまり政治によってたやすく傷つき破壊される脆弱な真理であり、だからこそ人間の複数性は、人間自らが絶対に操作してはならない不可侵の領域に属している。われわれは、アーレントの思考の根底に、次のような強固な信念を見出すことができるだろう。つまり政治とは、地上に複数の人びとがいることによって可能となり、同時に複数の人びとが存在するという事実が事実としてありつづける、まさにそのために要請される。そのとき複数性とは、どのような帰結からも独立した、人びとの間で自由に交わされる言論の純粋な意味と価値を示す表徴となるのである。

5　複数性再考

　これまでの議論を概観しよう。アーレントは、全体主義支配下における「思

考の欠如」という発見から出発し、善悪や正不正の判別能力、つまり判断力はその人の理性や徳性よりも思考力に直結するのではないかという疑念を持つに至った。従来の道徳哲学において、善とは真理であり、道徳判断の至上命題は真理への到達である。判断力をめぐるアーレントの疑念はそうした形而上学的伝統全体への疑義へと拡大し、アイヒマン裁判を契機に、人が残虐な行為に荷担するのは、善を退け悪へと向かう悪魔的心性によるのではなく、単にそれが悪や不正であるかどうかを考えないことによるのではないか、という問いを提起した。考えること、つまり思弁的思考とは「なぜ」を問い意味を求める心的活動である。「なぜ」という問いに唯一の正解はなく、行為の意味はつねにあらゆる解釈に開かれた無限の広がりをもつ。ゆえに、思考に基づいて善悪、正不正を判断することは、「なぜそれが悪（あるいは不正）であるのか／あったのか」と問い続けることでもある。そのときアーレントの言う判断とは、思考によって理解を試み、人びとに自らの判断――「私にはそう見える（ドケイ・モイ）」――を伝え、他者の言葉に応答する一連のコミュニケーションの作動に付された名称となる。

　思考力に基づいた判断とは、突き詰めれば判断には終わりがないこと、つまり「正解」の存在が前提されていないことを意味する。もちろん、美的趣味判断と同様に、そこにはより妥当な（＝伝達可能性の高い）判断という意味での「（趣味の）良い判断／悪い判断」は存在するが、道徳判断における正解への到達はその後の思考停止を意味する。ゆえに、思考と言論それ自体を目的とする判断に唯一絶対の正解が想定されていないことは、当然の帰結であろう。そのためアーレントの判断論には、通常の「判断（方法）論」に期待されるような「いかに行為（実践）すべきか」を指し示す教説や道徳論議、あるいはマニュアル的な行動指針の類いが一切含まれていない。もとより判断規準としての共通感覚を、道徳感覚の尺度ではなく世界の実在性の感覚と規定した時点で、正しい道徳判断を導くことにアーレントがほとんど関心をもっていなかったことは明白である。だからこそ、彼女の議論は単なる正義論の域を超え、事実と実在感覚についての自己産出的な社会システム理論へと開かれるのである。

　アーレント思想において判断はもっとも大きな主題の一つであり、思考と言論から構成される政治領域の創設＝基礎づけ（foundation）の理論の土台とな

る。その核心に位置するのは複数性という概念だが、しばしば複数性と並置される「出生」という概念がアウグスティヌスに淵源するのに対し、複数性に関しては遡及不能な、アーレント自身によって提示された独自の概念である[24]。では、それはどこから来て、なにを意味する概念なのか。アーレントの「生きられたリアリティ」のなかに複数性の来歴を探るならば、われわれはその着想の端緒を、おそらく『全体主義の起源』における人権の省察のなかに見出すことができるだろう。

『全体主義の起源』第2巻の最終章「国民国家の没落と人権の終焉」では、第一次大戦以降ヨーロッパに突如として出現し、またたく間に「疫病のように」拡がった無国籍者という新しい集団と、彼らをとりまく戦間期の破滅的な政治状況が論じられている。アーレントはヒットラーが事実上の独裁体制を敷いた1933年にドイツからフランスへ亡命、さらに1941年にヴィザを得てアメリカに渡った。その後1951年に米国の市民権を取得するまで、18年におよぶ歳月を、アーレント自身もまた無国籍者として生きた。人権をめぐる彼女の省察は、とりわけ迫り来るナチスの脅威にさらされつづけたパリでの過酷な歳月——そこにはフランス南西部ギュルの強制収容所に敵性外国人として収容され抑留された経験も含まれる——のなかで培われた（Young-Bruehl［1982］2004）。暗い時代における一つの希有な目撃証言でもあるこの短くも濃密な論考のなかで、アーレントは故郷と国籍、つまり帰るべき土地と帰属する政府とをうしなった無国籍者の存在が、それまでヨーロッパ世界に知られていなかった次の二つの事態を露わにしたと指摘する。

一つ目は、無国籍という問題が国民国家体制の完全な埒外にあり、国家主権の侵害なしにはどのような法的解決策も望みえないことである。無国籍者は近代国家が初めて直面した、強制送還先のない厄介な非合法滞在者であった。祖国の代わりに移送可能な「唯一の実際の代替物は、つねに難民収容所」（OT独：594＝(2)264）であり、それらは後に絶滅収容所の原型として「最終的解決」の準備段階を形成した。

全体主義国家は無国籍という近代社会の例外状態が意味するところをいち早く熟知し、絶滅政策の遂行にあたって最大限に活用する術を心得ていた、とアーレントは言う。実際、彼らがヨーロッパ全土において絶滅事業を、自国の法

だけでなく、当時の国際法にも抵触せず円滑に進めることができたのは、移送に先立って移送するユダヤ人から必ず事前に法的身分を剥奪していたためである。ナチスはまず自国内の、次いでヨーロッパ中のユダヤ人から国籍と市民権を剥奪しゲットーに移送した。そして彼らの返還を要求したり安否を問い合わせたりする政府が存在しないことを入念に確かめた後、初めて物理的な絶滅作業が開始されたのである（OT 独: 612＝(2)279）。つまり無国籍であることは、あらゆる法制度による庇護の埒外に立つことであり、つまりは市民社会からの完全な断絶をもたらした。無国籍とは、いわば絶滅収容所への入場資格であり、あるいはその無世界性において、法制度上に具現化された絶滅収容所そのものを意味した。

　二つ目は、人権という、近代になって突如生み出された政治理念の機能不全と、その原理的レベルでの不可能性である。基本的人権の登場は、近代政治をそれ以前から分かつ一つのメルクマールとして位置づけられる。18世紀末の二つの人権宣言——フランス革命とアメリカ革命——をへて、人権はすべての人間がその本性上生まれながらに持つ譲渡不能な権利として、文明国家憲法の礎石となった。しかし、20世紀初頭に大量の無国籍集団——国家の庇護とともにあらゆる市民権をうしない、ただ持って生まれたはずの人権だけを頼りとする人びと——が現れた瞬間、この権利を保証しうる法も機関も権威も実際上まったく存在しないということが白日の下に晒されたのである。最初の亡命先のパリでシオニズム運動および亡命ユダヤ人のパレスチナ移住支援活動に従事していたアーレントは、こうした事態の目撃者であった。

　戦間期のヨーロッパにおいて、人権とは主に人びとの慈善と寛容——アーレントいわく「動物愛護協会のパンフレットと大差ないセンチメンタルな人道主義」（OT 独: 603＝(2)271）——をあてにした、政治的にはまったく無力な抽象理念にすぎなかった。それは迫害者のみならず被迫害者にとっても等しく不信と侮蔑の対象であり、当時どの無国籍者グループにおいても、自分が人間であるという理由から人権にうったえようとする人びとは存在しなかったという。なぜなら彼らは、国家的迫害から自分たちを守ることができるのは、自身が民族的に帰属しその統治に服する別の国家主権からの保証のみであり、第三者の善意に基づく人道主義ではありえないことを知り抜いていたためである。

「大規模な無国籍者の群れの出現が事実上世界に突きつけた難問は、譲渡することのできぬ人権、つまりいかなる政治的身分ともかかわりなく人間であるという単なる事実のみに由来する権利などというものがそもそも存在するのか、という回避不能な問いであった」（OT 独：607＝(2)274-275）とアーレントは言う。もちろんそのような権利は実質的に存在しなかったし、仮に存在したとしても政治的にはまったく無意味なものとならざるをえない。なぜならそこで定義される人権とは、政治領域の外側にあって、ただ人間の「自然的本性」のみに根ざした権利であり、他者たちとの関係性のなかで生まれるどのような人間の尊厳ともかかわりがないためである。最初からないものは奪われることも取り戻すこともできない。そして奪われる価値のないものには、取り戻す価値もまた存在しない。

　しかし無国籍者の出現によって明らかになったのは、「人権」と呼ぶに値する不可視の権利が実は存在していたこと、ゆえに真に「人権の喪失」に当てはまる危機的状況が現実に起こりうること、その唯一の状態はまさに無国籍者の陥った絶対的な無権利状態にほかならないということであった。逆説的にも、われわれは人権という言葉の真に意味するところについて、すでに人権を奪われた人びとを通じて知ることになったのである。かつて人権を定義した人びとが誰も想像しえなかったことに、本当の意味で人権の喪失が生じるのは、基本的市民権リストに並べられた諸権利——生命、自由、幸福の追求、法の前の平等、思想の自由等々——のいずれかが損なわれたときではなく、それら市民権を提供しうるすべての政治的共同体から切り離され「人間世界における足場をうしなったとき」（OT 独：613＝(2)280）であった。それら政治的共同体に属し市民権を享受する権利を、アーレントは「諸権利を持つ権利」と呼び、次のように論じる。

　　諸権利を持つ権利——これは、人間がその行為と意見に基づいて人から判断されるという関係の成り立つシステムの中で生きる権利のことを言う——というようなものが存在することをわれわれが初めて知ったのは、この権利を失い、しかも……それを再び取り戻すことができない数百万の人びとが出現してからのことである。この悪は抑圧や暴政、野蛮のような歴史上知られ

た悪とはほとんど関係がない（したがっていかなる人道主義的療法によっても治癒不可能である）。この悪が生まれ得たのはひとえに、地球上に「文明化されていない」土地がもはや一片も残っていないためであり、われわれが望むと望まざるとにかかわらず現実に「一つの世界」に生きるようになったからである。地球上の全民族が……すでに一つに組織された人類となったゆえにこそ、故郷と政治的身分の喪失は人類そのものからの追放となったのである（OT 独：614＝281）。

「諸権利を持つ権利」とは、人間の「自然的本性」から導き出される自然権などではありえない。それは政治的存在たりうるための基本権であり、ただ「われわれ自身の決定によって互いに同じ権利を保証し合う」（OT 独：622＝(2)288）ことによってのみ成立する、きわめて政治的な産物である。あらゆる人間に保証されるべき基本的権利があるとすれば、地上にたった一人で存在する単独者としての人間（Man）ではなく、複数者（men）として存在すること、つまり「人間の複数性」（OT 独：616＝(2)283）を保持するための政治的権利にほかならない。それゆえに、人権とは自然領域ではなく、政治領域の内部においてのみ構成されうる権利であり、したがって人間が人間の世界から切り離されたとき、その権利もまた失われるのである。

　人権の抱える原理的な矛盾と機能不全は、まさにこの点にかかわっている。なぜ、人権はもっとも必要とされたときに機能しえなかったのか。アーレントはこの問いを「人権のアポリア」と呼んだが、それは次のように要約される。人権宣言以降、人権とはあらゆる権利の基礎であり、ほかのすべての市民権を保証するもっとも根源的な権利とみなされてきた。しかし、あるいはだからこそ、人権それ自体の妥当性を保証する上位の法や権利は原理的に存在しない。では人権の正当性と正統性を支える根拠はどこに求められるのか。人権が人間の自然的本性に根ざす自然権とされる以上、その源泉は人類そのものに求められるはずであった。人権がすべての人間に対し、ただ人間であることにおいて付与されるのならば、ただ人間であることそれ自体のうちに不可侵の権威が宿るはずだと——少なくとも二つの人権宣言においては——考えられていた。しかし現実はそうではなかったとアーレントは言う。

ほかのすべての社会的および政治的資格を失ってしまったとき、単に人間であるという事からは何の権利も生じなかった。人間であるという抽象的で赤裸な存在に対し世界は何ら畏敬の念を示さなかった。人間の尊厳は「彼もまた人間だ」という単なる事実によっては明らかに実現されえなかったのである（OT 独：619-620＝(2)286）。

　つまり人権の形骸化と機能不全の根本には、本来は政治領域の内部でしか保証されえない人権の認証根拠を、政治領域外の「自然」に求めようとした先人たちの錯誤がある。「自然」への無自覚な信仰は、政治領域の内部に場違いな人道主義の侵入を許し、結果として人権はユートピア的な抽象概念へと腐食してしまった。論考の最後で、アーレントは「われわれの経験は、人権が無意味な『抽象』以外の何ものでもないことをいわば実験的に証明したようにみえる」（OT 独：619＝(2)285）と辛辣に結論づける。そこにはすでに、自律的な純粋政治へと向かう思考の萌芽が読み取られるだろう。この時点において「二つの人権宣言」であるフランス革命とアメリカ革命は区別なく論じられていた。しかしその後に書かれた『革命について』では、両者が対極にある革命として位置づけられたことはすでに見たとおりである。
　われわれの文脈において重要なのは、この「人権のアポリア」をめぐる問いが、形を変えてその後のアーレントの著作の中に繰り返し現れることである。これまでみたように、共通感覚の存在根拠、そして政治体＝憲法の創設における始源（権威）の認証を含む一連の「基礎づけ」の問題群は、いずれもここで提示された「人権のアポリア」と同型の論理構造をもつ。すべての根源であるがゆえにそれ自体は何によっても保証されえない始源の約束、つまり政治の可能性を支える上でもっとも核心に位置するもの（アルケー）とは何か──複数性とはまさに、その問いに対するアーレントの答えとしてある。
　人権をめぐるアーレントの省察が示すのは、彼女の言う複数性が、人権を自然権から政治的権利へと書きかえる過程で要請された、いわば人権にかわる概念として構成されていることである。自然権としての人権が、生物学的に単一の種であること、つまり人類の、ヒトとしての同一性という事実に基づく約束

事であったのに対し、複数性とはわれわれが「一つの世界」に住むこと、つまり世界の同一性という事実に基づく約束事である。おそらくアーレントが目指したのは、空虚で形骸化した人権に代わる——あるいは真に「人権」として機能しうる——政治的権利の基礎づけを確立することであり、その問いの答え（テロス）として複数性という概念が彫琢されていったのである。フランス革命への懐疑、引いては政治外領域に自らの超越的根拠を求めるあらゆる政治に対してアーレントが一貫して示した強い拒絶は、無国籍者として自身が直面した人権への絶望および危機意識と地続きであることは疑いない。

　このことはまた、アーレントの思考全体が優れて思弁的思考と現実世界との往復運動に支えられていることの証左でもある。言うまでもなく、初期の論考から遺作に至るまで、アーレント思想を色濃く特徴づけるのは事実への眼差しである。それは彼女自身の時代経験に深く根ざしたものであり、同時代の政治哲学から彼女の著作を際立たせると同時に、災禍をももたらした。『イェルサレムのアイヒマン』をめぐるユダヤ人同胞からの熾烈なバッシングもまた、事実と対峙する特有の厳しさが招いた事態と言えるだろう。

　『イェルサレムのアイヒマン』が巨大な中傷キャンペーンを巻き起こした理由は、おおよそ次の３点に要約される[25]。1）アイヒマン裁判の正当性に疑義を呈したこと、2）戦時中におけるユダヤ人評議会の存在と機能、およびイェルサレム審理内でのあからさまな黙殺を指摘したこと、3）アイヒマンを「凡庸」だと評したことである。1）の正当性への疑義に関しては、アルゼンチンからの拉致の経緯、イスラエル国家の裁判権の有無、国際法廷開廷の必要性など、その論点は多岐にわたる。しかしアーレントによる裁判批判の大部分は、何よりもまず、イスラエル国家が裁判に便乗しておこなった政治的宣布行為が「法廷の本来の領分を超えた」（EJ: 253）ことに向けられた。アーレントは意見と事実の区別を守ること、つまり自身に課された領域境界を自主的に守ることが政治それ自体の存立条件だと論じたが、その自主的な権利制約は裁判という司法手続きにもあてはまる。というより、社会システムの代表事例の一つが近代法システムであるように、法廷こそが本来、もっとも厳格な領域制限を自らに課さねばならない制度といえる。「その発言の権威の重みはまさにその制限に由来する」（EJ: 253-254）——ゆえに、裁きをおこなうこと以外の政治的意図

をもって自身の限界を踏み越えた瞬間に、アイヒマン裁判の失敗は決定的なものとならざるをえなかった。

2）のユダヤ人評議会の存在と絶滅政策のなかで果たした機能について、アーレントの指摘した事実の部分は、主としてホロコースト歴史家の嚆矢であるR. ヒルバーグの大著からの援用であった（第2章参照）。アーレントの言うように、移送者の「選別」を含め、当時ユダヤ人評議会の「長老たち」が果たした役割については、絶滅収容所内における囚人管理者（Kapo）たちの役割と同様、ユダヤ人であるなしにかかわらずそれを知ったすべての者にとって「暗い物語全体の中でも最も暗澹たる1章」（EJ: 117）であることは疑いない。そしてまた、ホロコーストを語る際につねに付いてまわるグレーゾーン問題、つまり被迫害者と迫害者の狭間にあった人びとの存在については、審理の中で慎重に言及が避けられたことも事実である。ゆえにアーレントにとって、2）は単なる事実確認を意味した。

3）「アイヒマンの凡庸さ」もまた、その延長上にある。アーレントはアイヒマン裁判がこの先に繰り返されうる第二、第三の行政的大量殺戮への範例的審理となることを望んだが、それはホロコーストから「ユダヤ人」にまつわる一切の歴史的特殊性を払拭し、犠牲者側の隠れた「選民意識」を棄却することでもあった。迫害者（アイヒマン）が凡庸かつ代替可能な存在であるなら、被迫害者もまた偶然による選定の産物にすぎない。事実を見据え、例外を許さず、原理原則の厳格な遵守を求めるアーレントの主張は、知己のユダヤ人知識人たちからも「ユダヤ民族への愛（Ahabath Israel）」を欠いた無礼で冷酷な言動とみなされた。

ただし、アーレントの著作が同胞たちから激しい憎悪と非難を浴びた——今も浴び続ける——主要な理由は、彼女が犠牲者への配慮を怠り、驚くべき率直さをもって「ただ不愉快な事実を述べた」ことだけではないだろう。彼女自身もまた、事実と意見の境界を踏み越え、一つの臆見（ドケイ・モイ）を真理であるかのように論じたためである。アーレントはG. ショーレムへの有名な書簡の中で、自分にとって民族とは「当然のこととして議論の余地なく属している」（JW: 466）対象にすぎず、愛や信頼の対象とはなりえないと述べた。同様に、彼女にとってはアイヒマンが「凡庸」であったこともまた議論の余地のな

第5章　排除の政治とその始源のアポリア——185

い単純な事実であった。しかし、アーレントによるアイヒマン評価は単なる事実報告をはるかに超えていた[26]。それは明らかに、彼女自身がカントに倣って定義したように、他者への同意要求を含む一つの範例的判断であった。自分の解釈を真理であるかのように語り、かつ自らの取り巻く状況をプラトンの洞窟にたとえるアーレントの物言いに傲岸や不遜を読み取る人びとがいたこと、そして今もなお存在することは、事実の持つ専制的性格を考えれば当然であろう。

　繰り返しになるが、アイヒマンが実際に「凡庸」であったのか否かは誰も知る由がない。それはこの先どれだけ新たな資料や証言が発掘されたとしても、永遠に決着の付かないアジェンダでありつづけるだろう。われわれにとってただ一つ確実なことは、「悪の凡庸さ」という概念が提示されて以降、「アイヒマンの悪とは何であったのか」という問いが公的空間のなかで繰り返し問われ、巨大な言説群が生み出されていったことである。その意味で、アーレントの「報告」は、「悪の凡庸さ」を「自明の事実とみなし続ける」という宣言でもあった。それは、全体主義の悪とは何なのかを問う始源の言明となって、最良の問いが新たな問いを喚起し、時間を超えて人びとに想起・共有されていく過程を実地で示す。彼女の「報告」自体が、一つの貴重な例証となったことは疑いない。

　複数性と事実についてのアーレントの思考から、われわれは何を学べるだろうか。アーレント自身が言うように、事実と意見の境界はきわめて脆く、またその境界は彼女が望んだほどには定かではない。それ以上に、われわれは今、テクノロジーの発達によって、何が事実で何が虚偽であるのか、歴史上かつてないほど不確かで、それゆえに真実と虚偽の判別そのものが政治的争点とならざるをえないような世界に生きている。おそらくアーレントは、後の世で絶滅収容所における大量虐殺の真実性が——死体が跡形なく焼却され、ガス室が復元できないという理由によって——疑義に付され、その真偽自体が裁判で争われるような事態が起きるなどとは夢想だにしなかっただろう[27]。事実は単なる臆見へと貶められうるが、それと同じくらい簡単に、臆見もまたたやすく——しばしば偽証の意図すらないまま——事実になりかわることができる。特に社会構築主義をはじめとする社会学の領域において、ある概念が言説外領

域にある「自然」や「真理」や「事実」──研究室の中で作られる「事実(データ)」も含め──として構築される社会的プロセスにはつねに細心の注意が払われてきた。しかし、だからこそ、事実と意見をめぐるアーレントの考察と、「両者の境界は断固として区別されなければならない」という警句はきわめて重要な示唆を含む。

アーレントは決して「事実」とされる事柄を鵜呑みにせよと言っているのではない。彼女はただ、事実を疑うことと、事実の成立可能性を疑うことの間の本質的な違いについて論じているのである。事実はつねに精査されねばならないが、事実の実在そのものを疑うことであってはならない。それは事実への疑義が、事実の成立可能性を前提として初めて可能になるという理由だけではない。事実の成立可能性を疑うことは、複数性の事実＝真理性を疑うことであり、それはわれわれにとって自由の空間を形づくる「大地」と「天空」（BPF: 264）を自ら破壊することに等しいためである。

いずれにせよ、現代において他者を尊重し、他者と共に在るあり方を示す用語──人権をはじめとして公正、平等（対等）、包摂、連帯、多様性等々、おそらく今後も新たなフレーズが生み出され続けるだろう──の背後には、必ず人間の複数性という概念が潜在する。アーレントの議論から学びうるもっとも重要な事柄の一つは、複数性とは政治の可能性、つまり自由の実現の条件であり、他者への同情や寛容、慈悲によってではなく、ただわれわれが自由であるために守られねばならないということである。始源へと回帰し、増補と修正を繰り返しながら、われわれは時代を超えて、この複数性という概念を継承していくことができるのだろうか。

【注】

1) 芸術作品にそなわる世界性については、「文化の危機」に先立つ『人間の条件』のなかにすでに同様の記述が見られる。i.e.「芸術作品は、そのすぐれた永続性のゆえに、すべての触知できる物の中で最も際立って世界的である」（HC: §31）。

2) アリストテレスは「善そのもの」と「善と思われるもの（仮象の善）」との間は厳密に区別されねばならず、前者についてはフロネーシスをもつ者（フロニモス）の個々の判断に真理として顕現するとみなしている（本書第3章2節参照）。つまりアリストテレスにおいて、善とはイデアとしてア・プリオリに措定されうるものではない。言いかえれば、個々の文脈から引き離された抽象的な善は存在しな

い（あるいは意味がない）。したがってアリストテレスが問題にしたのは善の存在ではなくその現れ方であり、善の普遍性についての疑義ではなかったといえる。

3) カントにおいて認識判断とは、ア・プリオリに与えられた概念を根底に置き、対象が何であるかの認識を与える判断であり、認識能力相互の主観的調和を根底に置く美学的判断とは区別される。KU、特に§31 参照。

4) アーレントによれば、近代以前において人間がもっていた世界への信頼は、近代的独我論によって崩壊したが、その最初の発端となったのはデカルトであり、彼によって提起された現象への懐疑と極端な主観主義こそが、人びとの共通感覚とリアリティの破壊をもたらしたという。HC：§38 参照。

5) カントの用語法では、Verstand は通常「悟性（understanding）」と訳される。アーレントはこれを誤訳であるとし、かわりに「知性（intellect）」という訳語を充てている。なぜなら、「カントは独語の Verstand をラテン語の intellectus の訳語に使ったのであり、Verstand は verstehen、現代の訳で言えば『理解する』の名詞形だが、独語の das Verstehen に含意されるものをもっていない」（LM: 13-14）ためである。なお、カントにおける Vernunft と Verstand との布置関係については、坂部恵にアーレントと類似した議論がみられる。坂部（2006）によれば、理性の下位にある認識能力としての悟性 Verstand が確立されたのは批判期以降であり、そのような序列化がおこなわれる以前の intellectus は、「スコラを含めた古来の用法に対応する〈知性〉の語をあてておく」方が適切である（坂部 2006: 206）。思考と認識を厳密に区別し、両者の序列化＝統合をしりぞけるアーレントの立場は、坂部の言う「古来の用法」にきわめて近く、アーレントの言う Verstand ＝知性という読解の妥当性を示す一つの傍証となるだろう。こうした理解から、本書では Verstand について基本的にアーレントの解釈を踏襲し、理性から独立した認識能力として位置づけ「知性（Verstand）」と表記する。

6) その意味で、「理性認識（Vernunfterkenntnis）」というカントの用語は一種の撞着語法だが、その混乱について、アーレントは次のように論じている。つまり、カントは自らが立てた理性（Vernunft）と知性（Verstand）の区別に依拠し、「理性が認識に到達しえないこと、とりわけ、思考の最高の対象である神、自由、不死についての認識に達しえないと主張」したが、他方で彼自身はそうした区別のもたらす帰結に反し、「思考の最終目標が認識と同様、真理と認識にあるという確信と手を切ることができなかった」（LM: 63）ために、この矛盾を回避できなかった。

7) アーレントの思想における政治と道徳との関係は、アーレント研究の初期から多くの研究者を困惑させてきた。一方では Kateb（1984）のような道徳哲学者によって、アーレントの政治理論は道徳全般を軽視し、政治から「愛や善や良心や同情や哀れみや慈悲を追い払う」と非難され、他方では Bernstein（1996）をはじめとする政治的プラグマティストたちによって、アーレントはその主張にもかかわらず「道徳から政治を切り離せていない」と非難される。こうした矛盾は、アーレントの判断論を道徳の解体と再構築——J. デリダはハイデガーの Abbau を「脱構築（déconstruction）」と訳したが、その用語は「脱近代」という特殊な（か

つ、アーレント思想を読み解く上ではほぼ意味のない）文脈で用いられるため本書では使用していない（cf. Derrida 1994=1999）——という視点から読むことで初めて整合的な説明が可能になる。つまりアーレントは、道徳と政治を融合させたのではなく、もしくは両者を切断したのでもなく、道徳を解体しつつ新たな「政治」概念を生みだした。その解体＝再構築の論証過程こそが、カント哲学を基底とするアーレント判断論にほかならない。

8) 図式的にみれば、『人間の条件』でおこなわれたのは〈観照的生活〉と〈活動的生活〉の切断、そして〈活動的生活〉内部における3つの活動様式 action／work／labor の分離である。アーレントによる「排除」とは、つまりは哲学 [theoria] ＝真理と、家政 labor [oikos] ＝生命の、政治 action [praxis] からの分離、およびそれにともなう政治からの道具性 work [poiesis] の払拭を通じた政治の純化として説明できる。

9) アーレントの〈現れ〉の空間における action の一般的な訳語としては「活動」という語句が用いられる。ただしアーレントは公的空間における人間の政治的行為を action および speech にあるとし、両者の不可分性を強調している（HC: §24）。また別の箇所では、政治的行為の本質は、自分が誰であるか（who-ness）を他者に向かって暴露すること、つまり意味の表出にあると論じている（HC: 178）。つまり action および speech からなる政治的行為は、ひとえに言語行為、それも他者との相互行為を含むコミュニケーションとしての性格が強い。このことから、本書では action および speech の両面をあわせもつ政治的行為の総称として、文脈に応じて適宜「言論」という語を用いている。

10) すでに本書第1章でみたように、狭義の政治思想・政治理論におけるアーレントへの評価が大きく二分される理由の一部はこの点に起因する。アーレントは人びとの営みを普遍的な「善」や「真」に関連づける形而上学を拒絶したが、同時に、貧困や抑圧、富の不平等など、伝統的かつ今日においてもなお逼迫する様々な社会問題を政治の上位目的に置くことも認めなかったためである。そのことは、彼女の思想が社会正義の実現に対し有益な含意をもたない空虚な政治理論だとして、非難と黙殺に浴してきた理由の一つでもある。

11) 「社会正義」を扱えないというアーレントの「限界」を経由して M. フーコーの「生 - 政治」（cf. Foucault 1975=1977）への移行を促すアーレント解釈は、特に G. アガンベン（Agamben 1995=2003）によってアーレント政治思想がフーコーの権力論に接続されて以降、政治学・社会学の境界を越えて広く共有された。管見の限り、日本でこの点をもっとも早く指摘したのは齋藤（2000）であり、以来その議論は「公共性」をめぐって国内の多くの論者に援用された。

12) アーレントは理性の真理を「哲学の真理（philosophical truth）」とも呼んでいるが、ここでは「理性の真理」に統一する。

13) 第1章で見たように、アーレントの独立宣言読解について、その行為遂行的次元の重要性を指摘した最初の論者は Honig（1991, 1993, 1995）である。ホーニッグはアーレントが独立宣言に見出した創設行為を、「増補と修正という非基礎づけ的な政治的実践」（Honig 1995: 161, note 5）の政治理論化として高く評価し、フ

ェミニズムにおけるアイデンティティ・ポリティクスへの導入をはかった。彼女は、独立宣言の成功が「事実確認的」次元と「行為遂行的」次元の構造的な決定不可能性にあると論じ、アーレントのアメリカ革命論のなかに、〈女性〉という自然必然的強制力をともなう性別カテゴリーからフェミニズムの政治実践を切り離すための理論モデルを見出した。それは「事実確認的であるとされているアイデンティティを行為遂行的なものへと書きかえる」（Honig 1995: 162, note 7）ことで、自然化されたアイデンティティ獲得を永遠の決定不可能性へと開き、闘技場（アゴーン）での闘争的・攪乱的政治実践として記述し直す試みであり、彼女自身によってアゴニスティック・フェミニズム——アーレント研究では「アゴーン主義」に分類される——と呼ばれた。われわれもまたホーニッグと同様に、独立宣言における事実確認的次元と行為遂行的次元の緊張関係に着目するが、それは政治領域の外部にありながら政治によってしか実現されえない、つまり「事実確認的」であると同時に「行為遂行的」でもあるという事実の真理の二重性、あるいは両義性——いずれにせよホーニッグの言う「決定不可能性」とは決定的に異なる——に由来する緊張関係を指している。独立宣言の読解を真理の議論に敷衍する点で、われわれのアーレント読解はホーニッグの言うアゴーン主義とは着地点を異にする。

14) その意味で、独立宣言とは「行為を事実化し、また事実の効果によって行為遂行をおこなうテクスト実践」（梅木 2002: 165）であったとも言えるだろう。ただし梅木はホーニッグと同様に、アーレントは独立宣言に内包される決定不可能性に無自覚であったと論じ、それによってアーレントが、独立宣言のなかに相互約束に基づく理想化された権力の誕生だけを読み取り、結果として独立宣言の背後に隠蔽された起草者の自己正当化やアメリカ先住民問題などの現実的な文脈を見落とすことになったと指摘する。しかし本書では、アーレントが決定不可能性に無自覚であったことはなく、後に見るように、むしろその両義性のなかにコミュニケーションの継起的な作動の動因を求めたのだと考える。

15) 本書が焦点を当てるのは引用文後半にあたる「言論」と「複数性」であり、前半部分、つまりアーレントの政治思想のもう一つの重要な局面である誕生と出生、および出生と複数性の内的な相互連環については充分に扱うことができていない。言論と複数性が思考と判断にかかわるのに対し、誕生と出生は「自発的に始める能力」としての意志能力にかかわるとされるが、『精神の生活：II. 意志』で主題となるのは、まさにこの意志の能力と事実性の世界との関係である。

16) アーレントの出生概念については森川（2010）参照。森川によれば、アーレントは神による人間の創造を出生と捉え、アウグスティヌスの言明を「出生／はじまり」について語られた唯一無二の言葉へと読みかえていった。事実の真理としての出生こそが複数性のはじまりだとする読解は、出生と複数性を並列的な「事実」とみなす本書の視座に対し、さらなる遡及可能性を示唆するものである。

17) 「人は、自らの判断の仕方によって、自ら自身をも、自分がどのような人格であるかをもある程度まで開示する」（BPF: 223）というアーレントの一文は、判断のもつこのような自己開示的性格を指している。同じく判断力のもつ媒介作用に言

及した千葉は、判断力を「現われの世界において思考に形をとらせ、思想を具現化させることを通じて、精神の生活を公的世界に媒介する内面的能力」(千葉 1996: 173) と定義している。この媒介作用において、判断力はまさに「政治的存在者としての人間の基本的能力の一つ」(BPF: 221) に数えられるのである。

18)　ここで問題になるのは「オートポイエーシス」という、アーレントの用いるタームとも一部重なるルーマンの用語法だろう。アーレントはポイエーシス (仕事) に道具 (技術) – 目的関係を見出し、政治の領域にふさわしくない活動として公的空間から排除した。そしてポイエーシス (制作) ではなくプラクシス (実践) を、政治領域における行為として位置づけた。その意味で、アーレントの政治概念をより精確に表すには「オートポイエーシス」というより「オートプラクシス」と呼ぶ方が適切だと考えられる。ただし、われわれがここで提示する、言論を介した政治領域のオートポイエーシスは、言論実践のなかで複数性が「現実化」されていく事態を指しているが、ルーマンの社会システム理論においても、オートポイエーシスによって「制作」される要素 (システム／環境 – 差異) は「生産 (product)」と言えるほど実体化されておらず、むしろアーレントと同様に「現実化」と呼ぶ方が的確である。さらに「オートポイエーシス」という造語が生まれた際には、当初ポイエーシスよりプラクシス概念が念頭に置かれたという経緯もある (Luhmann 2002=2007)。それらを踏まえれば、オートポイエーシスという語句はアーレントの用語法に反するものではなく、むしろその本来の定義に近いと考えられる。

19)　アーレントの言う〈政治〉は、ルーマンの言う狭義の「政治システム」とは異なる点に留意する必要がある。ルーマンのシステム理論は、コミュニケーション・システム、社会システム、機能システムなど、いくつかのレベルに層化され、そのなかで政治システムとは「権力」をコミュニケーション・メディアとする機能システムの一種——並行して「法」「芸術」「科学」などが挙げられる——として、社会システムの下位分類に位置づけられる。アーレントの〈政治〉をシステム理論の分類表にあてはめるならば、狭義の政治システムには限定されず、コミュニケーションを要素とする間身体的なオートポイエーシスであるという点で、より広く社会システムに対応するだろう。

20)　80 年代のアーレント再評価の潮流に先立ち、政治理論としてのアーレント思想の「空虚さ」をもっとも早く指摘した論者の一人が H. ピトキンである。ピトキンは困窮などの「社会問題」を忌避するアーレントを批判し、社会経済的な要素がいっさい排除された政治領域において、利害を超えて「市民を一体化させる力」は何なのか、「政治的言論と行為の内容としてアーレントが何を想定しているのか」まったく理解できないと論じ、もしもアーレントにしたがって政治の意味をあらゆる「現実の利益 (real benefit)」から切断するならば、市民の間の討論は単なる「アゴラにおける果てしないおしゃべり」となり、政治的生活は「名誉を競い合い勇気を顕示する貴族たちのレジャー」と化すだろうと辛辣に批判した (Pitkin 1981: 336-337)。ピトキンの批判は主として『人間の条件』の行為論に向けられたものだが、行為のなかに言論が含まれている点で、その批判は判断論に

も敷衍されうる。

21)　アーレントとルーマン、両者の「近さ」は偶然の産物ではありえない。その理由の一つには、これまで見たように、二つの議論がもつ論理構造の明白な相同性が挙げられる。アーレントの前提する（多くの政治理論家から悪評を買った）言説／言説外領域の区分は、ルーマンにおけるシステム／環境の区分とほぼ同じ論理構造をもつ。言いかえれば、人びとの間の差異を現実化する言論行為（コミュニケーション）は、システム内部と外部——正確には内部から観察された外部——を架橋する自己言及としてシステム論的に読むことができる。「コミュニケーションは……続いていきさえすればよい」（Luhmann 1984＝2020 下：165）というルーマンの議論は、正解を志向しない自己充足的コミュニケーションを描くアーレント判断論と強く共鳴する。

　しかし単なる論理構造の相同性を超えてさらに二人の親近性に理由を求めるならば、両者における思考のルーツのもともとの近さを考慮に入れねばならないだろう。二人の理論が共鳴を示すのは、彼らが相対し超克しようとしたものが、ともに旧ヨーロッパ的な存在論的形而上学の伝統そのものだったためである。ルーマンの出発点、つまり「究極的な根拠や格率といったものを前提せず、また正義や連帯や理性的なコンセンサスといった根本的な規範に訴えるのでもなく……社会はどのように記述できるのか」（長岡 2006: iii）という立ち位置は、全体主義の時代経験から始まったアーレントによる「超越論的絶対者に依拠しない政治はいかにして可能か」という問いに驚くほど近い。アーレントはヘーゲルやマルクスが重視した弁証法について鋭い疑義を呈していたし（e.g. CR: 155）、ルーマンのオートポイエーシスはそもそも弁証法のカウンター（代替）として構想された。こうした多くの共通項を背景とするアーレントとルーマンの共鳴関係からは、アーレント思想のより深い理解だけでなく、ドイツの国家社会主義（NSDAP）に対するルーマンの反省と——通常は周到に隠され彼のテクスト上には決してあらわれない——徹底した対決姿勢を窺うことができるだろう。

　そして、その相同性にもかかわらず、アーレントとルーマンの間に決定的な齟齬があるとすれば、もっとも大きな違いは「否定（矛盾、コンフリクト）」のもつ威力への信頼に見出される。ルーマンは「否定」（システムにおける矛盾コンフリクト、コミュニケーションにおける反駁）にオートポイエティック・システム形成のための特権的な機能を見出していた（Luhmann 1984＝2020 下：第 9 章）。その点で、少なくともルーマンにとってアドルノの「否定弁証法」は乗り越えるべき仮想敵ではあった（cf. Luhmann 1995＝2004）。それに対し、アーレントはいかなる意味においてもアドルノの「社会哲学」に学術的意義を見出すことはなかったといえる。ヤスパースやブリュッヒャーとの書簡からわかるのは、アーレントにとってアドルノはむしろ嫌悪と侮蔑の対象であり、社会学全般に向けられたアーレントの冷淡さの一部も、アドルノおよびその周囲の「社会（哲）学者」たちに起因していると考えられる（Arendt/Blücher; Arendt/Jaspers）。このことは、ルーマンに見出されるアドルノとの隠れた継承関係（おそらくは、アドルノとハバーマスの間にあるそれよりはるかに強固であった）とは対照的である。アーレ

ント思想とドイツ社会学における批判理論との決定的な懸隔については、本書の補論で改めて論じる。

22）　アーレントの判断論を政治空間の創設と基礎づけの理論として読み解いていく上で、決定的に重要なことは、政治空間を基礎づける事実＝真理としての複数性概念が、存在 - 現象という古典的枠組み——たとえば政治空間における「複数性」が言説の外にある本質的な「存在」の表象＝再現前（re-presentation）であるといった解釈——からはまったく説明できない点である。アーレントにおける「現れ（appearance）」とは、存在の表象ではなく事実の現実化（actualize）であり、複数性が公的空間へ現れることは、複数性という事実が言説実践を通じて自らを自己準拠的に実現していくプロセスのうちにある。そこに言説領域を超越した——あるいはそこから排除された——現象の原因としての「存在」は想定されていない。実際、アーレントの政治思想が、たとえばデリダのような脱構築主義的な議論と明確に区別されるのはこの点においてである。デリダは存在と表象の間にある亀裂の横断を「決断」と呼び、宙吊りにされた不可能性に表象の暴力への逆説的な介入可能性を見出した（cf. Derrida 1994=1999; 橋本 2006）。しかしアーレントにおける現れとは、まさに独立宣言が行為遂行的であると同時に事実確認的であったように、現象であると同時に存在であり、その意味でどちらにも還元できない。アーレントの政治思想の突出した独自性が、存在／現象という哲学的な二項対立から距離を置く特有の視座に基づいていることは、改めて確認されるべきだろう。『精神の生活：I. 思考』第1章5節の議論も参照。

23）　たとえばアーレントは「理解と政治」のなかで、理解を追い求めることについて次のように論じている。「理解することは、正しい情報や科学的知識を持つこととは違い、曖昧さのない成果を決して生みだすことのない複雑な過程である。それは、それによって、絶え間ない変化や変動のなかで私たちがリアリティと折り合い、それと和解しようとする、すなわち世界の中で安らおうとする終わりのない活動なのである」（EU: 307-308）。

24）　すでに第1章で触れたが、アーレントの複数性概念は、強いて挙げればハイデガーの「共存在 Mit-Sein」に淵源するものの、アーレントは決してハイデガーの定義した意味でこの語句を使っていないため、実質的にはアーレント独自の概念となっている。cf., Villa（1996=2004）。

25）　アイヒマン論争時の論点、およびアーレントに近い人びとから彼女に向けられた反応については、Young-Bruehl（[1982] 2004）参照。

26）　たとえばアーレントが依拠した「事実」のほとんどを提供し、かつユダヤ人評議会の対ナチス協力行為についてアーレントと同意見であったヒルバーグすら、決してアイヒマンを凡庸な役人とは考えていなかった。Hilberg（1996: 150）参照。

27）　ホロコースト否定論者とのイギリスでの法廷闘争については Lipstadt（2005=2017）、また、裁判において提出されたガス室実在を示す証拠資料については Pelt（2002）参照。

補論
真理をめぐるコミュニケーション

1　正解のない判断論

　前章までは、アーレントの思考に内在しつつ、複数性が人びとの言論を通じて公的空間に現実化されていく過程をたどった。アーレントの判断論を自己産出的な政治領域の基礎づけ論として読み解くならば、『人間の条件』など初期の著作にみられる行為者中心の議論から、アイヒマン裁判をへて注視者へと向かう焦点の揺らぎは、公的空間の描写からその可能性の条件の思索へと向かうゆるやかで連続的な移行のなかで捉えることができる。アーレントの最後の主題が思考、意志、判断であったのは、裁判という現実の出来事に触発された結果であることは疑いない。しかしアーレントは裁判以前から、カントやレッシングを通して哲学者の観照（theoria）とは異なる心的活動としての自立的思考を重視していた[1]。その点で裁判傍聴経験は、その後の一連の騒動も含め、アーレントが当初からあたためていた洞察を裏付け、さらに深化させるための触媒であったといえる。

　判断力をめぐるアーレントの省察を、言論による公的世界の創設＝基礎づけ論とみなすわれわれの読解は、同時にアーレントの判断論が「判断論」としてはきわめて異質な議論であることも明らかにする。異質性とはなによりもまず、アーレント判断論には——一般的な判断論における最終目的地（telos）としての——「正解」の存在がいっさい想定されていないことである。

　それがどれほど奇異であるかを見るために、今一度カントの美的趣味判断論と対比してみよう。カントの趣味判断において共通感覚とは、何が美であるか

についての判定が、本来他者との間で一致しうることを保証する共通の規準であった。つまり共通感覚の使用が完全に適正でさえあれば、人は美の判定に関してあらゆる他者から同意が得られるような範例的判断を下すことができる。それに対してアーレントの定義する共通感覚は、他者からの同意規準を含意しない。彼女の言う共通感覚とは世界のリアリティをめぐる感覚であり、それが示すのは、人びとが判断の対象——つまりは「世界」だが——を共有しているという事実のみである。そのため、アーレントの共通感覚からは正解や共通解へと至るための指針を見出すことができない。

　定義上「正解」が存在しないだけではなく、テクストを読むかぎり、アーレントの判断論は、そもそもが正しい答えに到達することを目的としていない。もちろん判断に不可欠な没利害性と不偏性——それらは「拡大された思考」によってもたらされる——、および自らの判断を他者に伝える公表性は、判断が範例的妥当性を得るために課される条件であり、妥当性の低い判断よりも妥当性の高い判断の方が良い判断であることは言うまでもない。しかし彼女の議論で真に重要なのは、あくまでも範例的妥当性を獲得しようとするその過程にあり、結果として得られた判断が妥当であったか否かについては奇妙なほど関心が払われない。というのも、ある判断の公共的な意義は、その判断内容の伝達可能性の高低とはかかわりなく成立するためである。ゆえにアーレントの著作には、正しい判断が公的世界のなかでどのような役割を担うのかについて、ほとんど言及がみられない[2]。判断は言表されて「意見」となり、人びとの複数性を触知可能な事実へと変える。何をどう判断したかにかかわらず、判断は、世界に現れ人びとに伝達されることそれ自体において公的意義をもつのである。つまり判断の公共性は、あくまでも潜在的な他者たちに同意を求める思考様式や、判断を公表し人びとの間で共有されることそれ自体のうちにあり、個々の判断の優劣や、判断者の優劣、および判断をめぐる人びとの一致や不一致は派生的で副次的な問題にすぎない。そのためアーレントの判断論は「善悪、正不正を見きわめる心的活動」と定式化されながら、公的領域で共有されうる善や悪、正しさや不正の規準を確立しようとする志向性が一切みられない。

　これは非常に不可解な話であろう。道徳的判断論一般の本来の目的は、無秩序に入り組んだこの世界のなかで、正義や善、真理とは何か、それは世界にど

のような秩序をもたらすか、そこに至るために人は何をなすべきかについて、よるべき指針を提示することにある。そのためにこそ、正から不正を、善から悪を弁別する原理の確定とその根拠の論証とが決定的に重要となる。それに対してアーレントは、判断の帰結ではなく判断がなされることそれ自体、つまりその行為遂行的次元だけを注視する。そのために、何について、何のために判断するのかという、通常であれば判断論のもっとも核心を占める論点の一切が欠落するのである。伝統的な道徳哲学の文脈から見た場合、というより判断論を含めたより広義の政治理論、政治哲学としてみても、彼女の議論の特殊性は際立っている。

　この点をめぐっては、すでに本書第1章でみたように、アーレントの思考から「建設的」な含意を引き出そうとする多くの注釈者が異議や不服を申し立ててきた。そこで求められた含意とはつまり、理論と実践の連携、いわば現実のさしせまった社会・経済・政治的諸課題——アーレントの言う「社会問題」——に即した具体的な行為のための指針である。「悪の凡庸さ」や「無思考性」といったアーレントの洞察それ自体に一定の意義を認める論者においてさえ、彼女の描く判断の公的意義については慎重かつ懐疑的とならざるをえない。というのも、危機に陥ったとき、思考こそが悪への防壁になるというアーレントの主張が正しいとして、では「どうすれば思考を放棄せず考えつづけることができるのか」という肝心の問題について彼女は満足な答えを示さないためである。たとえば、全体主義支配の脅威の中で「ある人びとが思考能力を失うか、あるいはその徴候を見せなくなっても、判断能力を維持しうる（わずかな）人びとがいる」（Bernstein 1997: 317）のはなぜなのか。そしてわれわれがアイヒマンのようにならないためには、具体的に何を実践すればよいのか。「無思考性」という深刻な問題を提示しながら、それを解決するための十分なガイドラインを導出できないのであれば、実践的な政治理論としては致命的な欠陥とみなされざるをえないだろう。

　それゆえに、全体主義というきわめて喫緊の悪を扱いながら、実践可能な具体案を欠いたアーレント思想が、現在進行する社会的諸問題への処方箋を求める立場からはきわめて空虚に映ることも不思議ではない。ただし注意を要するのは、アーレントにおけるこうした正解や指針の欠落が、その思考の論理的不

備や不徹底さによって生じた限界ではなく、むしろ「政治とは何か」を突き詰めたことから導かれる、きわめて論理整合的な帰結だという点である[3]。

　すでに見たように、アーレントは政治外契機を用いて政治の意味や価値を根拠づけるすべての思考様式に対して、非常に強い危機意識を抱いていた。それは自然必然的強制力が、人間から新しく始める能力を奪い取り、自由のための空間を壊滅させるためである。近代化以降、自らの土着的・宗教的・階級的ルーツと切り離され、根無し草としてただ私的領域のなかでのみ生きる匿名の人びとは、ときに確かな拠り所を求め、ともすれば自然必然的法則への従属に自らの安息を見出そうとする。アイヒマンが実地で示したように、それ自体はきわめてありふれた指向性であろう。しかし言葉と思考の尽きるところに政治の破綻を見出したアーレントにとっては、絶対的な正解やそれがもたらす一時的な安寧よりも、正解のない不安定な場所で自立的に考えつづけることの方がはるかに重要事項であった。だからこそアーレントは、判断論の構築にあたって、まず従来の超越的根拠に基づく道徳判断を解体しなければならなかったのである。

　おそらく、正解を求める声に対する彼女自身の見解がもっとも端的にあらわれた一文は、レッシング賞受賞記念講演のなかで語られた次のような言葉であろう。

　　彼［レッシング］の「自立的思考」(Selbstdenken／self-thinking) と政治的行為との密かな関係は、彼が決して自分の思考を結論へと結びつけなかったところにあります。事実、彼は、自分の思考が立てた問題の最終的な解法を意味するものであるような結論を求めることを、はっきりと拒絶していました。すなわち、彼の思考は真理の探究ではなかった。というのも、思考過程の結論としてあるどのような真理も、必然的に思考の運動を終息せしめるからです。レッシングが世界に流布させた知識の酵母（fermenta cognitionis）は、結論を伝えようとしたものではなく、他者の独立した思考を刺激し、思考する者たちの間に対話をもたらそうとしたからにほかなりません（MDT: 10）。

ゆえに判断とは、あらゆる政治外契機を排した上で、自立的思考と他の人びととの対話に基づき、自らのみを根拠とする自己充足的（self-contained）な円環のなかで構成されねばならない。善悪・正不正の弁別を、思考と言論で構成される終わりなき理解の過程として捉えるアーレントの視座は、こうした洞察に基づいて周到に編み上げられたものである。

さらに、公的領域から自然必然性を排除することには、政治の純化にかかわるもう一つの重要な位相が重ねられている。それは、政治的行為としての言論や活動に何らかの手段性を読み込もうとする思考様式全般に対するアーレントの厳しい拒絶である。というのも、政治外契機としての必然性は、政治領域上に外挿された瞬間から、政治が実現につとめるべきなんらかの上位目的として機能しはじめる。たとえばひとたび政治領域に最高善や普遍的正義などが掲げられるなら、そこへの到達こそが政治の目的かつ存在意義となる。逆に、貧窮や欠乏などの社会問題の解決が第一義となれば、政治の目的は拘束状態からの解放（liberation）にすぎなくなる。いずれにせよ、政治領域に侵入した自然必然的理念は、公的世界において実現されるべき終極目的と化すことで、あらゆる政治的行為をその達成に従事する手段へと変える。そのため、政治領域から自然必然性を排除するには、かならず同時に手段性をも排除しなくてはならない。自然必然性の排除と手段性の排除は、同じコインの裏と表の関係にある。

では、なぜ言論と活動からなる政治的行為に手段＝目的関係を適用してはならないのだろうか。その答えは『人間の条件』のなかで論じられる〈仕事〉と〈活動〉の区分にかかわっている。アーレントによれば、手段＝目的関係から事物を捉える視座は〈仕事〉の世界における〈工作人〉（*homo faber*）の特徴とされる。〈仕事〉の過程では目的が手段を正当化し、すべての事物はただ「望まれた目的にとっての適合性と有益性（usefulness）の観点からのみ判断」（HC: 153）される。こうした功利主義的思考の問題点は、「それが手段と目的の際限のない連鎖に捉えられてしまい、手段と目的の、つまり有用性そのもののカテゴリーを正当化しうる原理には決して到達しない」（HC: 154）ことにある。つまり有益性の概念それ自体は決して自分の効用を説明できず、より高次の目的に従属することによってのみ、自らの価値を確証することができる。そのため、すべてのものが有用でなくてはならない工作人にとって、あらゆる目

的は別の目的に従属する手段でしかない。この「存在する一切のものの無制限の手段化」によって、〈仕事〉の領域においては有益性以外の尺度が消滅し、事物から「それ固有の独立した価値」（HC: 157）がうしなわれるのである。

アーレントによれば、すべてを「ある目的のための（in order to)」手段と捉える功利主義的世界観に欠けているのは、「それ自体意味のある理由のために（for the sake of)」（HC: 154）行為するという観点である。手段＝目的関係という目的論的枠組みによってしか世界を見ることができない工作人は、意味の問いに答える術をもたない。精確にいえば、功利主義のもとでは、意味への問いはつねに有効性の問題へとすりかえられる。そのため、工作人＝功利主義者には有意味性（meaningfulness）と有用性（utility）を区別する能力がない。それはちょうど、その人が「誰」であるかの問いが、往々にして「何」であるかという問いにすりかえられるのと同じである。「誰 – 性（whoness)」への問いはつねに「何 – 性（whatness)」の次元に還元されて消失する。あらゆる目的が別の目的の手段へと転化するなかで、この巧妙なすりかえによって意味への問いかけは失われ、自然や世界全体を単なる使用対象物に貶める「人間中心主義」が横行する。

つまり、政治に対し人間事象を超越する高次の目的を置くならば、政治の営みはすべて、目的の達成という特殊な文脈においてのみ存在意義を与えられる。それによって言論行為それ自体に備わる意味と価値とを問うための視座がうしなわれ、行為や言論を目的に対する有用性や有効性によってしか評価できないという事態が生じるのである。こうした見解のもと、アーレントは手段性（instrumentality）を原理とする〈仕事〉については、それだけが世界の建設能力をもつ活動であることを認めつつも、世界が樹立された後は、その功利主義的世界観を公的世界から放逐すべきだと論じた。

ここにおいて、アーレントの判断論にはなぜ行動指針を示す「正解」が存在しないのかという問いに、もう一つ別の答えが加えられる。すでに見たように、正解とは判断の終着点である以上、正解への到達は、すなわち判断にともなう思考と言論活動の終わりを意味する。それだけでなく、もしも到達すべき正解の存在を前提するならば、判断は自動的に正解という目的に到達するための単なる手段へと還元されてしまうのである。

補論　真理をめぐるコミュニケーション——199

　言いかえれば、アーレントの描く判断力に正しさや秩序形成への志向がいっさい見出されない理由は、彼女が政治領域から自然必然性を排除すると同時に、判断から——というよりは、思考やコミュニケーションから——手段性をことごとく拭い去ったためである。アーレントにとって思考や言論、コミュニケーションは、なにかのために（in order to）なされるものではなく、それ自体のために（for the sake of）なされるべき事柄であり、その伝達可能性を真理値（真偽や正誤性）や道具的尺度（有用／無用）で測ることはできない。判断が出来事の意味を問い、歴史を物語る行為である以上、どれほど広く他者からの同意を集めたとしても、特定の判断が特権的な正しさを獲得することはない。

　アーレントは善悪や正不正の判断を美学的趣味判断に倣って定義したが、美しさと善悪とを同列に置く一見奇妙な主張は、美と善悪との間に「意味」という媒介項を置くことでより明瞭な理解が可能になる。カントは美的判断の特徴として「概念を経由しない」ことを繰り返し指摘したが、それはカントが美しさを認識の働きがもたらす快として捉えていたためである。カントは、あらゆる美しさの普遍的本質として個々の事物から抽象された概念（イデア）を導出しようとするプラトン的思考に反対し、美についての抽象概念は存在しないと考えた。美が概念でないならば、美的なものをあまねく一律に測定しうる一元的な尺度もまた存在しえない。美しさを語る際に、われわれがつねに比喩や範例に頼らざるをえないのは、端的に、それ以外に美を語る術がないからである。その点で、アーレントが見抜いたように、意味と美しさは非常によく似た現象だといえる。意味と美はともに、事実の地平において触知しうる媒体——文字、音声、事物、出来事——を介してのみ公的世界に現れる。それらの世界への出現はつねに物化の代償をともなうが、個々の事物に還元することはできず、また一つの抽象概念に収束することもない。意味と美は、その自己充足性において、それぞれがほかとは代替できない唯一性をもち、それゆえに決して使用価値や交換価値に換算されえず、したがって効用の対象とみなされることもない。

　こうした視座から、アーレントは必然性と道具性とを公的世界から排除し、ただ自らのみを目的とする自己充足的行為として言論を規定した。逆にいえば、正解の存在を前提とする古典的な判断論にはつねに、正当で合理的な手続きをへた正しい判断によって世界が在るべき理想の姿（正解）に近づいていくとい

う——それ自体は不合理きわまりない——特異な信念が潜在する、ということである。アーレントの議論の異質さは、実践との連結を目指す政治理論、政治哲学に必ず含まれるその種の啓蒙論的・進化論的前提をいっさい共有していないことに淵源する。彼女にとって政治の価値とは、まさに美しさがそうであるように、ただ自らを根拠とし、その唯一性において内在的に成立すべきものである。だからこそ、あらゆる不純物を取り除いた言論（政治）の価値となる複数性は、自己産出システムの再帰的な円環のなかでのみ成立し、その自己充足性においてすべての言論の起源＝根拠となる。つまりアーレント判断論における正解の不在は、判断そのものが公的世界の創設＝基礎づけ行為となり、政治領域の自律性と自立性とを共に確保することの論理的帰結である。言いかえるなら、正解の不在とは、いわば自由の可能性を保持しつづけることの代償なのである。

2　美学化への抵抗

　これまで見たように、〈政治的なもの〉をめぐるアーレントの思考は、数多くの概念区分と領域制限を通じて、政治の定義を最小限に切り詰めていくことを特徴とする。その思想の根底にあるのは、言説外領域にある反駁不可能な強制力を政治領域から極限まで取り除くことである。それは同時に、政治をそのような上位理念、つまり最高善や幸福を得るための手段とみなすことへの徹底した拒絶でもあった。政治領域からの自然必然性の排除は、手段＝目的関係の排除と等価であり、これら二つの操作をへて〈政治的なもの〉をめぐる制限と純化の手続きが完成する——つまり自存的に成立する自己充足的な公的世界の境界が可視化される。

　こうしたアーレント思想の核をより深く理解するためには、アリストテレスによる活動分類が一つ有効な補助線を与えてくれるだろう。アーレントは近代における公的領域の喪失を論じるにあたって、まず〈活動的生活〉（vita activa）から〈観照的生活〉（vita contemplativa）を切り離した。さらに〈活動的生活〉を活動／仕事／労働に分類し、そのなかの活動のみを真の政治的生活として定義した。こうした区分はアリストテレスによる活動分類、すなわち観照（theoria）／実践（praxis）／制作（poiēsis）の三区分に、家政（oikos）──生命維持と再生産にかかわる自然領域であり、都市国家ポリス（公的領域）に対置される私的領域を指す──を加えた4つの分類項に対応している。つまりアーレントによる〈政治的なるもの〉の純化は、アリストテレスの文脈からみれば、実践（＝活動）を3つの領域──観照（＝哲学、論理的必然性）、制作（＝仕事、手段‐目的関係）、家政（＝労働、生理的必然性）──から切り離し、純粋なプラクシスのみを抽出しようとする試みであることがわかる。それはプラクシスを自然（＝家政）や論理（＝観照）に従属させようとする思考様式の拒絶であり、同時にプラクシスに何らかの有用性を求める制作＝道具化への抵抗でもある。

　アーレントがもともと政治の限界を規定するためにこのような分類と排除をおこなったのか、あるいは政治領域から全体主義的思考につながる要素を一つずつ取り払っていった結果として、純粋なプラクシスのみで成り立つ公的空間の構想が残されたのか、どちらかはわからない。しかしいずれにせよ、カントの「批判」を踏襲した純化と制限の思考が、諸々の概念区分の緊密な連動の上に成り立ち、一枚の大きな織物を形成していることは疑いない。そこに描かれているのは、自らを通じた行為遂行性のうちに自らの根拠を宿すような自己実践──オートポイエーシスならぬオートプラクシス[4]──とでも言うべきコミュニケーションの純粋な位相である。アーレントがおこなった、見方によっては冗長かつ教条的にも見える一連の分類と排除は、脆く不安定な公的世界の核心を可視化しようとする、より大きな試みの一環として捉えられねばならない。

　ここで殊更にアーレントの議論の内的一貫性を主張する必要があるのは、これら一連の排除と純化の手続きが、ときに「政治の美学化（aestheticization）」として多くの評者から非難と反発を呼び起こしてきたためである。

　アーレントは公的空間における自律的自由の確保を何よりも重視したが、自律性とはつねに閉鎖性と表裏一体でもある。美があらゆる「必要」の束縛から免れているのと同じように、手段でも目的でもない純粋なプラクシスは、自律的であるがゆえに自己以外の何ものともかかわりをもたない。政治外契機の侵入を拒む自己充足的な公的空間は、同時にきわめて自閉的な空間でもある[5]。ゆえに彼女の思想のもっとも独創的な局面は、見方によってはもっとも受容の困難な点となる。アーレントの議論は明らかに一般的な政治理論の範疇から逸

脱するものだが、それでも政治理論の枠内に位置づけるかぎり——どこかの枠内に位置づける必要は本来どこにもないにせよ——その思想はただ自身の存立のみを価値とする「政治のための政治」という、きわめて奇妙な相貌を呈する[6]。とりわけ理論と実践をつなぎ、政治を社会的諸問題への解決手段とみなす立場からすれば、それらは致命的な欠陥であり、なんとしても克服されるべき空虚な美学的傾向とみなされる。

さらに、こうした美学的傾向は単に空虚なだけではなく、政治においてときに危険な徴候ともなる。というのも、そうした美学化が、アーレントだけでなく、その思想的出自である実存哲学に広く共有される傾向であり[7]、かつ戦時下において一部の実存主義者が明確にナチスを信奉し、その支配論理に哲学的正当性を供与してきた——あるいは供与すべく奮闘してきた——という共犯の歴史が存在するためである。アーレントの師にして彼女の用いる重要な分析概念の多くを負うハイデガーだけではない。たとえば、伝統的規範が機能しえない未知の危機的状況においては判断こそが重要だというアーレントの主張は、K. シュミットの決断主義をも想起させる（Schmitt 1922=1971）。あるいは、歴史に類を見ない全体主義統治の独創性そのものが人間の「新たに始める能力」の例証にほかならないではないかという皮肉な指摘もありうるだろう。アーレントによる純粋政治の概念は、美学化を経由し、その対立物であったはずの全体主義の理論的源泉に危険なほど近づいていくようにも見えるのである[8]。

ここで論点を整理しておこう。アーレントは何ものにも依存しない政治固有の意味と価値を可視化するために、政治領域から極限まで政治外契機を削ぎ落とした。それは表面的には、伝統的な二つの政治理念の棄却という形をとってあらわれる。一つは、政治を（理性の）真理に至るための手段とみなす啓蒙政治、もう一つは生命維持にかかわる生理的な必要＝困窮からの自由を目指す解放政治である。アーレントにみられる美学化傾向をめぐっては、特に解放政治の排除に批判が集中する。なぜなら、それによってアーレントの「政治」からは社会経済的基盤が消失し、支配＝抑圧関係や富の分配、利害調整など、伝統的な政治的争点を扱う術がうしなわれるためである。そのとき、あらゆる喫緊の社会問題を前政治的問題として公的領域から除外し、古代ギリシャのポリスとアメリカ合衆国の建国神話に理想化された政治の原像を見出す政治構想は、

一転して奴隷制の存在を括弧に入れたユートピア主義、あるいは復古趣味的エリート主義の危険な徴候へと変貌する。

　ただし注意を要するのは、解放政治への拒絶と同時に示される啓蒙政治への拒絶については、現代社会におけるフロネーシスの蘇生としてしばしば高く評価され、むしろ実践的政治理論としてアーレント受容の基盤の一部にもなったという点であろう[9]。政治理論の文脈でアーレントを評価しようとする試みが往々にして隘路にはまるのは、まさにこの点にかかわっている。超越的な真理を公的世界から退け、自由と複数性を擁護するその政治構想は、あらゆる党派を超え広く受容される。他方で、公的領域からの「社会問題」の追放はほとんどの評者にとって受け入れがたい制約となる。しかしアーレントによる二つの排除は表裏一体であり、どちらもアーレントによる「政治」規定からの派生物にすぎない以上、両者を分けて評価することはアーレント政治そのものの否認・歪曲にほかならない。本書第1章でみたような、テクストの「批判的読解」を通じた部分的な書きかえ、あるいは現代の政治的・社会的要請に直接応えうるような「指針」を引き出そうとする様々な試みは、そのいずれもがアーレントのおこなった「純化」への誤読──あるいは精確な読解の拒絶──を前提とする。

　その代表的論者の一人に、ハバーマスが挙げられる。彼はホルクハイマー、アドルノを嚆矢とするフランクフルト学派第二世代に属する社会（哲）学者で、アーレントの政治行為論を独自の観点から継承し、後に K. アーペルと共に討議倫理と呼ばれる批判理論を築いた。アーレント思想をより現代社会に適した実践的な理論へと発展させるべく、その政治理念の批判的読解に先鞭を付けた最初期の一人と言えるだろう。ハバーマスはアーレントによってアリストテレス的フロネーシスが現代公共圏の文脈に再生されたことを高く評価する。しかしその一方で、彼はアーレントに残存する実存主義の負の遺産、つまり美学的傾向は克服されねばならないと考えた。アーレントの純粋政治をひもとく上でハバーマスの議論は無視しえない位置を占めるが、それは必ずしも彼が現代のリベラル・デモクラシーおよび公共圏論にアーレント思想を導入し、その後のアーレント再評価の触媒機能を部分的に担ったことだけが理由ではない。われわれにとってハバーマスが重要なのは、彼の議論がはからずも、アーレントの

言う〈政治〉から社会問題の解決方法を引き出そうとする理論的努力がつねに
失敗に終わらざるをえないことを示す、一つの大きな例証となるためである。
以下で詳細を見るように、ハバーマスはアーレントの言論行為と権力概念を用
いて独自の討議概念を作り出したが、その過程でアーレントの重視したプラク
シスとテオリアの境界線を抹消し、公的領域に再び超越的な真理を導入するこ
とで政治に手段性を付与しようと試みた。討議倫理をめぐるハバーマスの論理
構築は、まさにアーレントが政治領域に課した区分と制限のほぼ全てを逆にな
ぞって一つずつ解除していく過程として読み解くことができる。それゆえに彼
の議論は、美学化という非難への反論の根拠、つまり政治の純化手続きによっ
てアーレントが政治領域を何から守ろうとしたのかを鮮やかに映し出すのであ
る。その点において、ハバーマスの討議倫理は、アーレントの政治的思考の内
的一貫性を裏側から照射する議論となる。

3　手すりなき思考から共同討議へ

　では、アーレント思想はどのような形で討議倫理へと継承されたのだろうか。
ハバーマスの議論はアーレントから主要な分析概念を受け継いでいるが、明示
的にアーレントに言及したテクストはわずかしかない[10]。その一つである『ハ
ンナ・アーレントによる権力概念』で、ハバーマスはアーレントのもたらした
最大の功績を「アリストテレスの実践（プラクシス）概念の体系的再生」
(Habermas 1976=1984: 331) への寄与に見出している。彼はアーレントが道具
的行為の対案として自己目的的な実践概念を政治領域に導入したと指摘するが、
その主な論拠として挙げられるのが、権力をめぐるアーレントの省察である。
よってハバーマスの議論を検討する前に、まずアーレントの権力論を概観して
おこう。
　アーレントは権力（Macht／power）について、通常の政治学の領域で含意
される支配や抑圧の力とは異なる独自の解釈をおこなった。彼女によれば、権
力とは人間の複数性という条件に照応し、人びとの集合によって発動される創
発の力を意味する。それは人びとが複数的に生きること（plurality）を条件と
し、互いに協調して共に活動する（act in concert）ことによって実現し、活動

が持続する限りにおいて維持される潜在能力であり、かつ「行為し語る人びとの間に現れる潜在的な出現の空間、すなわち公的領域を存続させる」（HC: 200）原動力でもある。この独特な権力観は、1969 年の「暴力について」でさらに深化をみせる。アーレントは権力を支配の道具とみなす固定観念に異を唱え、権力と暴力という二つの現象の間には厳密な区分が必要だと主張した。権力と暴力は多くの場合、結合した形で現れるが、概念的には決して同一ではなく、政治的に見れば対立し合うとアーレントは言う。というのも、暴力とは手段＝目的関係のなかで発揮される力であり、つまりはポイエーシスの領域に属するためである。暴力それ自体もまた目的に従属する手段であり、その正当性はつねに目的に依存し、道具によって実現される。また暴力は機器を通じて物質化されうる力であり、少数者による占有が可能である。それに対し、権力とはプラクシスの領域に属する。権力は「単に行為するだけでなく、他者と一致して行為する（act in concert）人間の能力に対応」（CR: 143）し、ただ人びとの同意がある限りにおいて維持される。暴力とは対照的に、権力とはあらゆる政府、あらゆる「政治的共同体の存在そのものに本来そなわる」（CR: 150）力だが、それ自体はいかなる目的にも帰属しない。なぜなら権力が必要とするのは未来の目的から引き出される正当化（justification）ではなく、過去への準拠に基づく正統性（legitimacy）であり、正統性そのものは集合の起源、つまり人びとの最初の集まりに由来するためである。

　端的にいえば、暴力（Gewalt／violence）とはポイエーシスの次元に生じる強制力であり、権力とはその対極にある政治的次元の力として定義される。権力と暴力のそれぞれが完全に純粋な形で現れることは極めてまれだが、もしも両者が対立するならば、権力はつねに暴力に屈する運命にあると、アーレントは言う。なぜなら、銃身がもっとも効果的に服従を生み出すように、暴力はつねに権力を破壊することができるためである。しかしそれでも、暴力そのものは決して権力を生みだしえない。その点で、権力は暴力に優越する。全体主義支配におけるテロルがもっとも明白に示したように、暴力による支配は一時的な成功をもたらすが、最終的には必ず自滅する。なぜなら暴力とは、権力による制限から離された瞬間、つねに自らの行使の正当性を支える権力をも破壊してしまうからである。権力が純粋な形で姿を現し、かつ暴力に優越した瞬間を

示した希少な事例としてアーレントが挙げるのは、たとえば60年代チェコスロバキアにおける「プラハの春」にみられた市民的抵抗、あるいはインドの脱植民地支配を賭けたガンジーによる非暴力不服従主義である。そうした抵抗運動が勝利を収めたのは、決して非暴力が暴力にまさったためではなく、暴力に対して権力がもつ本来的な優位性ゆえであった。つまり暴力の行使にともなう権力の失墜が、決して取り戻せない極めて高価な代償となることを、チェコスロバキアやインドの弾圧者たちが熟知していたからである。

　権力はたやすく暴力の温床となり、暴力によって消滅させられさえするが、権力は暴力からは決して生み出されない。アーレントは、暴力に対して権力がもつこのわずかな、しかし決定的な優越性を考慮に入れなければ、政治の領域における権力の本質を理解することはできないと論じた。

　アーレントによる権力（プラクシス）／暴力（ポイエーシス）の区分を受け、ハバーマスはこのようなアプローチが、社会学における伝統的な権力観——ウェーバーやT. パーソンズらの定式化による、諸目的を実現させるための目的合理的な力——とは異なり、アリストテレスのプラクシス概念の上に築かれる自己目的的でコミュニケーション的な権力概念に光を当てるものだと主張した。ハバーマスの言う「コミュニケーション的権力」とは、「自らの目的のために他者の意志を道具にすることではなく、了解を目指すコミュニケーションのなかで共通の意志を形成すること」（Habermas 1976=1984: 327）を基本的な作用とする。他者との一致した行為とは、つまり共同でおこなわれる討議であり、討議実践のなかで生み出される共同主観性こそが、アーレントの言う、暴力とは区別されるところの正当な権力の源泉になるとハバーマスは考えた。

　ハバーマスの理解によれば、そこでのアーレントの真の意図は「傷つけられない共同主観性の普遍的な諸構造を、コミュニケーション的な行為あるいは実践の形式的な諸特徴において読み取ろうとする」（Habermas 1976=1984: 331）こと、あるいは逆に、権力がコミュニケーション的に生み出されるために満たされねばならない「政治的公共性の諸条件を導き出そうとする」（Habermas 1976=1984: 347）ことにある。いずれにせよ、ハバーマスの解釈にしたがえば、アーレントの提示した自己目的的なプラクシスとは了解を目指した共同討議を意味し、そこで形成された真正な共同主観性こそが正当な権力を基礎づける源

泉となる。こうした解釈は明らかに、アーレント思想に新たな可能性を見出すというより、単に「正当な権力というものは強制なきコミュニケーションにおいて共通の確信を形成する人びとのもとでのみ生じる」（Habermas 1976=1984: 345）という彼自身の確信の表明に近い。ハバーマスによれば、討議によって生み出された権力は、自らの源泉であるところの、了解を志向する討議実践を維持することにのみ役立ちうる。その点で、暴力があくまで道具的であるのに対し、コミュニケーションから生じる権力は自己目的的であり、ほかの目的のための道具とはなりえない。ハバーマスはこのように、アーレントが描き出した政治の自己充足性を、コミュニケーションを通じた権力の自己目的的な編成過程へと読みかえていった。

　ハバーマスとアーレントの議論が大きく乖離していくのは、アーレントの論じる政治的行為（action）を、ハバーマスが「相互了解を目指したコミュニケーション行為」へと読みかえた地点である。より精確にいえば、ハバーマスはアーレントの批判的読解を通じて、彼女が権力論のなかで論じた公的空間における人びとの協働行為と、判断論の文脈でカントから導出した「再現前化の思考（representative thinking）」を統合し、「了解形成を目指す人びとによる共同の討議」という活動様式を新たに定式化した。アーレントの議論において、権力が実現するのは人びとが一致して行為するときだが、他方、拡大された心性に基づく思考様式は、想像的な他者との間の先取りされた一致を目指す。双方の「一致」に焦点を当てれば、二つの記述を結合させて新たな実践概念を立てることはそれほど無理な解釈ではない。なによりも、それによってアーレントの判断論には「共通了解の形成」という生産的な目的──ハバーマスによれば、あくまでも自己目的的な目的ではあるにせよ──が外挿される。同時に、判断に求められる「再現前化の思考」は、ハバーマスを通じて、市民社会に生きる善き市民がより円滑な了解形成に向けて身に付けるべき共生の作法ともみなされる。こうした諸々の概念統合と読みかえをへて、アーレントの判断＝行為論は、ハバーマスにおいて同格な市民同士の協議に基づく新たな政治実践プログラムへと外装を変える。再現前化の思考＝討議作法は政治的討論のためのガイドラインとなり、官僚や専門家の占有から政策決定を解き放ち、再び市井の人びとの手に取りもどすための理論的根拠を準備する。こうしたハバーマスの読

解が、後にリベラル・デモクラシーを奉じる政治理論家たちを介してアーレント判断論の民主主義的解釈へとつながっていく経緯は、すでに第1章で見たとおりである。

　ただし当然のことながら、この読みかえには論理的に大きな困難がともなう。特に判断論と行為論の結合が、アーレントの重視する〈活動的生活〉と〈観照的生活〉の区分を抹消した上に成り立っていることは注意を要するだろう。判断が〈活動的生活〉と〈観照的生活〉のいずれに属するかはともかくとして、アーレントは明らかに、原理なき（あるいは、手すりなき）場所で判断するための批判的思考を、具体的な他者との共同討議とはみなしていなかった。アーレントにおいて他者を再現前化する思考とは、世界から撤退した観察者によってなされる孤独な営為である。哲学者が真理を求めておこなう無世界的な「観照（theoria）」には属さないが、現象世界において自らの唯一性を示す「行為（praxis）」とも明確に区別される。観察者は複数であり、かつ自らの意見を伝える複数の他者の存在を前提してはいるものの、思考過程それ自体はあくまでも「可能的な他者」との想像的な対話——だからこそ、判断においては、過ぎ去った歴史から学び、未来の他者との同意を目指す範例的妥当性が求められる——を通じて、個人の内省のうちに構成される。言いかえれば、現実の出来事や行為に巻き込まれていないこと、また具体的で特定の他者から心理的に離れていること、つまり公平かつ不偏であることこそが、思考の批判性と自立性とを支える絶対の条件となるのである。

　それゆえにハバーマスは、自身の論理展開を妨げる〈観照的生活〉と〈活動的生活〉の二分法、つまりアリストテレスの区分に由来する理論（テオリア）と実践（プラクシス）の区別には断固として異議を唱えた。ただしそれは、理論と実践の区別が、批判的思考を共同討議の実践に読みかえる独自の解釈に適合しにくいという理由だけではない。彼の立論過程においてより深刻な障害となるのは、アーレントがアリストテレスではなくカントに依拠して〈観照的生活〉の内部に引いた、思考と認識との間の厳格な区分線である。思考と認識の二分法が存在する限り、思考を行為に還元し、政治領域に組み込んだとしても、もう一つの精神活動である認識は、依然として共同討議のおこなわれる実践的地平からは切り離されている。そして実践と認識が何ら関連性をもたず、相互

に独立した活動であるならば、実践領域（ハバーマスの言う公共圏）で形成された了解や合意を客観的に基礎づけうる認識的根拠は何もないことになる。つまりアーレントの引いた思考と認識の区分は、「強制なきコミュニケーションにおいてもたらされる合意」による確信の力——ハバーマスの言葉を用いれば「強制なき強制」——の真正さは、単なる意見や説得の力とは次元の異なる何らかの特別な合理的妥当性をもつはずだという、ハバーマス批判理論の中心に位置する主張と相反するのである。

　というのも、討議実践を通じて形成された合意が権力の正当性に対する「有効」な根拠たりえるには、その「有効性」を測るための客観的な規準がどうしても必要になる。しかし、認識、思考、実践がそれぞれ分断された状況下では、彼の言う「幻想的な共通確信（イデオロギー）と非幻想的な共通確信（真理）」（Habermas 1976=1984: 349）とを区別できる批判的な妥当性規準を見出す術が何もない。つまり〈観照的生活〉と〈活動的生活〉の区分があくまで保持されるならば、仮に大勢の人間が集まって話し合い、そこで何らかの合意・了解が形成されたとしても、それらは単なる意見の域を超えることはない。しかしハバーマスにとって、歪みなきコミュニケーションから得られた合意・了解には、権力の正当性の源泉となりうる特権的な認識的地位が与えられなければならない。次の一節は、このような理論的要請のもとにある彼の立場を明瞭にあらわしている。

　　彼女［アーレント］は理論と実践との間の古典的な区別に固執する。その場合に実践は、厳密な意味では真理たりえない意見と確信に支えられているのである。……究極的な明証性に立脚する理論的認識という今日では古めかしくなった概念が、ハンナ・アーレントを妨げて、実践的な諸問題に関する了解を理性的な意志形成として捉えさせないのである。これに対して実践的な諸観点の普遍化可能性を吟味し、そしてつまるところ諸規範の正しさを吟味する、彼女の言う意味での「再現前化の思考」が、深淵によって論証から切り離されていないならば、共同の確信がもつ権力に対してもまた、ある認識的な基礎が要求される。そうなれば権力の根拠は、論証的に解決可能で、原則的に批判可能な妥当性要求が実際に承認される、という点にあるのであ

る（Habermas 1976=1984: 349-350）。

　こうした考察をへて、「共同の確信」の認識的な基盤としてハバーマスが導出したのが、彼の思想全体の核心を占める、「道具的合理性」と区別された「コミュニケーション合理性（kommunikative Vernunft）」であった[11]。この新たな合理性概念の提案によって、ハバーマスはアドルノらを始めとするフランクフルト学派の陥った合理主義批判の袋小路から抜け出す途を示し、新たな批判理論の基礎を築くに至った[12]。

　ハバーマスにとってアーレントは、カントの美的判断に道徳的・政治的含意を見出し、実践的討議の原型となる「拡大された心性」の重要性を指摘した最初の論者とみなされる。というのも、彼女の示したカント解釈こそ、ハバーマスにおいては「言論と行為それ自体のなかに組み込まれたコミュニケーション合理性という概念への最初のアプローチ」（Habermas 1980: 130）にほかならないためである。つまりハバーマスの文脈において、アーレントとは、アリストテレス行為論の復興者にしてカントの隠れた政治哲学の発見者でもあり、そしてまた古代のプラクシス概念と近代啓蒙主義との融合によって、現代の公共性論が陥った混迷状況から合理性（理性）を救い出すための道標を示す者でもある。今日広く共有されるアーレント像が、こうしたハバーマスの理解に強く依拠していることは言うまでもない。

　これまでの議論を概括しよう。ハバーマスは、アーレントがおこなったポイエーシスとプラクシスとの区別を伝統的な権力概念に援用し、彼の言う「道具的権力」と「コミュニケーション的権力」の概念区分へと転換させた。さらに、コミュニケーション的権力の源泉たるコミュニケーション合理性という新たな理性概念を定義し、それを核として、共通意志に基礎づけられた権力による市民的統治を目指す独自のコミュニケーション論（討議倫理）を構築した。権力と暴力を同一視し、権力への抵抗やそこからの解放を謳うそのほかの議論と一線を画し、正当な権力——ただしアーレントにおいては正当ではなく正統の問題となるのだが——の創出を重視する点で、ハバーマスとアーレントの視点は重なり合う部分が大きい。

　しかし両者の議論の間には、埋めようのない乖離がある。ハバーマスによる

アーレントの批判的継承に含まれる問題点は、すでに多くの論者によって指摘されているが、大枠としてほぼ二つの論点に集約される[13]。一つ目は、彼がアーレントの言う「行為」と「判断」とを統合し、合意形成を目的とする実践的共同討議に読みかえたことによって、アーレントの言う行為と判断の双方を手段＝目的関係へと還元したこと。二つ目は、公的空間（公共圏）を合意形成のための場としたことによって、そこにおいてのみ開示される人間の複数性を、了解形成を妨げる単なる意見の多様性、かつ共同討議によって克服すべき与件へと矮小化したことである[14]。

　これまで見たように、アーレントにおいて、複数性という事実は公的世界における自己充足性の根拠となる真理であった。それは純粋なプラクシスのうちに現出する政治のアルケーにしてテロスであり、決して単なる前提や帰結には還元されえない。そして複数性の自己産出性こそが、公的領域にいかなる手段＝目的関係も持ち込むことなく、それ自体の意味において政治の自律と自由が確保されうる条件である以上、行為＝判断の手段化と複数性の捨象は同一の事態の別の側面にすぎない。「合意」や「了解」を目指す点で、ハバーマスの言うコミュニケーションとは、異なる人びとがただ一つの意見を共有するための進化論的・啓蒙主義的プロセスにならざるをえないのである。したがってハバーマスの討議とは、利害が対立し合う錯綜した世界に普遍的調和と理性的真理をもたらすための政治的行為として定義される。それに対し、アーレントのコミュニケーション（判断）過程に、「合意」や「了解」という収束点は存在しない。そこで生み出されるものは、理解を求めて思考し、他の人びとに意見を伝える過程のなかで生まれる終わりのない（open-ended）言論の連鎖である。こうしたアーレント的観点からすれば、ハバーマスのコミュニケーション論はプラクシスの目的論化モデルの一つでしかない。その意味で、彼の言う「合理的合意」が自己目的的であるか否かにかかわらず、「コミュニケーション合理性」は目的合理性の枠内にある理性として位置づけられるだろう。

　ハバーマスによるアーレント政治思想の目的論化について、もっとも鋭く批判したのはヴィラである。彼はもっぱらアリストテレス的行為論の視点からこの問題に接近し、ハバーマス流の解釈がアーレントの政治観の根源性を見失わせるものでしかないと指摘した。ヴィラによれば、アーレントの政治的行為論

は、アリストテレスすらも超えて「目的論的枠組みの外部でプラクシスを考えようとする、不屈の企図」（Villa 1996: 47、傍点原文）にほかならない。彼はアーレントの行為論に何らかの目的を設定しようとする解釈には、断じて抵抗しなければならないとして、次のように言う。

　彼女が論じているのは、行為の目的論的説明が、人間の複数性や公的領域から生まれる自由とは相容れない、という点である。目的論的説明では、行為の開放性（open-endedness）が否定され、活動——もはやプロセスとなった——に意味や価値を与えるために、より上位に位置する目標が求められる。行為の特徴である偶然性や「恣意性」は、最終目標という概念で「生成過程」に導入された必然性によって取り除かれてしまう。アーレントが『精神の生活』で述べているように、目的論は行為の意味を目標に依存させるだけでなく、始めるという本質的な力を行為から奪いとってしまうのである（Villa 1996: 47）。

　ヴィラが指摘するように、行為の手段化によってつねに犠牲となるのは、アーレントの行為論における行為遂行性の次元である。特に『人間の条件』のなかで顕著にあらわれるが、アーレントは行為について論じる際に、舞台、役者、観客、仮面などの演劇的な比喩を好んで用いた。公的領域をアゴーン（劇場／闘技場）になぞらえ、アクター（演技者／競技者）が見事なパフォーマンス（行為）を観客に披露し卓越性を競い合う場とみなす独特の視点は、たしかに風変わりであり、読み手に困惑を与える一因でもある。しかしそれらを手段化への抵抗という文脈に置きなおしたとき、そうした描写はすべて政治領域の自立性と自律性を確立しようとする一貫した意図の一部であることが理解されるだろう。アーレントは行為を公的領域の自己充足的な現れとして描き出すために、政治的行為と同様に、そのパフォーマンスにおいて意味と価値を示す美学的・演劇的比喩を用いた。彼女が繰り返し光を当てた政治的行為の行為遂行的次元とは、まさに動機や帰結とはかかわりなく、行為それ自体がもつ固有の意味が可視化されうる場としてある。

　さらにヴィラは、ハバーマス的な目的論に内在する、行為そのものの固有の

価値や複数性への軽視、政治的行為の手段化の思想が、西洋政治理論を根深く支配する思考様式であることを指摘している。そうした傾向は、マルクスやルソーはもちろん、プラクシスとポイエーシスを区分した当の本人であるアリストテレスにおいてすら見出される。なぜなら、アリストテレスにおけるプラクシスは「エウダイモニア（最高善）」をテロスとする一種の達成論であり、ポイエーシスとの違いはその目的の終極性にしかない。われわれの文脈でもすでに見たように、アリストテレスのフロネーシスによる道徳判断がカントで言うところの規定的判断となるのは、それがつねに普遍的な善に対する手段の選択原理を意味するためである。ゆえにアリストテレスは、もっとも自足的で充実した活動は観照的活動（theoria）であり、実践的な諸活動は閑暇（scholē）を獲得するためにこそあるのだと論じる[15]。その意味では、ヴィラの指摘するように、アリストテレスもまた自らのプラクシスとポイエーシスの区分に反し、目的論的枠組みから脱しきれていなかったと言うべきだろう。この点において、アリストテレスに対するアーレントの態度の両義性、つまりアーレントはアリストテレスの思想を――ハバーマスが言うように――単に「体系的に再生」させたのではないというヴィラの基本命題はきわめて正鵠を射ている[16]。ヴィラによれば、アーレントは単にアリストテレスの重要性を喚起し、その思想を現代の政治理論によみがえらせたのではない。むしろアーレントは、アリストテレスに抗し、アリストテレスのおこなった領域区分をアリストテレス以上に徹底させることによって、その議論に内在する矛盾を内側から打ち破ろうとした。ゆえに、その企図は、政治哲学全体を覆う行為についての「手段化という考え方が生まれてきた目的論的なコンテクストを徹底的に脱構築すること」（Villa 1996: 52）であったとヴィラは言う。

　こうしたヴィラの主張を擁護しうる根拠の一つは、アーレントがカント哲学の読解に際してもまったく同じ態度で臨んでいることである。これまでのわれわれの議論からみれば、行為論の視点からおこなわれたヴィラの指摘は、判断論においても同様に成立することがわかる。すでに見たように、アーレントはカントの立てた理性（Vernunft）と知性（Verstand）の区別をカント以上に徹底し、「カントに抗して」その政治哲学をひらいてみせた。行為論と同様に判断論においてもまた、アーレントは古典理論を解体・再構築することによって、

真理を導くための判断という目的＝手段モデルの克服を目指した。それはおそらく「哲学に濁らされていない目によって」（EU: 2）政治の本質を捉えようとするアーレントが、哲学を継承しつつ棄却するために採用した独自の思考様式である。

　ハバーマスは合理的合意形成の手段としての「共同討議」を、思考と行為との統合を通じて作り出し、ヴィラはアーレント行為論の観点からハバーマス批判を展開した。ヴィラの指摘するハバーマスの理論的困難は、ある程度、判断論の観点からみたときのハバーマスの危うさと共通する。ただし、ハバーマスがおこなった目的論的な枠組みのもとでの修正的解釈のもたらす理論的弊害は、行為論よりも判断論においてはるかに深刻にあらわれる。その主な理由は、ハバーマスの批判理論が大枠では行為論よりも判断論の範疇に属し、とりわけ思考と認識をめぐる「真理」の在り方に深くかかわっているためである。

　アーレントと同様に、ハバーマスもまた公的世界における真理と政治の関係を非常に重視した論者である。ただしアーレントにとっての真理が事実の真理としての複数性であったのに対し、ハバーマスにとってのそれは合理的合意であり、理性の真理を意味する。アーレントとハバーマスの相違点は、往々にして、手段化されたコミュニケーションに起因する複数性／単一性という表層的なレベルで語られることが多い。しかし両者の本質的な相違は、この真理規定の位相にある。言論の行為遂行性（プラクシス）のなかで現実化される複数性と、理想化された歪みなきコミュニケーションによって制作（ポイエーシス）される合理的合意の間には埋めようのない深い亀裂が存在する。両者の決定的な違いは、アーレントによって政治領域から慎重に排除された理性の真理を、ハバーマスがふたたび政治領域に取り込もうとしたことにある。ハバーマスの議論がアーレントの政治思想の内的一貫性を照らし出すとすれば、この地点にほかならない。

　われわれはこれまでの議論で、アーレントによる政治の純化が、理性真理の排除、および事実真理による政治領域の基礎づけによって成立することを見た。ハバーマスはそれと対照的な論証過程を踏む。結果としてハバーマスの討議倫理はアーレント政治思想と似て非なる議論となったが、彼の足跡をたどることは、アーレントの純粋政治とは何であるのかについて、別の視点から検証でき

る貴重な視座をもたらすだろう。

4 「討議倫理」の迷走

　以上の問題意識から、以下ではハバーマスによる討議倫理の概略を確認し、その真理概念を精査してみよう。ハバーマスの公共性論は、1962年に出版された『公共性の構造転換』（Habermas［1962］1990=1994）に始まる。彼はドイツにおける市民的公共圏の成立と凋落のプロセスを跡づけ、現代社会における公共性再興の必要性を問題提起した。後に主題はコミュニケーション的行為論、さらにアーペルと共に討議倫理に基づくコミュニケーション・モデルの精緻化に移行したが、平等な市民による対話と連帯を通じた正当な権力の創出という公共性論当初からの信念は一貫して保持されている。ハバーマスは、アーレントの権力論から引き出した分析概念を継承・発展させ、道徳判断をコミュニケーション行為からなる合意形成過程へと書きかえていった。ハバーマスの言う討議倫理（Diskursethik）とは、そのような共同討議に基づく実践的な道徳判断論の論理的かつ倫理的根拠をめぐる一連の公共圏論である[17]。

　討議倫理の企図を一言であらわすならば、万人が従いうる普遍的な道徳規範は、人びとが共同でおこなう実践的討議を介してのみ成立する、というものである[18]。ハバーマスの時代診断によれば、現代社会は道徳の伝統的基盤が失われ、共同体内での背景合意が崩壊した混迷状態にある。それにもかかわらず、多元社会への移行によって共同体間の道徳的対立は激化し、人びとは自らの正当性を守るために、すでに合意が失われた価値規準をめぐってその妥当性を主張し合うという不毛な状況に陥っている。こうしたジレンマを克服するには、異なる背景を持つ者たちが集まり、共同で道徳的基盤を探究しなければならない。共通の基礎づけを確立することによって、伝統的な道徳規範は新たな正当性を得るとともに、当事者間の了解形成によって道徳的対立の平和的な解消が可能になる。

　道徳判断論の系譜から見たこの議論のユニークな点は、道徳的妥当性を支える超越的な根拠すべてが失効した近代化以降の社会において、それを代替しうる妥当性基盤は唯一コミュニケーション行為の地平のみに求められるとした

ころにある。道徳判断において必要とされるのは公平性・不偏性であり、それは当事者すべてを納得させうる超党派的な観点にほかならない。そうしたパースペクティブは関係者全員による共同討議を通じてのみ獲得することができるとハバーマスは考えた。つまり純粋な説得力以外なんら強制力の作用しない、理想的な発話状況の下でおこなわれる共同討議は、全員が強制なく同意することの可能な「合意」を実現する。そこで得られた了解こそが、現代におけるもっとも正当な道徳的根拠を提供する。

　こうした見解のもと、ハバーマスは何よりも現実の他者との間で交わされる直接的なコミュニケーションを重視する。その理想化されたコミュニケーション過程が、アーレントがカントから引き出した「再現前化の思考」をモデルとすることは先に見た通りである。ただしアーレントの言う「拡大された思考（enlarged thought）」が、あくまでも想像的な他者との間で交わされる内省的対話であったのに対し、討議倫理において公共性（公共圏）の基盤となる「実践的討議」は、具体的な他者との間で交わされる相互行為である。この転換によって、討議手続きの内容中立的な形式性と、合意内容の万人に対する受容可能性とを、判断の普遍的な正しさが保証されるための条件として措定することが可能になる。つまり正当な条件の下、正当な手順でおこなわれた実践的討議を介してのみ、この条件を満たしうる正当な合意が成立し、対立する諸々の利害を調停しうる普遍的な正義が実現する[19]。

　以上が討議倫理の概略となる。端的にいえば、それは人びとの合意と了解を根拠とする道徳の基礎づけ論であり、同時に、道徳を実践理性の形而上学から解放し、間主観的な地平へと接合させる試みでもある。アーレントによる判断論もまた、カントの定言命法を棄却し、規定的判断を反省的判断へと読みかえていくなかで構築された議論であった。公的領域の基盤を人びとの間に現れる言説的位相の次元に見出す点で、ハバーマスとアーレントの間には連続性が見出される。しかし彼の議論には、アーレントならば決して許容しないであろういくつかの重要な前提があり、そのために両者の不一致は調停不能なものとなっている。

　討議倫理がアーレント判断論と決定的に袂を分かつのは、先に見たように、判断プロセスを構成するコミュニケーションを、合意に至るための手段とみな

す点である。「関係者全員による了解形成」が可能であることの保証として、討議倫理は討議の合意、つまり判断の正解を真理として措定しなければならない。重要なのは、そうした前提を導入することが超越的な規準を再度相互行為の地平に密輸入し、討議倫理を限りなく定言命法へと近づけていく点である。普遍的正義の確立という目的からみれば、定言命法と討議倫理の差異は、ただそれが実践理性の命令によるものか、コミュニケーション理性——そのようなものが存在するとして——によって（強制なき）強制がおこなわれるのかの違いにすぎない。つまりコミュニケーションを合意形成の手段とすることで、討議倫理はすでにそこから分節化されたはずの超越論的な道徳哲学へと再び退行していくのである。

　こうした見地から、カントを基軸にアーレントとハーバマス両者の議論を比較した場合、アーレントの判断論が政治（道徳）領域に拡張された美的趣味判断であるのに対し、ハーバマスの討議倫理は定言命法の間主観化として捉えることができる。表面的には似通って見えるとしても、二つの公共性論が本質的に異なるものとみなされねばならない理由は、まさにこの点にある。そして討議倫理を定言命法の間主観化としてみるならば、その論理的な困難を網羅的に把捉することが可能になる。一見すれば、討議倫理は独我論的な定言命法に人びとの相互行為の次元を接続し、アーレントの描く公的世界と政治的言論行為に「正解」を持ち込むことで「社会問題」の調停可能性を付与する。美学化の克服という点で、現代社会の諸課題に適用しうる理想的な判断論を提示しているようにもみえるだろう。しかし、その論理構成を内在的に検討すると、討議倫理が種々の強引な概念操作に基づくきわめて脆弱な議論であることが判明する。もっとも大きな原因の一つは、合理的な合意が必ず実現可能であるというなんら根拠のない前提——言いかえれば、真理は討議による合意を通じてもたらされるべきだという、ある意味では民主主義システムへの強固な信頼に基づく、極めて素朴な彼自身の信念——の正しさを論理的に証明しようとしたことにある。アーレントの判断論は、細部に至るまで諸要素が緊密に連関し合う首尾一貫した論理構成をもつ。それに対し、ハーバマスの討議倫理は、文脈の異なる様々な議論を断片的に切り取って貼り合わせたような印象を否めない。それはひとえに、立論過程における論理基盤の脆弱さ、および論理的な非一貫性

によるものである。以下でみるように、純粋に論理形式だけを取り出してみた場合、討議倫理は主としてカントの純粋理性、実践理性、判断力の三大批判から部分的に取り出されたいくつかの分析概念が、一つの物語——アーレントから継承し彼独自の変更を加えた公共圏の理念——に沿って再配置されたものであることがわかる。ハバーマスはその優れた構成力によって本来つながりようのない議論の諸要素を巧みに接合し、一つの壮大な理論を構築した。しかし手法の特異性ゆえに、内部に独特の脆さと歪みを抱えざるをえなかった。

　では、討議倫理の困難は具体的にどの点にあらわれるのだろうか。言うまでもなく、ハバーマス、というより討議倫理の理論的課題は、いかにして個々のコンテクストに制約を受けることなく万人に受容可能な普遍的正義を基礎づけられるか、という点にある。言いかえれば、超越的な普遍原理に支えられた道徳判断のもつ手段性を保持したまま、人びとの政治的行為を可能にする公共的次元をいかにして確保するか、ということでもある。彼はこの難問に対し、カント哲学の実践理性と趣味判断とを融合させることによって解決をはかる。つまり「真理＝同意」という等式を立てることで、趣味判断を構成するコミュニケーション過程を、真理（正解）に至るための共同討議に置換したのである。この等式の奇妙さは、趣味判断の間主観的な尺度と、真理のア・プリオリな客観性との間に本来あるべき区別を完全に無視しているところから生じる。言うまでもないが、間主観性と客観性は相異なる規準であり、それぞれが互いに関わりなく独立に成立する。たとえ両者が一致することがあるとしても、それは経験的、あるいは偶然的なものにすぎない。両者の間には因果関係も相関関係もなく、ゆえに当然ながら、一方の規準をどれだけ精緻化しても、他方における妥当性規準を満たすことはない。間主観的な事柄と客観的な事柄とは、単純にまったく異なる論理カテゴリーに属している。

　ゆえに、合意＝真理という等式を正当化するためには、間主観性と客観性それぞれの独立性を棄却し、両者の間に何らかの必然的かつ認識的な連関関係があることを証明しなければならない。真理と合意をどのように架橋するかという問題は、特に「コミュニケーション的行為と理性の脱超越論化」（Habermas 2001＝2003）に詳しい。ハバーマスはこの論考の中で、理想的な発話状況下で形成された合意を真理とみなす自らの観点、つまり「コミュニケーション的行

為と論議の遂行において行為遂行的になされる理想化」について論じている。彼は客観的認識と討議による正当化の結合を「理性の脱超越論化」と位置づけるが、そのための方法論としてカントの『純粋理性批判』の議論を援用し、間主観性と客観性、すなわち合意と真理の関係を、認識においてわれわれに直接与えられる「現象（Erscheinung）」と、つねに認識を越え、決して経験的には把捉されえない「物自体（Ding an sich）」との関係として敷衍することを提案する。ハバーマスによれば、その操作によって「ある意味では、『物自体』と現象の区別に取って替わるのが、真理と合理的な受容可能性との相違」（Habermas 2001=2003 上：15；2014：40）となる。当該箇所のハバーマスの記述を引いてみよう。

　「物自体」と現象というこの超越論的断絶を架橋することをカントは、世界の統一性という規制的理念を使ってもできなかった。というのも、いっさいの限定された認識を全部そろえるという発見的方法 Heuristik によっても、現象の王国の外に悟性（Verstand: 引用者注記）を導き出すことはできないからである。認識主体を脱超越論化したあとでも、真であるものと、われわれにとって正当 gerechtfertigt である、もしくは合理的に受容可能であるとして妥当するものとの間の断絶は残る。この断絶は、ディスクルス（討議：引用者注記）の内部では最終的に閉じることはできないが、討議から行為への合理的に動機づけられた移行を通じて語用論として閉じることは可能である（Habermas 2001=2003 上：15；2014：40）。

　このように、ハバーマスは客観性と間主観性の間の「断絶」を認めつつも、両者の間の（カントもなしえなかった）架橋が「語用論的には」可能であると考えた。というのも、語用論（Pragmatik）の立場からみれば、われわれの世界との接触、つまり世界との関係はつねに言語によって媒介されている。この事態こそ「行為と発話において前提されている世界の客観性が、コミュニケーション参加者の間の相互理解の間主観性に遡るものであることを明らかにしてくれる」（Habermas 2001=2003 上：16；2014：41, 傍点引用者）と、ハバーマスは考えたのである[20]。

しかし、合意／真理を、現象／物自体の関係性に喩えるこのアナロジーを正当化するには、さらに別の論証が要請される。というのも、現象とは、カントにおいて「知性／悟性（Verstand）」の領域にかかわる認識（認知）の概念であり、「理性（Vernunft）」に基づく合意——合意は理性に基づいて形成されるというハバーマスの前提を受け入れるとして——とは論理的に次元の異なる領域に属するからである。つまり、合意が現象、真理が物自体の範疇に属するならば、合意を導く理性判断には認識的側面が含まれていなければならないが、それはカントによって立てられた理性（Vernunft）と知性（Verstand）の間の区分を無視することによってのみ可能となる[21]。つまり、判断と認識の間に何らかの内的な連関関係を措定することとは、すなわち思考による判断と、知覚による認識（あるいは意味の解釈と事実の認知）という二つの精神活動の区分を抹消することを意味する。その点で、ハバーマスが討議倫理でおこなった論理操作は、アーレントがカントから継承し、カント自身よりさらに徹底させた、理性（Vernunft）と知性（Verstand）の間の厳格な境界線をもう一度抹消し、思考と認識の区別を無効化することを意味する。

　ただしこの論理操作は、ハバーマスの理論に解消不能な一つのアポリアをもたらす。というのも、判断が知覚に等しいのであれば、その判断には主観性にも間主観性にも依存しない客観性が含まれなければならない。しかし判断が単に客観的な「事実認識」によってもたらされるならば、それは実践理性の命令と等価であり、わざわざ他の人びとと共同討議をおこなう必要はない。つまり道徳的判断が間主観的な判断であると同時に、その判断が認知的な事実性を含むためには、客観的に同定しうる規則にそった受動的判断を、能動的かつ（間）主観的におこなうという、きわめて矛盾した手続きが要請されるのである。

　ハバーマスはこの難問について、ある奇抜な方法による解決をはかった。それは道徳判断の規準を、カント＝アーレントの共通感覚ではなく、客観的な計算可能性を含意する「合理性」（Vernunft／rationality）によって代替するという方法である[22]。先に見たように、このような概念操作をへて定義された合理性こそが、道具的合理性とは区別された、ハバーマス独自の理念である「コミュニケーション合理性（討議理性）」にほかならない。共通感覚からコミュニケーション合理性への移行にともない、カント＝アーレントの判断論におけ

る妥当性尺度の伝達可能性は「合理的受容可能性」へと置換され、客観的な手続きにしたがう間主観的判断としてのある種キメラのような討議倫理の理論的土台が準備された。

　新たな「理性」の定立と共に、討議倫理を成立させるには、もう一つ重要な概念操作が要請される。それは本来断絶されているはずの合意と真理を架橋、というより統合するための新たな真理概念の規定である。合意≒真理という近似式のもとで、実践的討議による合意形成過程は真理の探究と──「語用論的」に見れば──等価となるが、そこで得られた真理はあくまで近似式のもとで得られた近似解であり、通常の真理概念とは別種の真理を含意する。この「真理」はどこからやって来るのか。ハバーマスによれば、人びとは人間に生来そなわる真理への志向性から自己目的的に了解形成を欲する。しかし認識が物自体に到達することがないのと同様に、共同討議によって得られた合意は、真性の真理とは言えない。コミュニケーションにおける真理とは、ただ合意形成を動機づけ、人びとを討議へと促すための統制理念としてのみ措定しうる。ゆえに、討議によって得られた合意が真理の近似解であるとしても、それは絶対的なものではなく、つねに批判と可謬性にさらされた暫定的な真理──ハバーマスの言い方を用いれば「可謬的な真理」──にすぎない。この特殊な真理規定によって、人びとは共同討議をへて真理に到達するという討議倫理が完成された。

5　純粋政治とは何か

　ハバーマスによる一連の読みかえと再定義は、アーレントのみならず、カントがおこなった概念間の区分と制限すべてを解除した上に成り立っている。ここでわれわれの文脈において重要なのは、ハバーマスのカント解釈に正統性と正当性が見出されるのかというカント研究史上の問題よりも、それらの論理操作を通じて生み出された諸概念が、ハバーマスの構想する公共圏にどのような困難をもたらすのか、というより「実践的」な問いである。

　論理整合性の観点からみた討議倫理の不安定さは、おそらくその真理規定に集約されるだろう。ハバーマスは道徳的判断の手段性を確保するために、合意

を真理として政治領域に持ち込んだが、同時に、その真理に対し可謬性という留保を付すことによって公共圏の存在意義を守ろうとした。その意味では、真理という必然的強制力を公的世界へと持ち込めば、政治の自律性は簡単に崩れ去るだろうというアーレントの洞察に、ハバーマスはそれほど無自覚ではなかったといえる。そして公共圏の相対的自律性と判断の普遍的根拠の確立、その相矛盾する要請をかろうじて両立させる概念装置が、先に見た「可謬的な真理」である。それはアーレントの言う「事実の真理」とは対極に位置する真理概念だが、しかしここで今一度、可謬的な真理とは一体いかなる真理なのかを問い返す必要がある[23]。ハバーマスの真理規定が問題含みであることは、すでに多くの論者に指摘されるところであり、ハバーマス自身もまた定義の正当化に膨大な記述を費やしている[24]。その主な理由は、彼の真理規定が哲学における伝統的な真理概念との間に解消しがたいアンチノミーを引き起こすためである。古代ギリシャ語のアレーテイアを引証するまでもなく、真理とはテオリア（観照）に結びついた永遠不変の対象を指示する言葉である。その「隠れなさ」、つまり開示性を本質とする真理には、ほんらい可謬性はないし、可謬的であるならばそれは真理ではない。アーレントが繰り返し指摘するように、真理のもつ第一義的な性格はその論駁不可能性にあり、それについての議論や説得が意味をなさないことこそが「真なるもの」の条件となる。だとすれば、人間事象（コミュニケーション地平）における可謬的な真理とは端的な撞着語法であろう。

　こうした用語法は、実はハバーマスの論証手続き全般に見られる顕著な特徴でもある。一つの概念を解体しつつ別の意味へと再構築するアーレントの手法とは対照的に、ハバーマスが多用するのは、矛盾する二つの言葉を結びつけて新たな鍵概念を作り出し、矛盾は解決したと主張する手法である。彼の出自であるフランクフルト学派から継承した一種の弁証法ともいえるが、見方を変えれば、それは論理的破綻を来すたびに新たな概念を作り出し、論理的不整合の負荷すべてをその概念に担わせるという詐術にも等しい。言うまでもなく「コミュニケーション合理性（討議理性)」もそうした概念の一つとして挙げられる。彼自身認めるように、この理性の存在を証明しうる究極的な根拠や起源は存在しない。ただ「行為者たちがそもそもこうした了解志向の実践を始める以上は、

どうしても認めねばならない想定」(Habermas 2001=2003 上：9；2014：31，傍点引用者）というだけの規範的な命題、あるいは希望的観測にすぎない。そのほかにも、たとえば公共的理想として掲げられる「万人への平等な尊重」「何者をも排除しない共同体」、あるいは「強制なき強制」も、同種の鍵語に数えられるだろう。繰り返しになるが、万人に平等に与えられるならば「尊重」とはならず、何者をも排除しないことがすでに「共同体」の定義に反する。アーレントにおいて指摘される政治の美学化は、理想化されたポリスというユートピア、そして全体主義支配という現実のディストピア双方に重ねられ厳しい批判を受けてきた。しかし美学化を克服し、その「懐古趣味」の払拭を試みたハバーマスもまた、ユートピア＝ディストピアの社会構想から決して自由ではない。ここからわかるのは、政治における手段性の排除と政治の美学化とは互いに独立の事象であること、そして政治に手段性を付与することが美学化の克服に寄与しないことである。

　では、アーレントの公的領域とハバーマスの公共圏の最も大きな違いはどこにあらわれるのだろうか。アーレント思想において複数性がそうであったように、ハバーマスの公共圏論の核心を占めるのは「合意＝（可謬という留保の付いた）真理」である。二つはともに真理概念として立てられているが、決定的な違いはその「自明さ」にある。複数性の自明性とは共通感覚によって与えられる事実の明証性と等価である。それに対し、合意（＝可謬的真理）の正しさの自明性とは「コミュニケーション合理性」によって支えられるが、「コミュニケーション合理性」の存在それ自体が自明なものではない。そのため、まずそうした合理性の存在を正当化するために膨大な論証が要請され、さらにそうした論証が要請されること自体において、証明されるべき真理の明証性の欠如が露呈する。事実の真理としての複数性と、可謬的真理としての合意は、決して真理として等価ではないし、等価だとみなされるべきでもない。

　もちろん真理概念の扱いに関して、ハバーマスはかなり慎重な姿勢を示している。討議から得られた合意の正当性を普遍化するための条件である「理想的発話状況」は、彼自身が言うように反事実的想定であり、現実においては実現不可能とされる。さらに、たとえ理想的な発話条件が満たされていたとしても、そこで得られた合意にはつねに可謬性という留保が付される。したがって、ハ

バーマスによれば、われわれが現実の討議実践によって到達する合意は、二重の不確定性にさらされた疑似的な真理にすぎない。しかしこうした制約を設けてもなお、真理と合意の統合が公的領域にもたらす危険性を低減することは難しい。それは単に、可謬的真理を突き詰めればアーレントとは別種のユートピアニズムに陥らざるをえない、という理由ではない。「正しい判断だから皆が一致する」ことは、たやすく「皆が一致するから正しい判断である」へと転倒されていくためである。そうなれば、世論が支配するポピュリズムや、正しさを効用で測る功利主義まではわずかな距離となるだろう。合意を強制する討議倫理には、そうした転倒を防ぐための内在的な機制が存在しない。もちろんハバーマスは、こうしたポピュリズムをもっとも警戒し、公共圏における討論を政治的決定システムに直結させてはならないないと考えていた[25]。しかしどれだけ周到かつ精緻な制度設計を試みたとしても、合意を真理とみなすことの危うさが消えることはない。アーレントが直感的に見抜いていたように、合意と真理の区別を取り払うことは、自由（freedom）と必然（necessity）の区別をなくすことに等しい。われわれは討議倫理の成立過程を通じ、合意が必然化された討議（コミュニケーション）にどのような自由があるのかを、あらためて問い直す必要があるだろう。

　以上、アーレント判断論とハバーマス討議倫理との間にある埋めがたい亀裂を検討した。討議倫理は出発地点でアーレントの判断論を継承しつつも、アーレントがおこなった厳格な概念区分を一つずつ解除していくことで成り立っている。アーレントの〈政治〉が純化と制限の思考であるとすれば、討議倫理は混交と統合の産物といえる。ハバーマスの言う「コミュニケーション」とは実践的行為であり、思考および認識であり、さらに真理に至る手段であるとともに必要＝窮乏からの解放でもある。このことだけでも、討議倫理がどれだけコミュニケーションに過大な問題解決機能を期待しているかがわかる。

　そして二つの議論の比較を通じてわかることは、アーレント思想の高度に完成された体系性である。アーレントの議論を現代的な政治理論へと適合させるにあたって、ハバーマスはただコミュニケーション行為に「合意」という契機を導入し、利害調停の役割を付加したにすぎない。しかしその微細な変更は、結局すべての概念区分を破壊し、アーレント思想を支える諸領域間の緊密な連

関を瓦解させる結果となった。このことから、アーレント思想をその意図に反して部分的に書きかえること、あるいは「批判的継承」を通じて現代の社会問題へと適用する試みにはほとんど成功の見込みがないことを強調したい。

　そうした試みに反論するには、おそらくアーレントが「教養」について述べた次の警句を引くだけで十分なのだろう。つまり、「教養俗人の問題は、彼らが古典を読むことではなく、自己完成という下心に促されて読むことであり、シェイクスピアやプラトンが、自身が教養を身に付けるよりもはるかに重要なことを教えてくれるかもしれないという事実に、彼らがまったく気づかないことである」(BPF: 203)、という一節である。

　ではアーレントの言う政治は、問題解決ではない何をわれわれに示すのだろうか。ここで改めて、アーレントとハバーマス、両者の真理概念の差異が公的世界にどのような差異として現れるかを確認しておこう。

　アーレント判断論において、複数性とは言論を通じて事実として現実化する真理である。われわれはただ言論を通じてのみ、他の人びとと共に同一の世界を共有しているという事実を知りうるが、それはコミュニケーションを通じて形成される客観的な真理でもなければ、それを知るためにコミュニケーションがなされるわけでもない。人びとはそれぞれが異なる存在であり、地上に一人として同じ人間はいないという事実、つまり複数性というわれわれの実存的条件には理由や必然性がない。それは単純な真理であり、いかなる理性によってもその明証性は根拠づけられず、また根拠づけられる必要もない。言論はその行為遂行性において自らの条件としての複数性を現実化するが、このような言論と複数性の循環関係は了解形成や存在／現象（表象）にも還元されえない。アーレントは何ものにも依存しない純粋なプラクシスとして政治を定義することで、コミュニケーションそれ自体のもつ意味と価値とを可視化した。言いかえれば、アーレントはあたかもオッカムの剃刀を振るうかのように、政治にまつわるあらゆる冗長性を削ぎ落とした後に、なぜ言論が重要であるのか、その絶対的に守られねばならない核心の所在だけを示したのである[26]。

　ゆえに、われわれは「アーレント判断論が正しく、討議倫理は誤りである」という安直な結論を控えねばならない。これまでに検討したのは、あくまでも「アーレント思想の目的論化」という見地からみた討議倫理の問題点であり、

「コミュニケーション合理性（討議理性）」が単なる超越論的虚構であるとして
も、そのことは直ちに討議倫理を棄却する理由にはならない。言いかえれば、
ハバーマスの主張する「合理的合意」の可能性自体は、証明も反証もされえな
い事柄であり、彼の信念そのものが誤っていることを意味しない。むしろ本当
に問われるべき問いは、「語用論」の名の下に様々な矛盾を括弧に入れる強引
な論理展開にもかかわらず、討議倫理が公共圏をめぐる議論のなかで今なお重
要な位置を占めるという事実ではないだろうか。

　直截にいえば、討議倫理とは、了解形成を真理の到達に置きかえ、コミュニ
ケーションの有用性を論理的に証明しようとする議論である。ハバーマス自身
が認めるように、この倫理の背後には「人びとの間に生じた対立や衝突は、暴
力ではなく対話に基づく相互了解によって解決されるべきである」という一つ
の強固な規範が存在する。歴史的に見てもこの規範にはきわめて高い受容可能
性が認められるだろう。現代社会におけるもっとも堅固な共通了解の一つとい
えるかもしれない。討議倫理の論証をめぐる諸々の困難は、こうした規範を
ア・プリオリに基礎づけることの不可能性を示しているが、にもかかわらず討
議倫理は今もなお一定のリアリティを保ち、われわれに現実の諸課題への参照
点を提示する。その理由はおそらく、討議倫理の根底にある信念、つまりコミ
ュニケーションに対して抱くわれわれの信頼が、もともと手段としての有用性
や、「真理志向に導かれた了解形成への欲求」などに基づいたものではないた
めである。

　では、言論に特別な価値があるとする確信の源泉はどこにあるのか。それこ
そが、アーレントが純粋政治を通じて描き出した複数性ではないだろうか。も
し討議倫理のうちに、論理的整合性とはかかわりなく強固な説得力が備わって
いるとすれば、討議倫理それ自体のなかに、すでに事実の位相におけるコミュ
ニケーション固有の価値が包含されているためである。言いかえれば、コミュ
ニケーションに有用性を見出す観点には、すでに純粋プラクシスとしてのコミ
ュニケーションそれ自体がもつ、内在的な価値が前提されているのである。だ
とすれば、アーレント思想の最大の功績は、コミュニケーションを目的論から
切り離し、その固有の価値を可視化したことに見出されるだろう。それは目的
合理性によって捉えることができず、これまでつねにその残余として示される

ほかなかった価値である。その意味で、アーレントの判断論とハバーマスの討議倫理は、対照的ではあるが対立するものではない。ハバーマスはアーレントの思想の書きかえには失敗した。しかし討議倫理は、コミュニケーションの内在的価値を（無自覚にせよ）前提しているという点で、アーレントの思考の延長上に位置づけられるだろう。

　ゆえに、討議倫理の抱える真の問題は、判断の妥当性を合理的尺度によって測ろうとすることの誤りではなく、合理的尺度のみによって測られるとする発想の危険性である。ハバーマスは、条件さえ整えば、どのような対立や紛争もかならず討議によって解決策が見出されることを論理的に証明しようとした。当然ながら、そのような途方もない論証は成功しない。しかし討議倫理のリアリティの隠れた源泉がプラクシス（コミュニケーション）の純粋な位相にある限り、コミュニケーション万能の主張は、立証可能性／不可能性にかかわらず一定の説得力を保ちつづけうる。ただし、われわれは次の事態に留意せねばならない。つまり、理想的なコミュニケーションはかならず相互了解をもたらすという発想は、得てして、相互了解をもたらさないコミュニケーションはコミュニケーションたりえない、もしくは無益であるという発想へとつながることである。

　ここで再び、権力と暴力に関するアーレントの議論を想起することが有効であるように思われる。暴力に対する権力の優越を主張する際に、アーレントは、暴力はつねに権力を破壊することができるが、暴力そのものは決して権力を生みだしえないと論じた。なぜなら権力は暴力の制限であると同時に、その正当性の根拠にほかならず、暴力は権力を破壊することによって自らを支える基盤をも失ってしまうからである。この暴力と権力の関係は、討議倫理の提起するコミュニケーションの手段的価値と、アーレントの論じるコミュニケーションの内在的価値との関係に敷衍することができる。暴力と権力はつねに結合してあらわれるが、概念的には別のものであり、事象の意味を読み解く際には厳密に区別されなければならない。同様に、コミュニケーションの二つの位相もまた、現実にはつねに同時にあらわれる。しかしわれわれは、概念的には両者を厳密に区別しなくてはならないだろう。コミュニケーションそれ自体がもつ価値は、その手段的価値を支える。しかし手段的価値からコミュニケーション固

有の価値を生み出すことはできない。そして手段的尺度のみにその価値を還元するならば、コミュニケーションの純粋なプラクシスとしての位相は完全に破壊されてしまうのである。

　もちろん、権力のみで構成される政治空間がないように、純粋なプラクシスのみで構成される言論行為もまた、現実には存在しない。そうである以上、必然性や手段性と結びついた合理的規準の完全な排除は非現実的であろう。しかし、あるいはそれゆえにこそ、アーレントの提示する複数性という事実概念には、社会問題の解決よりもはるかに重要な政治的含意が見出される。それは彼女の思考がつねに、目的や効用の下にたやすく忘れ去られてしまう言論行為の純粋な意味と価値を、合理性の分厚い覆いを取り払ってわれわれに指し示してくれるためである。依然として自然的必然性に支配される「社会」のなかで、揺るがずに自由を志向することは、それほど簡単な作業ではない。そのための想像力を、アーレントは自らの思考を範例に描き出しているのである。

【注】

1) アーレントの思索のなかに「思考」という主題があらわれる時期に関しては、第1章2節参照。後に見るように、レッシングの「自立的思考 Selbstdenken」（MDT: 8-10）への言及としてしばしば引用されるレッシング賞受賞記念講演も、アイヒマン裁判開廷（1961年）に先立つ1959年におこなわれた。こうした連続性に着目すれば、裁判後に書かれた受動的な判断論と、それ以前に書かれた能動的な判断論との間に解消されえぬ「緊張関係」（Bernstein 1986: 221）を見出す議論は論拠に乏しい。本書第3章注31）も参照。

2) 1972年に開かれたシンポジウムでのハンス・ヨナスとの対話でも、共有された判断の最終的な位置づけが焦点の一つとなっている。カントの実践理性を強調し、「最高善」という理念がわれわれに最終的指針を与えねばならないと主張するヨナスに対し、アーレントは、究極的なものは存在しえず、そうした要求は結局のところ「新しい神」を望むことでしかないと退けた（RPW: 313）。

3) アーレントの議論に現実の社会問題の解決を求める視座自体を棄却する本書の視座とは異なり、回顧的判断では迫り来る悪に対抗できないという欠陥を認めた上で、その政治的限界を克服しうる契機がアーレントの議論に内在すると考える立場もある。たとえば千葉（1996）では、判断とは『精神の生活：II. 意思』で描かれた意志のアポリアを克服しうる契機であり、同時に形式主義的な判断のもつ限界は「世界への愛」として再構成された意志によって補われるとされる。第5章、特に183-184頁参照。

補論　真理をめぐるコミュニケーション——229

4)　アリストテレスの定義する「プラクシス（実践）」概念がもともとそれ自体のうちに自己準拠性を持つため、「オートプラクシス」という言葉は厳密には同語反復となる。あえて名付けるなら、それはただ「純粋プラクシス」としか言えない何かであろう。本書第5章注18）もあわせて参照。

5)　ただし、アーレントの公的空間は「事実の真理」という地平に開かれている点で完全な自閉空間としては描かれていない。公的空間の閉鎖性ではなく事実の地平への開放性こそがアーレントのもっとも独創的な点であり、本書の理解に依拠すれば、「美学化」という批判はそもそもアーレント思想に該当しないと考えられる。

6)　ここでは理論と実践とを結びつける議論の総称として便宜的に「政治理論」という語句を用いているが、そもそもアーレントの著作を「政治理論」に紐付けて論じることが適切なのか一意には決めがたい。またアーレント思想と狭義の政治学にはほとんど関連がないことも注意を要するだろう。彼女は生前、哲学からの訣別を表明し、しばしば政治学のカンファレンスに招かれていたが、それは自他共に認める「専門家ではない」部外者としての参加であった（Young-Bruehl [1982] 2004=1999）。それでも、たとえば B. クリック（Crick and Crick 1987= 2003）が述べるように、「政治理論（political theory）」というカテゴリーが「一般化と説明を目指す最高度に構造化された政治的意見（opinion）」であるならば、アーレントの著作は確かにその範疇に属するといえる。政治をめぐる彼女の思索はそれ自体が政治的判断であり、時と場合によっては彼女が自分を単に「真実を語る者」と自認していたとしても、その中心にあるのは出来事についての政治的意見——「わたしにはそう見える（ドケイ・モイ）」——の表明にほかならなかった。ただしクリックが付言するように、政治理論というものが同時に行動指針を示す政治的教説（doctrine）のバックボーンでもあるべきならば、アーレントの議論は明らかに政治理論たりえない。単に彼女の思考には行動指針が含まれないという理由だけではなく、彼女の視座の独自性の中心に位置するのが、まさに理論（テオリア）と実践（プラクシス）の切断だからである。といっても「政治理論」という言葉に厳密な学術的定義は存在せず、政治学内部においても諸派に分かれ、共通見解はないとされる。政治理論の歴史的展開およびアーレント活動期の60年代における北米の「現代政治理論」の混迷状況については、Wollin（1969=1988）の議論が適切な見取り図を提示してくれるだろう。他方で、アーレントの思想は社会理論に含まれるのかといえば、決してそうではない。規範性を含む政治理論に対して、社会理論とはむしろ社会の精確な記述を目指す価値中立的な解釈図式を意味するが、「自由（freedom）」という価値を明確に標榜するアーレントは、単なる社会理論にも還元されえない規範性を含む。端的にいえば、アーレント思想は、自らを哲学から切り離す一方、歴史学と呼ぶには理論的にすぎ、政治理論と呼ぶには価値中立的にすぎる。そして社会理論と呼ぶには政治的＝倫理的にすぎるのである。

7)　アーレント自身による実存哲学の定義と解説は論考「実存哲学とは何か」および「フランス実存主義」参照。共に EU 所収。

8) もっとも早い時期からアーレントの議論に潜在する美学的傾向を看取した評者として、M. ジェイが挙げられる。彼はアーレントの政治思想が実存哲学の系譜に属することを指摘し「政治的実存主義」と呼んだ（Jay 1978=1989）。ジェイによれば、アーレントの議論をほかの政治理論から際立たせる諸特徴、つまり「ヘーゲル＝マルクス主義的伝統への嫌悪、じつに合理主義一般に対する嫌悪、無から新しく始めることの重要性の強調、純粋観想（観照）に対立したものとしての行為の役割に対する信念、新しいヒューマニズムの役割に対するヤスパースの強調への同意、哲学は歴史主義を超えなければならないという主張」（Jay 1978=1989: 402）は、すべて実存哲学を政治へと翻訳する過程で生じたものとみなされる。

9) その点でも、ジェイ（Jay 1978=1989）はアーレント解釈の一つの典型を示す。彼はアーレントの美学的傾向に付随する様々な困難を認めつつも、その政治理念は「政治的なるもの」が必ずしも支配や利害の問題のみに終始する必要がないことを示した点で、きわめて実り多い議論であると論じている。ジェイによれば、アーレントの省察が現代世界にもたらすもっとも豊饒な含意——同時にそれは「政治的実存主義の運動が残したより健全な遺産の一つ」（Jay 1978=1989: 428）でもある——は、政治的行為のなかにアリストテレス的な政治概念を蘇生させたところにあるという。その点で、ジェイはハバーマスによるアーレント像の忠実な継承者といえる。

10) アーレントの著作に対する比較的まとまったハバーマスのコメントは、アーレント『革命について』の書評、およびアーレントの権力概念に関する論考（共に『哲学的・政治的プロフィール』（Habermas 1976=1984）に所収）、さらに New School for Social Research での「ドイツ系ユダヤ人の遺産によせて」（Habermas 1980）と題された講義録である。

11) 道具的合理性と区別されたコミュニケーション合理性の最初期の考察は『イデオロギーとしての技術と科学』（Habermas 1968=1982）所収の論考「認識と利害」参照。また実践理性とコミュニケーション合理性（コミュニケーション理性）の違いは、大著『事実性と妥当性』（Habermas 1992=2002）の冒頭で論じられる主題でもある。

12) 同時に、このコミュニケーション合理性という、ある意味で独創的な概念は、ハバーマスが「疑似合理主義者」の名を冠せられるゆえんでもある。本書第1章参照。

13) アーレントとハバーマスの比較検討を主要なテーマとする論考については、以下を参照。ハバーマスのコミュニケーション概念における手段的側面の過度な理想化に対し、アーレント側の視座からなされた批判としては Canovan（1983）、ハバーマスの視座を経由してアーレントの政治的限界を乗り越えようとする議論には Benhabib（1992,［1996］2003）、ハバーマス＝ベンハビブに見られる実践化に向けたアーレントの修正への批判は、本章で後にふれる Villa（1996, 1999）の論考がある。

14) 二番目の論点については、齋藤（2000）（特に第2章）参照。ただし、ハバーマスの言う「合意の政治」が人びとの差異を抑圧することについては、脱近代主義

補論　真理をめぐるコミュニケーション――231

者の Lyotard（1979=1986）などによって、アーレント研究とは別の文脈でも批判が展開されている。

15) e.g. EN, X, 1177a13-1177b26.

16) cf. Villa（1996: 43）. なお、ヴィラによるこの主張は、ヴィラと同様、アリストテレスとアーレント、ハイデガーの三者の理論的布置を論じた先行者である J. タミニョー（Taminiaux 1992=1997）との間で意見が分かれる分岐点でもある。タミニョーは、アーレントに見られるアリストテレスからの影響は、主としてハイデガーによって媒介されているという通念に反対し、アーレントはむしろハイデガーがそうであったよりも、はるかにアリストテレスに忠実であったと主張し、アーレントの思考をハイデガー哲学からの離反とアリストテレスへの回帰の軌跡として位置づけている。

17) ハバーマスの『公共性の構造転換』の初版は1962年発行、1990年に新たな序文と共に第二版が発行されている。本文中にはアーレントへの言及はほとんど見られないが、第二版の序文に、市民によるコミュニケーション実践は、アーレントの政治概念を理論的背景とすることが述べられている。なお、『構造転換』成立の背景と、この著作がその後の政治・社会理論研究にもたらしたインプリケーションの時代的変遷については、Calhoun（1992）で簡潔にまとめられている。

18) ハバーマスとアーペルの討議倫理については、Habermas（1996=2004）、Apel（1998=2013）参照。『公共性の構造転換』（Habermas [1962] 1990=1994）以降の「討議倫理」の展開と、アーペルとの理論的関連については中岡（2003）に詳しい。以下で概観する「宗教的道徳基盤が崩壊した後に道徳的直観をどのように基礎づけうるか」についてのハバーマスの見解は、Habermas（1996=2004）第1部（1章）の議論を参照している。

19) もちろんこうした形式化の徹底によって、無条件に価値中立性が実現されうるわけではない。ハバーマスが『公共性の構造転換』（Habermas [1962] 1990=1994）で提示した近代主義的な市民的公共性は、自由主義的公共圏の理想化に過ぎないという指摘は、すでに多方面からなされている。たとえば N. フレイザーは、全ての人間に開かれた公共圏は歴史上一度もあらわれたことがないという事実を踏まえ、ハバーマスの描いた貴族主義的公共圏からブルジョア的公共圏への転換は、歴史的に見れば女性の排除によって成立している点に注意を促している（Fraser 1992）。さらに三上剛史は、ハバーマスの言う公共圏それ自体の特殊性が、過剰な形式主義・手続き主義の陰に隠れ、批判的な吟味の対象となる機会が閉ざされている点を指摘している（三上 2003）。ただし本書では、ハバーマスの言う公共圏モデルの歴史歴妥当性については立ち入らず、形式主義を可能にする論理操作のみに焦点を置いて議論を進める。

20) ここで注意を要するのは、アーレントによって「行為と発話（言論）において前提されている」ものが、ハバーマスの言う「世界の客観性」ではなく、世界の実在性（reality）という間主観的感覚であったことである。つまりアーレントが「再現前的思考」において目指したのは、他者の立場を想像的に取り込むことによって主観的妥当性を間主観的妥当性へと漸近させていくことであった。それに対

し、ハバーマスの「討議実践」は、間主観的妥当性から客観的真理に至る経路を作り出すための行為として位置づけられている。このこともまた、アーレントとハバーマスの重大な相違点といえる。

21) 道徳判断が認識（認知）的内容を含むという命題についてのハバーマスの論証は、『討議倫理』（Habermas 1991＝2005）、特に第6章1-3節を参照。

22) 道徳判断における合理性尺度の導入は、J. ロールズの『正義論』（Rawls 1971＝1979）に遡ることができるが、ハバーマスの用いる「合理性」は彼独自の概念である「コミュニケーション合理性」を意味するため、両者の議論は互いに近傍に位置するものの完全にパラレルではない。ただしだからこそ、その差異が争点になるとも言えるだろう。少なくとも「合理性」によって普遍的正義が実現するという信念を共有する点で、ハバーマスの討議倫理はアーレントよりはるかにロールズの正義論に近い。ハバーマスとロールズ双方の妥当性規準の相違については藤原（1987）に簡明な見取り図が示されている。なお、ロールズとハバーマスとの間で交わされた論争については、Habermas（1996＝2004）、第2部参照。論争の経緯については舟場（2003）で簡潔にまとめられている。

23) ハバーマスの言う「可謬的真理」は、たとえばK. ポパーのような「批判的合理主義」の立場からの「可謬性」とも明確に異なる（cf. Popper 1959＝1971, 1963＝1980）。ポパーが論じたのは科学的言明における真理の可謬性、つまり真理要件としての反証可能性であり、どれだけ理想的な発話状況が整えられたとしても、それを人びとの間のコミュニケーション行為に敷衍することは難しい（可能にするためには、また別の「コミュニケーション」定義が要請され、さらにそれを正当化するための別の理性が必要になるだろう、つまり論証過程に無限退行が含まれる点で終わりがないのである）。

24) たとえば、有名なハバーマス＝ルーマン論争（Habermas und Luhmann 1971＝1987）もまた、この「真理」概念をめぐって交わされた論争として位置づけられる。その主要な争点の一つは、真理がコミュニケーション地平を超越する参照点となりうるか否か、換言すれば、コミュニケーション地平から超越する「真理」なるものがありうるか否か、であった。「真理の可謬性」はこの論争をへた後に提示された概念であり、ハバーマスの論理構築を検討する上では極めて重要な転回点となる。

25) 法と政治の適切な距離の問題は、ハバーマスの主著の一つである『事実性と妥当性』（Habermas 1992＝2002）で展開された主題でもある。

26) その意味で、判断をめぐるL. M. G. ゼリリの論考はアーレントの判断論を正解（目的）のないまま——つまり規定的判断ではなく反省的判断として——民主主義的政治実践の文脈へと位置づけることに成功した希有な例である。彼女はハバーマスが「究極的な価値志向」の対立を民主主義の脅威とみなしたのに対し、アーレントが民主主義のもっとも深刻な脅威とみなしたのは多元的な価値によって支えられる共通世界の終焉であったと指摘する。それは「判断の問題を（真に）普遍的な原理の探求として定式化する態度が、なにを当然とみなし、なにを隠蔽するのか」（Zerilli 2016: 266）という、政治的判断に先行する問いを投げかける。

補論　真理をめぐるコミュニケーション——233

ゆえにゼリリは、アーレントの政治的判断が、民主主義と多元性のアポリア——リベラル・デモクラシーの最大の成果であるはずの多元性（plurality）が、同時にその最大の脅威でもある——から脱するための道標になると考えた。

終章
不正を理解すること

その視線の先へ

　1980年代終盤から90年代初頭にかけて本格化したハンナ・アーレント再読の機運は、周知のように、一過性の「ブーム」では終わらなかった。その後、少なくとも現在に至る30年以上にわたって、彼女の著作には絶え間ない関心が寄せられてきたし、それは今後も変わらないだろう。すでに多くの人びとによって論じられていることだが、あえて理由を挙げるなら、その背景には、彼女の思考に「現実性」を供給しつづける無数の出来事や社会変動の存在を指摘することができる。19世紀の帝国主義を凌ぐ今日のグローバリゼーション、インターネットの普及にともなう公的空間と私的空間のさらなる融解、それにともなう（あるいは反動としての）大衆政治と排外主義、民主主義国家における極右政党の躍進、宗教的原理主義とテロル、民族大量殺戮、権威主義国家の台頭、終わる気配のない侵略戦争など、アーレントが生涯をかけて対峙した全体主義の反復と再現を否応なく想起させる陰惨なニュースはいまも絶えることがない。多くの出来事がアウシュヴィッツへと至るかつての道程とあまりにも似通って見えるなか、それらの予兆への警鐘として、彼女の思考は繰り返し発見され、新たな脚光を浴びている。

　しかしそれだけでは、現在、そして今後もアーレントが重要でありつづける十分な説明とはいえないだろう。数ある全体主義研究のなかでアーレントの思考がその他と一線を画すのは、彼女がホロコーストを一回性の出来事ではなく、これまでの伝統からみれば比類のない、しかし今後は何度でも繰り返されるであろうありふれたカタストロフィの最初にして最悪のケース——いわば新たな

「始まり」──として読み解いたもっとも初期の一人だからである。その慧眼と不偏不党、不屈さゆえに、彼女の視座は当時の同胞たちから罵声を浴びるほどに異端であったが、それこそが、現在のわれわれにとってなぜ彼女がつねに参照すべき思考の基点となりうるのか、という問いへの答えでもある。

終章では、これまでの章でおこなったような、テクスト読解を通じて議論の論理構造を内在的に精査する作業から離れ、全体主義を読み解くアーレントの視座を別の現実へと投射し、筆者の個人的な見地からある出来事の「理解」を試みる。この経験的かつ探索的作業の題材となるのは、2011年の東日本大震災における福島第一原子力発電所事故である。全体主義に相対するアーレントの視線に同期しつつ、われわれにとってはありふれた、しかし危機的な別種のカタストロフィの素描を通じて、アーレントの見ていたものが何であったのか、あるいは彼女の思考を介してわれわれは何を見出すことができるのかを、今一度問うてみたい。正解を求めず、ただその思考に倣い、事実の地平に立脚し、意味への問いを継承すること──アーレントを社会学に導入することは、おそらくそのような迂回路を選ぶことによってのみ可能となる。それは互いに異なる複数の人びとと共にこの世界を共有するための、一つの実践^{プラクシス}のあり方である。

2011年、福島から見えた風景

2011年3月11日、後に東日本大震災と呼ばれる災害が東日本沿岸部一帯を襲った。東北地方太平洋沖を震源地とする巨大地震は、日本国内観測史上最大規模のマグニチュード9.0を記録した。福島県沿岸部に位置する東京電力福島第一原子力発電所は津波によって損壊、翌日には原子炉の建屋が爆発し、放射性物質が広範囲に飛散された結果、第一原発を擁する周囲一帯は深刻な放射能汚染に見舞われた。被害の規模は、国際原子力事象評価尺度（INES）の最高値であるレベル7に分類された。1986年のチェルノブイリに続く原子力発電開発史上最悪の事故の一つとなった。

奇しくも震災直後の2011年4月、私は福島大学に准教授として着任した。といっても4月中は福島市に入ることができず、実際に大学キャンパスへ足を踏み入れたのは5月の連休明けだった。引越し業者の見積もりの際に「今、東京から福島に入る人はいない」と驚かれたことを覚えている。その頃の福島大

終章 不正を理解すること——237

学は、4月から停止していた今年度の授業をいつ開始するかで紛糾していたようだ。すでに福島から自主的に避難し市内に戻りたくない人びと、不安を抱えつつも福島に居住せざるをえない人びと、市内にとどまり学生たちの自主避難を支援する教職員、文部科学省の規定通りに学事日程を進めたい執行部、卒業論文だけが残っていて早く卒業したい4年生など、それぞれの思惑から利害は錯綜していた。今なら遠隔講義をおこなうことで簡単に解決する問題だが、2011年にその選択肢はなかった。結局授業は規定より大幅に回数を減らした上で5月中旬から開始された。私は福島市内に比べて線量の低い山形県米沢市に新たに部屋を借り直し、最初の1年間は新幹線と自家用車で福島市まで通勤した。

　東京生まれの私は、福島の原発から電力が送電されていた1971年以降の首都圏で暮らし、震災直後に福島へ移動し、およそ6年間大学教員として生活した。当時の福島市はいたるところにホットスポット（高濃度汚染地）を抱えた汚染地帯であり、私は一居住者として被害者の目線に立つと同時に、かつては送電された電力を消費する加害者側（加担者、受益層、あるいは搾取側など、より適切な表現が別にあるのかもしれない）にいたことをも負うという、境界線上のグレーゾーンに立っていた。以下の考察は、こうした特殊な、あるいは多分にありふれた視点から見た、当時の福島をめぐる「ドケイ・モイ（Δοκεῖ μοι）」である。

　国立大学法人である福島大学はもともと地域連携志向が強く、震災直後から大学を挙げての震災対応が続けられた。2011年には社会科学系の「うつくしまふくしま未来支援センター（FURE）」[1]が発足し、2013年にはキャンパスの一角に5階建てのビルが新設され、最盛期には70名からのスタッフが勤務していた[2]。また同年に理工系の「環境放射能研究所」が設立され、「ふくしま未来学」なるCOC事業[3]の採択も決まった（その後、COC+に継承され「ふくしま未来学＋」として継続）。大学院の東京サテライトが設置され、記念フォーラムには同時期に来日していたアマルティア・セン教授が登壇された。2012年度の運営交付金は、全国ほとんどの大学が大幅に削減されるなか、福島大学に限っては前年度比111％、科学研究費やそのほかの外部資金も震災前の約2

倍の額が流れ込んだ[4]。増額分はほぼ震災関連の予算である。さながら震災バブルの様相を呈していた。大学執行部には「チャンスだ」と公言する人たちもいたという。

大学の「震災対応」とは地域貢献活動を意味し、雑駁には地域の人びととかかわる活動全般を指していた。無論、それらは大学教員の通常業務を超えるため、コミットメントの度合いや方向性は個々人の裁量に委ねられた。元々の専門分野、地域志向性、各教員の個人的、あるいは政治的見解にも依存する。活動内容は個人差がきわめて大きく、私は社会調査と計量分析を専門の一つとしていたことから、原発事故の中心地である福島県双葉郡の被災避難者全数調査の企画があることを知り、着任後すぐに手伝いを申し出た[5]。

双葉郡とは福島県の沿岸部に位置し、いわき市と南相馬市に囲まれた8つの町村からなる地域であり、震災前は東京電力福島第一、第二原発あわせて計10基の原子力発電所を抱える一大送電地帯であった。送電先はすべて東京である。事故後ほぼ全域にわたり強制避難命令が敷かれ、ほどなくして深刻な放射能汚染が判明、住民の立ち入りが禁じられた。調査対象者となったのは、居住地から強制避難させられた双葉地方全域の元居住者の人びとであり、8町村自治体の協力を得て、2011年9〜10月にすべての避難世帯に調査票が配布された（正確には各町村自治体の広報誌に同封させていただいた）。調査名は「双葉八町村災害復興実態調査」（傍点引用者）、調査主体は「災害復興研究所」（傍点引用者）、協力依頼文に掲げた調査の目的は「県内外に広域避難された双葉郡の方々の住まいと暮らしの実態を学術的に調査し、今後の生活再建に向けた課題を明らかにするとともに、双葉郡全体の復興に向けた課題を把握すること」（傍点引用者）とされた。つまり、最初から「復興」ありきが前面に押し出された調査だった[6]。

8つの町村名の読み方もわからない状態で山積みされた約14,000票の回収票と格闘するなか、私はしばしば自由回答欄のなかに、恐怖、怒り、悲しみ、陳情、絶望に紛れ、調査に対する強い反発と嫌悪の記述を目にした[7]。それらのほとんどは、調査票に繰り返し書かれた「復興」という文言に向けられたものであった。「質問文に出てくる『復興』という言葉が不愉快だ」「復興、復興というが、そんなことが本当に可能だと思っているのか」「生きているうちに戻

れないことはわかっている」「不可能なことを聞かないでほしい」——事故後半年が経過し、ほとんどの人びとが先の見えない避難所生活を余儀なくされていた。第一原発を中心に「警戒区域」（後の「帰還困難区域」）が設置され、居住どころか立ち入りも厳しく禁じられた。水田や田畑、畜産飼料も汚染され、海産物・農産物からは高い放射性物質が検出された。故郷への帰還を期待できる良いニュースは一つもなかった。その状況下で「（未来に）復興（が可能であるかのような）調査」とは、相手の神経を逆なでする行為と受け取られても仕方がない。ワーディングの失敗はひとえに調査者側の無知と怠慢による。未曾有のバブルに浮き足立つ大学関係者と故郷を追われた被災者たちの間に深い溝があるのは当然であり、どちらにも立ち位置のなかった私が気付かねばならない案件だった。社会調査の専門家として、困窮する人びとに無神経な文言を使用してしまったことを激しく後悔したが、他方で調査予算を獲得し、自治体の協力を得るうえでは、必要な身振りであることも理解していた。テキストデータよりコードデータの集計と公表が急務であったこともあり、そのときは自らの感情に蓋をしてそれ以上考えることはしなかった。

　しかしその後、国、県、自治体、公共団体、NPO・NGO などを通じ、福島全域に熱病が拡がるように「復興」や「未来」を冠する一大スローガンが掲げられ、大学を含めた地域の催事の題目すべてにそれらの文字が入るようになってから、私はこの言葉に明確な不信感を覚えるようになった。当時の私には、声の大きさと考えのなさ（thoughtlessness）は比例しているように見えたし、最大限好意的にみても、そこには足下に淀む不安や矛盾を覆い隠すための空騒ぎ、あるいは鬱の反動としての躁のような、不穏で危うい気配があった。方便として使い始めたキャッチフレーズに自分たち自身が飲まれていく様を見ているようでもあった。振り返れば、調査票の自由回答欄に書き込まれた、調査する側とされる側との埋めようのない温度差に気付いたとき、自分自身をも含めた周囲への冷ややかな懐疑が胚胎したようにも思う。

　以下ではきわめて個人的なこうした感覚の源泉を、当時の回顧を通じてできるだけ一般化しうる形で再構成してみよう[8]。

被ばくのリスク認識と住民の分断

　事故直後の福島において「復興」や「未来」という言葉には、東日本大震災におけるそのほかの被災地域にはみられない特殊な文脈があった。言うまでもなく、福島以外の被災地域における主な被害が地震・津波による物理的破壊と人的被害であったのに対し、福島の被害はそうした目に見える破壊ではなく、その後に拡散された放射性物質によるものであり、実態の見えない環境汚染と被ばくへの恐怖を意味したためである。

　同じ「被災」として括られることもあるが、放射能汚染はその性質において、地震や津波等の「通常」の災害被害とは決定的に異なる。その要因としてまず挙げられるのは、絶対的な回復不能性と、身体への影響（毒性）の不確定性である。回復不能性については（ここで説明するまでもないが）現時点で人類に放射能汚染、あるいは被ばくそのものをキャンセルできる技術はなく、今後も確立される望みはゼロに等しい。ゆえに汚染された土地を人為的に事故前の状態に戻すことは不可能であり、ただ時間の経過を待つほかない。理論上では、今回ばらまかれた汚染物質による放射能が半減するまでに約 30 年、1/1000 になるまでに 300 年かかるという。人体への影響についても、放射線によってDNA 損傷が生じたときの根本的な治療方法は存在しない。これは単純な事実確認となる。

　毒性の不確定性とは、低線量被ばくが人体に与える影響の詳細が、現時点でほとんどわかっていないことに由来する。わかっていない理由は、放射能による発がんへの影響が遅発性（あるいは世代を超えた晩発性）かつ確率的事象であるため、発症における因果の特定が（子どもの甲状腺がんを除いて）困難をきわめること、そして現時点で定量的な結論が出せるほどのデータが質量ともに整備されていないこと（今中 2012）、さらにこの分野における専門家の「科学的見解」が、歴史的にみて政治からの充分な独立性を保てていなかったことなどが挙げられる（島薗 2013）。

　低線量被ばくの影響について、今も当時も政府の公式見解は「安全論」である。これは、年間 100 ミリシーベルト未満については、人体に「ただちに」影響があるといえるだけの証拠が現時点では見つかっていないため、有害性の明

確なエヴィデンスが得られるまでは暫定的に「影響がない」と仮定してよい、という見方である。統計検定における帰無仮説（統計的有意差はないという仮説を立て、棄却されるまでそれを真とする）を準用した科学的見地といえる[9]。

それに対抗する形で、もう一方の極には「危険論」——というより「予防論」と言った方が適切かもしれない——がある。安全だという確証がない以上、危険であるという前提で動き、将来の被害を未然に防ぐよう努力すべきだ、という見方である。こちらは過去の公害問題や環境汚染事故からの知見を踏まえた経験的見地といえるだろう。有害だと言いたいのなら証拠を出せという安全論者と、被害が発現し「証拠」となってからでは手遅れだという危険論者に妥協点があるはずもなく、事故直後の福島では、両者の衝突は信仰をめぐる宗教論争に近かった[10]。

低線量被ばくの危険性をめぐっては、震災直後、日本社会全体で激しい論争が生じたことを覚えている人も多いだろう（一ノ瀬ほか 2012）。そのなかに正解があったのか、あるいは今後正解が明らかになるのかはわからない。ただ一つ確かなことは、事故直後にみられた政府の安全基準設定の混乱、さらに一部の専門家たちによる見当違いな「安全啓蒙」[11]キャンペーンを通じ、政府と専門家に対する市民的信頼が急速にうしなわれていったことであった（影浦 2013）。

結果として汚染地帯の福島で生じたのは、低線量被ばくをめぐるリスク判断の過度な個人化であった。当時は専門家集団が統一的見解を立てられず、政府の方針も二転三転した。身近にいた近傍領域の専門家や医療関係者に尋ねてみても、親身な人ほど「正直、わからない」「後悔のないよう、是非の判断は自身で」という答えだった。何の知識もない普通の人びとが突然、原子核物理学や量子力学、ゲノム研究の高度に専門的な判断を迫られれば、結局は自分でも説明の付かない理屈を超えた感情や感覚に頼るほかない。そうした状況下で、根拠不在のまま下されるリスク認識の「ずれ」が、当時の福島では住民間に深刻な分断を招いていたように思う[12]。

誰が気にして、誰が気にしないか？　事故後の福島では、この問いが日常に組み込まれていた。実は冒頭で紹介した双葉調査のデータの集計結果から、ある程度全体的な傾向を捉えることができる（Hashimoto 2013）。双葉調査の「故

郷への帰還意欲」を尋ねた設問では、見事に性と世代の分断状況が示された。汚染地域への帰還意欲が高いのは、男性および中年・高年齢層（40代以降）であり、女性と若年層（30代以下）はいずれも帰還には厳しい条件を課すか、帰還自体を望まないという回答が得られた。「帰りたくない理由」は、言うまでもなく放射能汚染の恐怖である。帰還意欲の有無は、個々人の被ばくリスク認識と直結する。つまり被ばくへのリスク認識を説明するもっとも大きな共通ファクターは、少なくとも震災半年後の時点では、年齢と性であった[13]。集計データからは、年齢が若いほど、そして男性よりも女性の方がより厳しいリスク認識をもつ傾向が明確に示されていた。被ばくに対する感受性がもっとも高いのは妊娠中の胎児だという解剖学的事実をかんがみれば、女性、若年層、および幼い子どもを持つ子育て世代層のリスク認識がもっとも高くなるのは当然の結果である。私も着任後1年の自主避難をへて福島市内に再転入したが、そのときにもし妊娠していたり幼い子どもがいたりしたならば違う選択をしただろう。

　ゆえに分断は生物学的差異に基づくものだが、しかしその規定要因には社会的、というより社会階層的要因が複雑にかかわっていた。一言でいえば、避難（移住）にかかる社会的コストの差異である。故郷からの避難と移住は、多くの場合、離職と地域コミュニティからの分断をともなう。一般に中年期（45歳〜）以降は転職が難しく、家族の稼得責任を負う男性は失職への恐怖が強い。また、家父長制のいまだ色濃く残る地域特性から、中高年男性層は家長として先祖代々の土地や墓を守るという「重責」を担う。コミュニティ内部でのインフォーマルな管理的地位（世話役、顔役など）が集中するのもこの層である。つまり彼らにとって、故郷からの避難や移住は社会的役割の喪失（アイデンティティ・クライシス）という、ほかの層とは異なるリスクをともなう。胎児が被ばくに対して脆弱であるなら、中高年男性層は移住に対して特に脆弱である[14]。少なくとも震災後半年の時点で、高濃度汚染地域からの避難者のうち「未来の帰還意欲」を維持し「地域の人びとと一緒に復興していきたい」と答えることができたのは、主にこの中高年男性層の人びとであった。事故直後、福島内外を問わず「復興」事業に積極的だった人びとが、ゆるやかにこの階層と重なっていたことは偶然ではないだろう[15]。

性別と世代に基づくこうした分断は、多くの世帯で家族内の分断と離散をもたらし、被災地の人びとをさらなる苦境に押しやった。強制避難の対象外だった福島市のような地域でも、母親が子どもを連れて遠方へ自主避難し、父親だけが福島に残り単身赴任生活を選択、健康被害へのリスク認識のギャップからそのまま離婚に至るケースを何件も見聞きした（当時は「震災離婚」と言われていた）。家族全員で汚染のない仙台や会津方面に自主避難し、激務のなか自家用車で長距離通勤をつづけ体調を壊す同僚たちの姿もあった。

　自主避難者たちも大変な状況にあったが、強制移動の対象となった人びとの状況はさらに過酷であった。双葉調査の自由記述からは、移動による身体的、経済的、社会関係的コストのすべてを負った人びとの凄惨な状況が書かれていた。移動すること自体がもたらす身体的な負担も大きい。「福祉施設にいた高齢の家族が遠い地域の病院に移送されたが、長距離移動の無理がたたって転院後すぐに息を引き取った。事故によって殺されたと思っている」「身内の高齢者は、避難後に認知症が急速に進み要介護状態になった」「慣れないアパート生活で転倒骨折し、そのまま入院し動けなくなった」などの記述は複数みられた。リスクを負うのは高齢者ばかりではない。「妊娠していた友人が、強制避難の際の行政の不手際から屋外で長時間待機させられた。後からその場所が規定値をはるかに超える高濃度の汚染地帯だったことが判明したため、泣く泣く胎児をあきらめたという話を聞いた。この責任をどう取るのか。どうして私たちがこんな目に遭うのか」という旨の記述もあった[16]。10代の回答者からの、「怖い」という小さな2文字で余白が埋め尽くされた調査票もあった。日本は唯一の戦争被ばく国であり、戦後の反戦教育では様々なメディアを通じて広島の被ばく者にあらわれた身体症状が繰り返し語られてきた。高濃度汚染地域に閉じ込められた人びとの当時の恐怖は計り知れないだろう。自由記述のテキスト化作業を進めていた福島大学の学生アルバイト数名からは体調不良の訴えが出た。

　先に中高年男性層が地域移動に対し特殊な脆弱性をもつと指摘したが、それ以外の層にとっても移動と家族離散の負担は重くのしかかった。「夫だけ福島に残り、生まれたばかりの子と数人の子どもをかかえて避難先の知らない土地で一人で子育てをしている。行政の支援もなく保育園も入れない。このままで

は虐待してしまう」という悲鳴のような記述もあった。「避難先の学校に子ども
もがなじめず不登校になってしまった」という記述も散見された。福島の子ど
もが転校先で深刻ないじめに遭うケースが続出しているという話は、当時も自
治体関係者から漏れ聞こえていた。当事者から直接聞いたことではなく、あく
まで伝聞の情報にすぎないが、報道されたケースもあったことから真実である
可能性は高いと思われた。学校側が隠蔽したケースを含めれば相当な数にのぼ
ったはずだ。子どもの言葉としては明らかに不自然な差別用語が吐かれたとも
いう。子どもは身近な大人の語彙を真似る。自分の親たちが家で話していた言
葉をそのまま復唱したであろうことは容易に想像された。もちろん遠方に避難
した人びとがその土地で暖かい待遇を受けられるケースもあった。しかし全体
でみれば、おそらくほぼ僥倖といえるレベルであり、多くの避難者は福島県内
での避難を望み、可能な限り県外への移動を避けた。

　放射能汚染による被害は、精確にいえば放射能汚染による被害への恐怖は、
福島の人びとを文字通り内側から、見えない形で破壊した。被災者たちが経験
した疲弊はほかに類を見ず、津波や地震による物理的な被災とはまったく異質
なものだった。そして当時多用された「復興」や「未来」という、通常の被災
地においては希望に満ちたワーディングは、それゆえに福島においては絶望的
に悪趣味な言葉にもなりえた。それらはあたかも放射能汚染への恐怖が存在し
ないかのように、あるいはその特異性に気付かないかのように振る舞うために
注意深く選ばれた——アーレントの言う「政治」とはかけはなれた意味におい
て——高度に政治的なフレーズであった。

「復興」の理想と現実

　そもそも、なぜ福島にこれほど原発が集中していたのか。事故直後から繰り
返し問われ、また答えもわかりきった問いだが、今一度確認するなら、背景に
あるのは過疎地域の慢性的な貧困状況である。第一原発のあった双葉郡大熊町
と双葉町は、原発建設前は「県内の後進部」とも言われ、労働者の約7割が一
次産業に従事する寒村であった（福島民報 2013）。町の財政状況は役場職員の
給与も滞るほど窮乏し、農閑期になると各世帯の父親は出稼ぎに出かけ、子ど
もたちは学卒後、働き口を探して町を出て行った。しかし原子力発電所の受け

入れによって人びとの生活は一変する。町に安定した雇用が生まれただけでなく、原発立地地域への手厚い交付金・補助金、大型設備の固定資産税、電力会社からの直接寄付などで町の財政は膨れ上がった。インフラ整備、公共施設の建設、農業の近代化が一気に進められ、生活は豊かになり、家族が離ればなれになることもなくなった。電源三法による交付金・補助金の恩恵は、立地地域だけでなく県全域に及んだ。原発事故以降、福島の人びとを「国策の犠牲者」のように見る向きもあるが、そうした意味で彼らは決して危険な施設を同意なしに押しつけられた純真無垢な「犠牲者」ではない。貧しかった出稼ぎの町は生きる糧を求め、地域一丸となって原子力発電所を誘致し、建設後は積極的に「クリーン」で「安全」なエネルギーとして原子力を称え、共栄共存の道を歩んできた。

　2011年の出来事を第三者視点で要約すれば、「東京電力という一私企業が、政府……の無作為とあいまって引き起こした、大規模な環境汚染事故」（影浦 2013: 56）と言えるだろう。そうである以上、除染や賠償等の事後処理は、加害者の過失割合に応じて社会的に了解された既存の規準とルールに沿って適正に進められねばならない。しかし、当時の住民目線でのリアリティから語るなら、この「事故」はいわば官民一体となって住民を騙した巨大な詐欺事件に近かった。原子力発電所という未知の施設を受け入れるにあたって、住民は安全性について再三説明を求めた。「もしも放射能が漏れたら」という問いに、「五重の壁」「ありえない」「絶対安全」と請け負った関係者の弁は、今から見れば──事故後の「結果論」にすぎないとしても──詐欺師の常套句であり、「不確定状況に対する断定的判断の提供」そのものであった[17]。ただしすべての詐欺行為と同様、その立証はきわめて困難であり、かつ「騙された」側にもそれなりの負い目がある。受け入れを決めた住民は、巨額の補助金を前に危険性については進んで思考停止状態にあった。もしも電力会社の説明通り本当に絶対安全なのだとしたら、これほど巨額の資金が降ってくるのはなぜなのか。そこに含まれる暗黙の「危険手当」から意識的に目を背けなければ、地域密着の「安全神話」は維持しえなかっただろう[18]。いずれにせよ、彼らは何らかの博打を打った。うまくやれるという根拠のない自負もあったかもしれない。そして失ってから初めて、自分たちが賭け金として積んでいたものが、この賭

けによって守ろうとした当のものであったことを知るに至ったのである。

こうした原発受け入れ地域の現実を背景に、事故直後に国、自治体によって掲げられた「復興」事業は、主に二つの方向に分岐した。一つは復興＝復旧、つまり除染による国土の回復である。政府にとって、強制避難対象の住民が帰還できるようになることは、復興政策、および今後の原子力政策に向けた目に見える貴重な成果となる。また自治体消滅を危惧する首長層にとっても、区域内の除染は喫緊の課題であった。彼らにとって「復興」とは第一に、離散した人びとが元の居住地に戻ることと、これ以上の人口流出を防ぐことであり、そのためには早急に放射線量を居住許容域まで下げなくてはならなかった。

しかし現場に目を向ければ、事故から1、2年の間は除染の困難が徐々に明らかになっていった時期でもあった。膨大な労力をかけてわずかに線量を下げても、雨が降れば汚染水が流れ、放射線物質を含んだ土が拡散し、線量は簡単に元の値に戻る。除染というより、実際はただ移動させるだけの「移染」でしかなく、しかも線量の高い表面の土を剥がしてもその後の置き場所がない。黒いビニールに入れて人気のない場所に積んであるだけ、という光景も当時の福島では日常的にみられた。もう故郷には住めないと諦める人びとは、「帰還困難区域」となった故郷の土地家屋を放射性物質の最終処分場として政府に買い取ってもらい、新たな場所での生活再建の基盤にしたいと願った[19]。浜通りの高線量汚染地域に巨額を投じて効果のない除染（移染）事業を続けるより、現在の居住地である中通り（福島市や郡山市）のホットスポットの除染を優先してほしいという声も多かった。しかし「双葉地域の除染に取り組み続ける」姿勢が復興に向けた一種の政治的パフォーマンスと化していた当時、住民の声は復興除染（移染）工事の騒音にかき消された。福島の人びとにとって、「復興」という文言は、希望を支えるよりもむしろ宙づり状態を強いる不確定要素であった。

もう一つの「復興」解釈には、除染の可否はともかく、かつての賑わいを取り戻すことを急務とする振興優先策があった。前述の双葉調査でも、自由回答で住民目線の振興案を募り、帰還を願う人びとから様々なプランが寄せられた。原発以外の自然エネルギーによる発電所の誘致、代替エネルギー研究機関の誘致、双葉地方の合併、コミュニティごと移転するセカンドタウン構想、住民へ

の賠償案など、元の生活を取り戻すための方策が提案された。しかし注意を要するのは、そうした提案が暗黙に想定する「元の生活」が、どの時点の生活水準に基づいているのか、誰もが曖昧にしていた点である。

　もし「元の生活」が原発誘致後の豊かな生活だとすれば、その要求は筋が通らない。原発事故によって平穏な生活が壊されたのではない。実際には、原発事故によって、平穏な生活を裏で支えていたリスクが現実化しただけである。そうであれば「元の生活に戻せ」というときの「元」とは、本来原発が建設される以前の生活水準を意味しなければならない。しかしそれを目標に掲げる「復興」推進者はいなかった。というより、「復興」がどの時点への回帰を意味するのか、正面から具体的に見据えた議論は存在しなかった。調査票の自由記述欄には、怒りのままに「東電と国は一生涯、（元の）生活を保障するだけの賠償金を支払い続けろ」と書かれた回答も多々みられた。しかし矛盾を理解し苦悩する人びとの多くは沈黙をもって答えた。そもそも、調査対象者には身内が「東電」に勤めている人びとも少なくない。自由記述には、ただ「原発がないと生きていけません、でも原発はもうイヤです」と書かれていた。

　事故以降、原子力関連事業で利権を融通し合っていた狭い関係者集団を「原子力ムラ」と呼ぶようになった。私見だが、同じような意味での「復興ムラ」が当時の福島にも形成されていたように思う[20]。理由は単純である。内容がどれだけ曖昧で空虚であろうと、復興を前提とし、未来への希望に満ちたタイトルを付ければとりあえずの予算が付く。受け入れ能力を考慮せず、もらえるものはもらえるだけもらえばいいとする体質は、これだけの代償を払った後でも健在だった[21]。これは支払う方（買う方）が悪い、受け取る方（売る方）が悪いという次元の話ではない。そもそもその状況の大本は何かと言えば、「復興」というスローガンに票が集まったためであり、さらに突き詰めれば、当時の福島をとりまく過酷な状況に対し「逃げろ」とも「がんばれ」とも言いにくい準加害者たちの、曖昧な善意と罪悪感に由来したのだろう。2012 年には「復興庁」が新設され、2013 年からは「復興税」が徴収された。福島の人たちに元気になってほしい、立ち直ってほしいと願う人びとの漠然とした想いが見舞金のように現地に降り落ちた。その受け皿の名称に「復興」の文字が入るのは、当然といえば当然であり、いわば資金供給元へのエチケットだった。

そして「復興ムラ」といっても、決して利権目当ての悪質で排他的なムラ集団が意図的に形成されていたわけではない。中身のなさに嫌気がさした人びと、そして無理に耐えずとも本業に支障のない人びと（私もこの一人に含まれた）が次々と距離を置きはじめ、結果的に関係者の顔ぶれが固定化されていったにすぎない[22]。自分が「復興祭」から脱落した後、もしかしたらかつての原子力ムラの形成過程も同様だったのではないだろうかと、ふと思った。真面目で意欲と責任感にあふれ、職務に忠実な――つまりは「凡庸」ということなのだが――人たちが集まり、自分なりの大義を抱いてそれぞれが仕事を進めた結果、似たような利害をもつ類縁集団_{ゲマインシャフト}が形成されただけであって、そこに確信犯的な「真の悪人」などいなかったのではないか。そして皮肉なことに、各人の善意、というより悪意のなさこそが、終わらない除染工事の騒音と共に、当時の福島を覆う閉塞感の一部を構成していたようにも思う。たとえば双葉調査において、施策者の掲げる善意に満ちた「復興」に嫌悪と沈黙をもって答えた人びとは、近い未来に顕在化するこうした構図を直感的に先取りした層だったのかもしれない。

Never Again ― But What?

事故直後に私から見えた現地のリアリティは概ね以上のようなものであった。可能な限り中立に見たとしても、個人的バイアスは多分にかかっているだろう。震災から10年以上が経過した今では震災バブルもとうに終了し、福島で「復興」を掲げればもてはやされ巨大な予算が付くようなこともなくなった。相双地域のうち、居住制限の解除された場所では新たなまちづくりが始まり、元々の風土に魅力を感じた若年層が県外から流入する地区もあるという。ただし、事故後に設置された「帰還困難区域」の汚染状況は改善されず、今でもほぼ全域にわたって人の住めない場所のままである。事故直後に多くの人が予想した通り、その地で過ごした記憶をもつ人びとが生きている間に戻れることは、本当にないのかもしれない。その点で、2011年の調査を通じて得られた被災地の人びとのリアリティは、今現在とそれほど遠く隔たってはいないと思う。

これらの記憶を反芻しつつ、福島の災禍を目撃した私が、社会学の立場から問うべき問いとはなんだろうか。そう自問したとき、一つ言えるのは「誰のせ

い？」という問いが当時から非常に不毛であったことだ。東電が悪い、国が悪い、政治家が悪い、好き勝手に電気を消費してきた都民が悪い、交付金に目がくらんだ地方自治体の首長たちも元住民の人びとも自業自得——責任の所在をめぐってはいろいろな議論が噴出した。いずれも理がないわけではないし、住民補償を算定する上である程度の過失責任論は必須である。国（国民）の責任、企業（東電）の賠償責任、旧経営陣の経営責任などをめぐっては、今後の裁判手続きの中で一定の回答が示されるだろう。しかしそうした責任論が、福島で起きた出来事の核心でないことは明白である。数名の責任者を挙げれば丸く収まるような単純な「事故」ではなかった。

　さらに、それは災害事故であると同時に、重大な社会的不正でもあった。故郷が汚染され被ばくの恐怖にさらされた住民たちは、自然災害の犠牲者であり、過失による人災の被害者だったが、彼らはなによりも社会的抑圧によって生み出され、排除され、すべての「拠り所」を奪われたディアスポラ（離散の民）になろうとしていた[23]。それが双葉地方の人びとと津波や地震によるほかの被災者たちとを決定的に分かつ点であり、少なくとも 2011 年 3 月 11 日以前に参政権を持っていた誰もが、その不正と無関係ではない。では、それは何に対するどのような不正であったのか。あるいは、われわれはどのような観点からその不当さを考えるべきなのか。社会学の主要な目的の一つが行為や出来事の意味を問うこと、そして既存の意味の成立条件を問い直すことにあるならば、この問いを問うことこそが、社会学に課された重要な責務ではないだろうか[24]。

　そのように考えたとき、思考の目的を意味の理解に求めたアーレントの視座は、われわれにとって重要な示唆をもたらすだろう。2011 年に福島で起きたカタストロフィは、いくつかの点で、アーレント——あるいは継承者としてのバウマン——がナチスの絶滅政策に見出した状況とよく似ていた。なぜなら事故前の一大送電地帯としての双葉地方そのものが、高度な工業科学技術と官僚制によってデザインされた、きわめて合理的な行政的管理機構のなかに埋め込まれていたためである。実際、発電所建設の促進という特定の政治目標の効率的達成のみに特化してみれば、原子力発電所とその周辺地域一帯を組み込んだ現行の電力供給制度は、一つの完成された統治システムといえる。発電所の建設地に巨額の補助金をもたらす電源三法は、「地域振興」の名の下に外界（市

場経済）から切り離された箱庭のような異空間を創出する。法による網の目は、ひとたび原発建設を受け入れた自治体がその後も継続的な稼働を自ら進んで要望せざるをえないよう、細部まできわめて周到に設計されている。それは一種の隔離空間（ゲットー）——ただしそこに鉄条網はなく、かつそこでは誰もが看守と囚人の二役を兼ねる——であり、そこで生きる人びとの危機管理意識を鈍磨させ、正常な判断力を損なってきた。偶然の自然災害がシステムに物理的な破綻をもたらすまで、その地に生きる人びとは自分たちがどんな場所にいたのか、何を賭け、どれだけのリスクを負っていたのかについて想像することはなかった。より精確にいえば、彼らの思考不能性それ自体が、すでにシステムを構成する重要な一要素として数えられていたのである。

　もし原子力発電所とそれが落とす公金によって賄われる地域一帯を、鉄条網のない収容所にたとえるならば、そこでアイヒマンにあたるのは、地方自治体の原発依存とその依存への共依存によって成立する現行の「合理的」な統治システムを設計した何者かであろう。しかし、たとえば電源三法の建て付けを具体的に組み立て実装した当時の官僚たちのうち、誰一人として今回の惨事に自分の責任を認める者はいない。彼らは単に、政治家の掲げる国是を実現するために、注意深く前例を踏襲しつつ、合法的かつもっとも効率的な制度設計をおこなったにすぎない。自治体を惹きつける充分なインセンティブを設置し、誘致合戦を煽って受益以上の負担をうやむやにする、われわれにとってもなじみ深い古典的な行政手法のルーティンである。その対象が原子力発電所という極めて危険な建造物であることを除けば、通常の公共施設の建設事業と何ら変わりはない。上司に言われたから、自分がやらなければほかの人間がやっただろう、自分などいくらでも替えのきく小さな歯車、大海の一滴にすぎない、実際の運用にはかかわっていない、自分はシステム周辺にいた部外者だ、受け入れ自治体も自ら進んで協力したではないか、事業が「悪」となったのは結果論だ——もしも彼らのうちの誰かが裁判に喚ばれ責任を問われることがあったなら、怖いほどアイヒマンと同じ答弁をしたのではないだろうか。ただし管見の限り、福島の事故後に実際の制度設計を誰がおこなったかについて議論されることはなかった。どれほど冷酷に見えたとしても、官僚の行政技術に責任を問う人はいない（それを思うと、当時一官僚であったアイヒマンをイェルサレムに

拉致し巨大な殺戮機構の中心的責任者として裁きにかけたことが、どのくらいイレギュラーな事態であったかもわかるのだろう）。

　みながそれぞれ真面目に自分の使命と職務を果たした。害意をもった明確な悪人はいない。だからこの問題は厄介なのだ。

　ホロコーストが語られる際、しばしば「もう二度と繰り返してはならない（Never Again）」というフレーズが用いられる。力強い言葉だが、解釈は難しい。ホロコーストの歴史を二度と繰り返してはならないことは確かだが、それが具体的に何を指すのかが判然としないためである。全体主義（独裁権威主義）国家、恐怖政治、宗教的迫害、民族浄化、行政的大量虐殺、強制（絶滅）収容所、「死」の量産工場などを含め、ホロコーストを構成する要素は数多ある。二度と出現させてはならないことは何なのかを問うことは、ホロコーストとは何であったのか、その不正の本質はどこにあったのかを問うことに等しい。そして、もし2011年に起きた福島の災禍に対し「Never Again」と言うならば、そのときわれわれは何を繰り返してはならないと言っているのだろうか。あの出来事を不正だと感じる根拠はどこにあり、「もう二度とこんなことが起きてはならない」というときの「こんなこと」とは何を指すのか。必要とされるのは、アーレントが示したように、福島で起きた出来事の意味を問い、理解しようとする試みである。

　双葉地方の人びとが陥った状況の類例のなさはどこに見出されるのだろうか。まず言えるのは、環境破壊としての規模や被害者の数の問題ではないことである。工業排水や大気汚染を通じ、より広範囲に猛毒が拡散された悲惨な公害事故は過去にいくつもあった。環境破壊が長期にわたって続くこと、つまり放射能で汚染された国土という負の遺産を次世代に担わせたことが問題なのだろうか。重要な論点だが、少子化を放置し赤字国債を発行しつづける現状において、未来世代への配慮には実感がともなわない。故郷喪失という悲劇だろうか。だが国外に目を向ければ、政変や戦火など、もっと理不尽な理由から故郷を追われた人びとは大勢いる。双葉地方の人びとが、結局のところ国益の犠牲となったからだろうか。しかし、危険について正確な情報を与えられていなかったとしても、そしてそれは重大な不正であったとしても、彼らは一方的に騙され搾取される側ではなかった。こうして一つ一つの問いを突き詰めていったとき、

最後に残るのは、原発の周囲に作り出された「箱庭」の不気味さ、つまり過疎地に生きる人びとの郷土への愛着と原子力発電施設への未知の恐怖、その両方による思考停止すら部品として組み上げられた、現行のエネルギー供給システムに潜む、どうしようもない残忍さと合理性ではないだろうか。そしてこれこそがアーレントの論じた「無人支配」の実装でもある。

　原発事故の後、故郷を追われた人びとや汚染された土地の惨状を見て、多くの人びとが「何ということをしてしまったのだ」という想いに駆られた。その中身はおそらく、貧困とコミュニティ消滅の危機に瀕する過疎地の人びとに、数十年の延命と引き替えに被ばくリスクを負わせ、かつその危険から目を背けてきた事実が露呈したためである。それは生活困窮者から、市場での取引対象としてはならないとされるもの、たとえば血液や臓器を含めた人身、あるいは人格や尊厳と結びついた形で性を買う行為にも似ているのではないだろうか。もちろん現代において、日々誰しもが無数の環境リスクを負い、コストを金銭に換算して生きている。しかしそのほかの公害物質と放射線被ばくを同列に並べることはできない。それは多くの破壊兵器のなかで、核兵器だけが別格に扱われる理由にも通じる[25]。その点で、被ばくリスクの商品化によって支えられた現行の電力供給制度は、生命や身体をめぐるわれわれの倫理感覚に深く触れる。その罪悪感こそが「取り返しがつかない」という共通感覚の源泉、そして福島で起きた災禍が前例のない不正だと感じられる理由ではないだろうか[26]。それらはしかし、事故によって生じたシステムの亀裂から一瞬露呈した後、システム自体のもつ頑健な合理性によって、ただちに覆い隠されてしまった微かな感覚でもある。

　福島で起きた出来事は、おそらくいつかどこかで再び起きるのだろう。バウマンは、ホロコーストを防ぐ手立てが近代社会に存在しないことを指摘したが、それとまったく同様に、われわれは原子力発電所事故を防ぐための何の手立ても持っていない。活断層のない場所での建設、耐久基準の厳格化、予備電源の補強など、当時提言された数々の防御措置は根本解決を意味しない。今回の「事故」のトリガーが自然災害や老朽化であったとしても、それらはただの偶然にすぎず、原子炉の損壊を引き起こす事態はほかにいくらでもある（極論すれば他国からミサイルで攻撃されることもありうる）。「災禍」の本質は自然災害

終章　不正を理解すること——253

ではなく、したがってどれだけの防御機能を積み上げてみても対症療法の域を出ない。すでに原子炉があり、周囲にはそこでしか生きられない人びとが存在し、より「合理的」なエネルギー供給システムの代替案がない以上、われわれは同じ事が再び起こる可能性をつねに念頭に置かねばならない。「Never Again」とは、それらすべてを知った上で、われわれが負うべき問いである。

【注】

1) 「うつくしまふくしま」というキャッチコピーは、東京の広告代理店関係者が震災前に福島県の依頼を受けて考案したものだという。当時、美的判断において冷ややかな不同意を表明していたのは少なくとも私だけではなかったが、このコピーが新設部署の命名に使用されたことは、今思えば震災直後の福島の状況を的確に象徴していたように思う。

2) メンバーは所属組織と FURE を兼担する数名の常勤教員と、多くの非常勤スタッフで構成されていた。参考までに、2011 年度の福島大学の正規教員数は 239 名、正規事務職員 130 名である。

3) Center Of Community の略称。地方創生を目的に掲げられた文部科学省による大学への補助金事業。2013 年度より開始。

4) 福島大学役員室（編）「国立大学法人福島大学　法人化 10 年の歩み」（2015 年）参照（https://www.fukushima-u.ac.jp/university/public-relations/　2023 年 3 月 PDF ファイル取得）。

5) 後からわかったことだが、当時福島大学には量的社会調査の専門知識と実査経験をもつ教員が新任の私以外にいなかった。双葉調査が全数調査となったのは、時間が切迫していたため標本抽出の手順を踏む余裕がなかったという理由だけではなく、おそらく企画段階で「母集団」「標本抽出」などの基礎的な知識がなかったためである。

6) 調査依頼文、調査票原票および調査結果の詳細は「双葉地方の住民を対象とした災害復興実態調査基本報告書」（福島大学災害復興研究所編 2013）参照。

7) 双葉調査［2011 年］では諸々の事情から通常の計量社会調査ではほとんど用いられない自由回答方式が多用された。詳細と背景については橋本（2022）参照。

8) この論考の元となったのは、事故から 2 年半後に書かれた「不正を理解すること」（橋本 2014）である。今回、書籍に所収するにあたり、大幅な改稿をおこなった。10 年を経て変わったことについては修正、あるは削除し、新たに付け加えるべきだと思われることを加筆した。

9) ただし、統計検定における第二種の過誤については無防備となる。検定におけるセカンドエラーの危険性は有意水準の設定と密接にかかわるが、当時「安全論」の立場に立つ人たちのなかで危険性および有意水準の設定基準にまで踏み込んで言及した議論はほぼみられなかった。

10)　国内の専門家集団による初動の「健康調査」の実体は日野（2013）に詳しい。この先論争が終結するとすれば、今回の事故による低線量被ばく被害者がその生を終え、彼らの正確なデータが原子力機関や特定の国家とは利害関係の無い独立性をもった国際研究機関のもとに集積されるという、現時点においては全くありそうもない事態が実現した場合に限られるだろう。

11)　原発事故被害をめぐっては、多くの専門家らが「市民への正確な情報の提供」という本来の職務から逸脱し、「市民の不安を払拭する」という（おそらく本人たちにとってはまったくの善意に基づく）目的をもって自らの領分を超えた「政治活動」に走った結果、専門家の持つ専門性への信頼そのものが著しく損なわれる結果を招いた。日野（2013）参照。

12)　もちろん、住民間の分断はリスク認識によるものだけではなく、物理的な利害対立による部分も大きかった。相双地区（福島県のうち、双葉郡および相馬市・南相馬市・相馬郡の総称）内ではまだらに広がる汚染に合わせ、市町村間も分断された。特に原子力災害では、原発立地のなかった浪江町や飯舘村、南相馬市など、交付金の恩恵を直接には受けてこなかった地区の汚染被害が激しく、受益層と受苦層の食い違いが事態をより複雑にした。同様に、同じ市町村内でも避難指示区分の違いによって賠償額が異なることも予想され、住民間の軋轢が懸念されていた。

13)　それに対し、帰還意欲がある人びとの「帰りたい理由」は、「祖先の墓があるから」「地域に愛着があるから」であり、40代以降の男性で特に高い値となった（Hashimoto 2013）。

14)　この層については、自身の被ばくリスクが低いから帰還意欲が高くなるというより、土地を離れることへの恐怖が、自分だけでなく他の人びとも含めた被ばくリスク認識全般を鈍化させていた可能性も考慮に入れる必要がある。

15)　そして当時「復興」という言葉がある種のマチズモ（男性性誇示）に結びついていたことも、数量化はできないものの、明確に感じ取られた点である。彼らのなかには被ばくリスクを高く認識することを「『女子ども』特有の非理性的な振るまい」とみなし、高いリスク認識をもつ男性層を「女々しい」「臆病」「科学的な思考ができない男」と見下す不文律が少なからずあったように思う。大学内外にかかわらず、この（震災という）「チャンス」を最大限に生かして組織や事業の拡大を望む人びとの多くは、いわゆるシスジェンダー（cisgender）の男性たちだった。こうしたジェンダーギャップは、たとえば、自主避難を選ばなかった（あるいは自主避難から帰還し福島で暮らすことを選択した）女性たちのインタビュー記録に「復興」という文字が出てこないことからも傍証される（「ふくしま、わたしたちの3.11」証言記録集・製作委員会編 2013）。双葉調査の自由記述に見られた「復興」への冷ややかな意見も、多くは女性や若年層からの回答であった。つまり事故直後、汚染状況がまったく改善されずその見込みもないなかで「未来」や「復興」を大仰に掲げる身振りは、一面では「俺は気にしない」という男性性規範のパフォーマンスを意味し、その規範を共有しない人びとにとっては、たとえば怒声を上げたり分厚い本を引き裂いたり一升瓶を一気飲みしたり（させたり）

といった類いの非理性的に戯画化されたマチズモと大差がなかった。両者の間の溝は深く、後にリスク認識の不一致による家庭崩壊が多発する一因となったようにも思える。

16）　もちろんすべての社会調査データと同様に、これら自由記述に書かれていた内容が真実である保証はないし、確認する術もない。確かなことは、当時彼らはこうしたリアリティを生きていた、ということである。

17）　言うまでもなく、立地地区の住民は何かの「消費者」ではないし、そもそも「安全」を請け負った側がそれを自らも本気で信じていたという時点で詐欺罪は成立しない。それでも住民側のリアリティにおいては「騙された」という感覚が圧倒的であったように思う。

18）　原発立地地域に生きる人びとが施設の危険性を完全に忘れることが可能であったとは思えない。彼らが危険と日常との折り合いを付けながらどのように精神の均衡を取っていたのか、管見の限りもっとも秀逸なエスノグラフィは高橋秀実によって描かれた若狭湾原発銀座に生きる人びとの日常風景である（高橋 2002）。

19）　この願いは部分的にだが後に実現することとなった。帰還困難区域の多くの土地家屋は「中間貯蔵施設」として国に売却または貸与され、補償金と引き換えに原発事故による汚染土壌の保管地となった。ただしこうした「移染」は問題の根本解決にはなりえず、汚染水、処理水をどうするかという問題とともに今もなお未解決である。

20）　もちろんこれらは、私が福島に居住し、かつ、いわゆる「震災対応」にかかわっていたせいぜい最初の2、3年ほどの期間のことであり、現在の福島の復興事業には該当しない。多くの補助金がすでに打ち切られた現在では「復興」という言葉の意味も変容している。かつ、私が知る範囲だけでも、その当時において被災者（被災地）への支援に特化した草の根の取り組みは多々あった。ここで念頭に置いているのは、巨額の補助金と結びつき、かつ実現可能性や実効性の度外視された当時の一部の「復興プロジェクト」にすぎない。

21）　大学への補助金増額もおそらくその延長上にあったのだろう。震災直後の補助金の増額とは、つまり時限付き公的資金の大量流入であり、それは福島に有期低賃金労働者、つまり不安定雇用の官製ワーキングプアが大量生産されたことを意味する。大学では非常勤の研究員と職員が大量に雇用された。通常業務もままならない状況下で複数の「復興支援プログラム」が立ち上げられ、大規模プロジェクトの統括・運営と初めての「部下」に舞い上がった一部の専任教職員たちを中心に各所で前例のないトラブルが生じ、関係者はその対応にも追われた。それらは明らかに一地方の小規模国立大学の対応能力を超えていた。もちろん大学内も一枚岩ではなく、初期の混迷によって一部の教員の間には前のめりの「復興事業」やそれに紐付く大型予算への警戒心が共有された。しかしそれも全体からみれば極めて少数派であり、特に予算獲得の責を担う役職層からみれば「足を引っ張る一部の人たち」にすぎなかった。こうした事態は大学に限らない。各種自治体、法人団体を含め、突然増額された予算消化に追われ、多くの組織が大なり小なり似たような問題構造を抱えていた。

22) たとえば、2011 年におこなわれた文部科学省放射線審議会において、政府が福島の子どもに対し安全基準として事故復旧期の年間被ばく量上限値 20 mSv を適用したことを受けて、原子力工学専門家としての立場から政府に助言をおこなっていた小佐古敏荘氏（当時東京大学教授）が内閣官房参与職の辞任を表明した。記者会見では「私のヒューマニズムからしても受け入れがたい」「この決定を容認すれば私の学者としての生命が終わる」と述べられた。これほど大々的に理由が申し立てられるケースは少ないが、福島でも「復興政策」に疑問を抱き静かに距離を置く（復興事業とは別に本業のある）者は絶えなかった。

23) 安東（2019）は、原子力発電所事故による被ばく被害の特異性について、そのほかのどのような喪失経験とも比較不能な、すべての「拠り所」を喪失した「さまよい人」を生み出すところにあると述べる。

24) ゆえに事故直後の彼らの声は不正の記録として捉えられねばならないだろう。今回この原稿を改稿し本書に収めようと思ったのは、2019 年から 2022 年にかけて双葉調査回収原票のアーカイブ化事業を進め、改めて 14,000 票の原票に書かれた自由記述を読み直したことが大きい。事業の詳細は橋本（2022）参照。アーカイブ化事業に着手したのは、無為に思えた「復興活動」や「震災研究」から距離を置いた後、調査にかかわった自分が負う最大の公的責務は、当時の人びとの声を正確に記録し次代の人びとに残すことだという結論に至ったためである。私にとって、福島に起こった出来事を「理解」する試みは、事実記録の継承、つまりアーカイブ化作業を終えた後に考えるべき問題であった。

25) 核兵器を代表とする大量破壊兵器（通常は核兵器、生物兵器、化学兵器の三種）は「人道に反する」という理由から国際条約において厳しい規制が敷かれている。その非人道性について改めて書かれた記述は少ないが、大別すると破壊力の大きさ、無差別性、被ばく症状の治療不能性、環境汚染による次世代への影響など、放射能被害の特殊性によるところが大きい。核兵器と人道性については藤田（2011）、不拡散条約の実体については納家・梅本編（2000）等。

26) アーレントもまた、ホロコーストの後に到来する新たな全体主義的カタストロフの兆候を、官僚制支配（無人支配）と核兵器技術の融合に見出していた。それらはアーレントの最初の夫であるギュンター・アンダース（本名ギュンター・シュテルン）の議論とも一部重ねられる。アンダースは核兵器のもつ全体主義的脅威に繰り返し警鐘を鳴らした哲学者であり、70 年代の反核運動の中心的論客として知られている（Anders 1956=2016）。彼はアイヒマンを官僚機構の体現者とみなし、歴史における彼の登場は技術的全体主義（機械帝国）の先触れであったと論じた（Anders 1964=2007）。

文　献

【略記】

Arendt, Hannah

OT　*The Origins of Totalitarianism* (New Edition with added Prefaces), New York: Harcourt Brace & Company, 1951; 1973. (＝(独)*Elemente und Ursprünge totaler Herrschaft: Antisemitismus, Imperialismus, Totalitarismus*, München: Piper, 23 Auflage, 2021) (＝1981, 大久保和郎訳『全体主義の起原』(1)(2)(3)みすず書房)

HC　*The Human Condition*, Chicago: University of Chicago Press, 1958. (＝1994, 志水速雄訳『人間の条件』筑摩書房)

BPF　*Between Past and Future*, Penguin Books, 1993. (First edition, New York: Viking Press, 1961; Revised edition, 1968) (＝1994, 引田隆也・齋藤純一訳『過去と未来の間』みすず書房)

OR　*On Revolution*, Revised second edition, New York: Penguin Books, [1963, 1965] 1990. (＝1995, 志水速雄訳『革命について』筑摩書房)

EJ　*Eichmann in Jerusalem: A Report on the Banality of Evil*, New York: Penguin Books, 1994. (First edition, New York: Viking Press, 1963; Revised and enlarged edition, 1965) (＝1969, 大久保和郎訳『イェルサレムのアイヒマン──悪の陳腐さについての報告』みすず書房)

MDT　*Men in Dark Times*, New York: Harcourt Brace Jovanovich, 1968; 1993. (＝1986, 阿部斉訳『暗い時代の人々』河出書房新社)

CR　*Crises of the Republic*, New York: Harcourt Brace Jovanovich, 1972.

LM　*The Life of the Mind*, One/Thinking & Two/Willing, New York: Harcourt Brace & Company, 1978. (＝1994, 佐藤和夫訳『精神の生活』(上)「第一部：思考」(下)「第二部：意志」岩波書店)

LKPP　*Lectures on Kant's Political Philosophy*, Edited and with an interpretive essay by Ronald Beiner, Chicago: University of Chicago Press, 1982. (＝1987, 浜田義文監訳『カント政治哲学の講義』法政大学出版局)

WIP　*Was ist Politik?: Fragmente aus dem Nachlaß*, hrsg. von Ursula Ludz; Vorwort von Kurt Sontheimer, München: Piper, 1993. (＝2004, 佐藤和夫訳『政治とは何か』岩波書店)

Dt　*Denktagebuch, 1950 bis 1973*, hrsg. von Ursula Ludz und Ingeborg Nordmann, in Zusammenarbeit mit dem Hannah-Arendt-Institut, Dresden, Bd. 1, Bd. 2, München: Piper, 2002. (＝2006, 青木隆嘉訳『思索日記』(1)(2)法政大学出版局)

RJ　*Responsibility and Judgment*, Edited and with an introduction by Jerome Kohn, New York: Schocken Books, 2003. (＝2007, 中山元訳『責任と判断』筑摩書房)

EU　　*Essays in Understanding: 1930-1954*, Edited and with an introduction by Jerome Kohn, New York: Schocken Books, 2005.（=2002, 齋藤純一・山田正行・矢野久美子訳『アーレント政治思想集成』(1)(2)みすず書房）

JW　　*The Jewish Writings*, Edited by Jerome Kohn and Ron H. Feldman, New York: Schocken Books, 2007.（=2013, 山田正行・大島かおり・佐藤紀子・矢野久美子訳『反ユダヤ主義——ユダヤ論集 1』；齋藤純一・山田正行・金慧・矢野久美子・大島かおり訳『アイヒマン論争——ユダヤ論集 2』みすず書房）

（書簡集）

Arendt/Blücher　　Arendt, Hannah/Blücher, Heinrich, 1996, *Briefe 1936-1968*, hrsg. von Lotte Köhler, München: Piper.（=2000, *Within Four Walls: The Correspondence Between Hannah Arendt and Heinrich Blücher, 1936-1968*, edited and with an introduction by Köhler, Lotte, Harcourt）

Arendt/Jaspers　　Arendt, Hannah/Jaspers, Karl, 1985, *Briefwechsel 1926-1969*, hrsg. von Lotte Köhler und Hans Saner, München: Piper.（=2004, 大島かおり訳『アーレント゠ヤスパース往復書簡——1926-1969』(1)(2)(3)みすず書房）

※　引用は原則として出版されている邦訳を参照させていただき、文脈に応じて原著からの訳出をおこなった。訳文の責任はすべて橋本に帰せられる。

※　『全体主義の起源』（OT）からの引用については、英、独、邦訳の頁数を記載している。

[その他の略記]

Kant, Immanuel

A/B　　*Kritik der reinen Vernunft*（A 第一版 1781／B 第二版 1787）（=2001/2003/2006, 有福孝岳・久呉高之訳『純粋理性批判』（上・中・下）カント全集 4-6, 岩波書店）

KU　　*Kritik der Urteilskraft*（1790）（=1964, 篠田英雄訳『判断力批判』（上・下）岩波書店；1999/2000, 牧野英二訳『判断力批判』（上・下）カント全集 8-9, 岩波書店；2015, 熊野純彦訳『判断力批判』作品社）

※カント著作の引用や参照に際しては、慣例に倣い、『純粋理性批判』については原著頁数、『判断力批判』はアカデミー版の頁数を用いた。

Aristoteles

（=*The Complete Works of Aristotle*, The Revised Oxford Translation, vol.1-2, Barnes, Jonathan (ed.), 1984, NJ: Princeton）

DA　　De Anima（=2001, 中畑正志訳『魂について』京都大学学術出版会）

EN　　Ethica Nicomachea（=1971, 高田三郎訳『ニコマコス倫理学』（上・下）岩波書店）

【外国語文献】

Adorno, Theodor W., Else Frenkel-Brunswik, Daniel J. Levinson, and R. Nevitt Sanford, [1950] 2019, *The Authoritarian Personality*, London & New York: Verso.

Agamben, Giorgio, 1995, *Homo Sacer: il potere sovrano e la nuda vita*, Torino: Giulio Einaudi Editore S. p. A.（＝2003, 高桑和巳訳『ホモ・サケル──主権権力と剝き出しの生』以文社）

Allison, Henry E., 1990, *Kant's Theory of Freedom*, Cambridge University Press.（＝2017, 城戸淳訳『カントの自由論』法政大学出版局）

Aly, Götz, 1995, *Endlösung: Völkerverschiebung und der Mord an den europäischen Juden*, S. Fischer.（＝1998, 山本尤・三島憲一訳『最終解決──民族移動とヨーロッパのユダヤ人殺害』法政大学出版局）

Anders, Günther, 1956, *Die Antiquiertheit des Menschen, Band I: Über die Seele im Zeitalter der zweiten industriellen Revolution*, München: Verlag Beck.（＝2016, 青木隆嘉訳『時代おくれの人間・上──第二次産業革命時代における人間の魂』[新装版] 法政大学出版局）

───, 1964, *Wir Eichmannsöhne: Offener Brief an Klaus Eichmann*, München: Beck Verlag.（＝2007, 岩淵達治訳『われらはみな、アイヒマンの息子』晶文社）

Apel, Karl-Otto, 1998, Auseinandersetzungen in Erprobung des transzendentalpragmatischen Ansatzes（Kapitel 11, 12 & 13), Frankfurt: Suhrkamp.（＝2013, 舟場保之・久高將晃訳『超越論的語用論とは何か？──ハーバーマスと共にハーバーマスに反対して考える3つの試み』梓出版社）

Austin, J. L., 1962, *How to do things with Words*, Oxford University Press.（＝1978, 坂本百大訳『言語と行為』大修館書店）

Baehr, Peter, 2010, *Hannah Arendt, Totalitarianism, and the Social Sciences*, Stanford, Calif.: Stanford University Press.

Bauman, Zygmunt, [1989] 2000, *Modernity and the Holocaust*, Cambridge, UK: Polity Press. (Kindle)（＝2006, 森田典正訳『近代とホロコースト』大月書店）

Beiner, Ronald, 1982, "Interpretative Essay," in Hannah Arendt's Lectures on Kant's Political Philosophy, Chicago: University of Chicago Press.

───, 1983, *Political Judgment*, Chicago: University of Chicago Press, London: Methuen.（＝1988, 浜田義文監訳『政治的判断力』法政大学出版局）

Bell, Daniel, [1962] 2000, *The End of Ideology: On the Exhaustion of Political Ideas in the Fifties*: with "The Resumption of History in the New Century," Harvard University Press.

Benhabib, Seyla, 1988, "Judgment and the Moral Foundations of Politics in Arendt's Thought," *Political Theory*, 16(1): 29-51.

───, 1992, "Models of Public Space: Hannah Arendt, the Liberal Tradition, and Jürgen Habermas," in Calhoun, Craig（ed.), *Habermas and the Public Sphere*, MIT Press: 73-98.

――, 1993, "Feminist theory and Hannah Arendt's concept of public space," *History of the Human Science*, vol. 6, No. 2: 97-114.

――, [1996] 2003, *The Reluctant Modernism of Hannah Arendt*, new edition, Rowman & Littlefield Publishers.

Bernstein, Richard J., 1986, *Philosophical Profiles: Essays in a Pragmatic Mode*, Philadelphia: University of Pennsylvania Press.

――, 1991, *The New Constellation: Ethical-Political Horizons of Modernity/Postmodernity*, Cambridge: The MIT Press.

――, 1996, *Hannah Arendt and the Jewish Question*, Cambridge: The MIT Press.

――, 1997, "'The Banality of Evil' reconsidered," in Calhoun, Craig and John McGowan (eds.), afterword by Jay, Martin, *Hannah Arendt and the Meaning of Politics*, Minneapolis, Minn.: University of Minnesota Press: 297-322.

――, 2002, *Radical Evil: A Philosophical Interrogation*, Cambridge: Polity Press.

Brauman, Rony and Eyal Sivan, 1999, *Éloge de la désobéissance: a propos d'"un specialiste" Adolf Eichmann*, Paris: Pommier. (＝2000, 高橋哲哉・堀潤之訳『不服従を讃えて――「スペシャリスト」アイヒマンと現代』産業図書)

Browning, Christopher R., [1992] 2017, *Ordinary Men: Reserve Police Battalion 101 and the Final Solution in Poland*, New York: Harper Perennial. (＝2019, 谷喬夫訳『増補 普通の人びと――ホロコーストと第101警察予備大隊』筑摩書房)

Butler, Judith, 1990, *Gender Trouble: Feminism and the Subversion of Identity*, New York & London: Routledge.

――, 2004, *Precarious Life: The Power of Mourning and Violence*, London & New York: Verso.

――, 2015, *Notes Toward a Performative Theory of Assembly*, Cambridge, Ma. & London, England: Harvard University Press.

Calhoun, Craig, 1992, "Introduction: Habermas and the Public Sphere," in Calhoun, Craig (ed.), *Habermas and the Public Sphere*, University of Minnesota Press.

Calhoun, Craig and John McGowan, 1997, "Introduction: Hannah Arendt and the Meaning of Politics," in Calhoun, Craig and John McGowan (eds.), *Hannah Arendt and the Meaning of Politics*, The MIT Press: 1-48.

Canovan, Margaret, 1974, *The Political Thought of Hannah Arendt*, London: J. M. Dent & Sons.

――, 1983, "A Case of Distorted Communication: A Note of Habermas and Arendt," *Political Theory*, 6: 105-116.

――, 1992, *Hannah Arendt: a reinterpretation of her political thought*, Cambridge: Cambridge University Press. (＝2004, 寺島俊穂・伊藤洋典訳『アレント政治思想の再解釈』未來社)

Cesarani, David, 2004, *Becoming Eichmann*, Cambridge: Da Capo Press.

Chare, Nicholas and Dominic Williams, 2016, *Matters of testimony: interpreting the scrolls of Auschwitz*, New York: Berghahn Books.（＝2019，二階宗人訳『アウシュヴィッツの巻物 証言資料』みすず書房）

Crick, Bernard and Tom Crick, 1987, *What is Politics?*, Edward Arnold.（＝2003，添谷育志・金田耕一訳『現代政治学入門』講談社．※邦訳は原著のバーナード・クリックによる本文のみ）

Czerniaków, Adam, 1999, *The Warsaw diary of Adam Czerniakow: prelude to doom*, Raul Hilberg, Stanislaw Staron and Joseph Kermisz (eds.), Chicago: Ivan R. Dee.

d'Entrèves, Marizio Passerin, 1994, *The Political Philosophy of Hannah Arendt*, Routledge.

Derrida, Jacques, 1994, *Force de Loi*, Paris: Galilée.（＝1999，堅田研一訳『法の力』法政大学出版局）

Dietz, Mary G., 1995, "Feminist Receptions of Hannah Arendt," in Honig, Bonnie (ed.), *Feminist Interpretation of Hannah Arendt*, Pennsylvania State University Press: 17-50.

―――, 2002, *Turning Operations: Feminism, Arendt, and Politics*, Routledge.

Dish, Lisa J., 1992, "'Please Sit Down, but Don't Make Yourself at Home': Arendtian 'Visiting' and the Prefigurative Politics of Consciousness-Raising," in Calhoun, Craig (ed.), *Habermas and the Public Sphere*, MIT Press: 132-165.

―――, 1994, *Hannah Arendt and the Limits of Philosophy*, Cornell University Press.

―――, 1995, "On Friendship in "Darktimes"," in Honig, Bonnie (ed.), *Feminist Interpretation of Hannah Arendt*, Pennsylvania State University Press: 285-311.

Durkheim, Émile, 1897, *Le Suicide, étude de sociologie*, Paris: Félix Alcan.（＝2018，宮島喬訳『自殺論』中央公論新社）

Ettinger, Elżbieta, 1995, *Hannah Arendt/Martin Heidegger*, New Haven, CT: Yale University Press.（＝1996，大島かおり訳『アーレントとハイデガー』みすず書房）

Foucault, Michel, 1975, *Surveiller et punir: naissance de la prison*, Paris: Gallimard.（＝1977，田村俶訳『監獄の誕生――監視と処罰』新潮社）

Fraser, Nancy, 1992, "Rethinking the Public Sphere: A Contribution to the Critique of Actually Existing Democracy," in Calhoun, Craig (ed.), *Habermas and the Public Sphere*, MIT Press: 109-142.

Fromm, Erich, 1941, *Escape from Freedom*, New York: Reinehart and Winston.（＝1965，日高六郎訳『自由からの逃走』東京創元社）

Gadamer, Hans-Georg, 1975, *Wahrheit und Methode: Grundzüge einer philosophischen Hermeneutik*, 4. Aufl., J. C. B. Mohr: Tübingen.（＝1986，轡田収・麻生建・三島憲一・北川東子・我田広之・大石紀一郎訳『真理と方法』(I) 法政大学出版局）

Geras, Norman, 2011, *Crimes against humanity - Birth of a concept*, Manchester & New York: Manchester University Press. (Kindle)

Habermas, Jürgen, [1962] 1990, *Strukturwandel der Öffentlichkeit*, Neuwied.（＝1994，細谷貞雄・山田正行訳『公共性の構造転換』[第2版] 未來社）

―――, 1968, *Technik und Wissenschaft als Ideologie*, Suhrkamp.（＝1982, 長谷川宏訳『イデオロギーとしての技術と科学』紀伊國屋書店）

―――, 1976, "Hannah Arendts Begriff der Macht," *Merkur*, 30, Nr. 341: 946-960.（＝1984, 小牧治・村上隆夫訳『哲学的・政治的プロフィール』（上）: 324-351, 未來社）

―――, 1980, "On the German-Jewish Heritage," *Telos*, 44: 127-131.

―――, 1991, *Erläuterungen zur Diskursethik*, Suhrkamp.（＝2005, 清水多吉・朝倉輝一訳『討議倫理』法政大学出版局）

―――, 1992, *Faktizität und Geltung*, Suhrkamp.（＝2002, 河上倫逸・耳野健二訳『事実性と妥当性』（上）（下）未來社）

―――, 1996, *Die Einbeziehung des Anderen: Studien zur politischen Theorie*, Suhrkamp.（＝2004, 高野昌行訳『他者の受容――多文化社会の政治理論に関する研究』法政大学出版局）

―――, 2001, "Kommunikatives Handeln und detranszendentalisierte Vernunft," (entire text), Suhrkamp.（＝2003, 木前利秋・三島憲一訳「コミュニケーション的行為と理性の脱超越論化」（上）『思想』No. 953: 4-33, （下）『思想』No. 954: 195-216）（※＝2014, 庄司信・日暮雅夫・池田成一・福山隆夫訳『自然主義と宗教の間』法政大学出版局の第2章に所収, 文中の引用は2003年の邦訳版にもとづく）

―――, und Niklas Luhmann, 1971, *Theorie der Gesellschaft oder Sozialtechnologie*, Suhrkamp.（＝1987, 佐藤嘉一・山口節郎・藤澤賢一郎訳『批判理論と社会システム理論――ハーバーマス＝ルーマン論争』木鐸社）

Hashimoto, Setsuko, 2013, "Fukushima Nuclear Accident and Its Aftermath: A Survey of Futaba District,"『理論と方法』vol. 28, No. 2: 223-245.

Hilberg, Raul, [1961] 2003, *The destruction of the European Jews*, New Haven and London: Yale University Press.

―――, 1996, *The Politics of Memory*, Chicago: Ivan R. Dee.（＝1998, 徳留絹枝訳『記憶――ホロコーストの真実を求めて』柏書房）

Hill, Samantha Rose, 2021, *Hannah Arendt*, London: Reaktion Books.

Hiruta, Kei, 2021, *Hannah Arendt and Isaiah Berlin: freedom, politics and humanity*, New Jersey: Princeton University Press.

Honig, Bonnie, 1991, "Declaration of Independence: Arendt and Derrida on the Problem of Founding a Republic," *American Political Review*, 85: 97-113.

―――, 1993, *Political Theory and the Displacement of Politics*, Cornell University Press.

―――, 1995, "Toward an Agonistic Feminism: Hannah Arendt and the Politics of Identity," in Honig, Bonnie (ed.), *Feminism Interpretations of Hannah Arendt*, The Pennsylvania State University Press: 135-166.（＝2001, 岡野八代・志水紀代子訳「アゴニスティック・フェミニズムに向かって」『ハンナ・アーレントとフェミニズム』未來社）

Hook, Bell, [1984] 2015, *Feminist Theory: From Margin to Center*, NY: Routledge.

Hope, Vincent McNabb, 1989, *Virtue by consensus: the Moral Philosophy of Hutcheson, Hume, and Adam Smith*, Oxford [England]: Clarendon Press; New York: Oxford University Press. (＝1999, 奥谷浩一・内田司訳『ハチスン, ヒューム, スミスの道徳哲学——合意による徳』創風社)

Horkheimer, Max and Theodor W. Adorno, 1947, *Dialektik der Aufklärung: Philosophische Fragmente*, Amsterdam: Querido. (＝2007, 徳永恂訳『啓蒙の弁証法——哲学的断想』岩波書店)

Jay, Martin, 1978, "Hannah Arendt: Opposing Views," *Partisan Review*, 45-3: 348-368. (＝1989, 今村仁訳「ハンナ・アレントの政治的実存主義」『永遠の亡命者たち』第14章, 新曜社)

Kant, Immanuel, 1784, *Beantwortung der Frage: Was ist Aufklärung.* (＝1974, 篠田英雄訳『啓蒙とは何か』岩波書店)

———, 1785, *Grundlegung zur Metaphysik der Sitten.* (＝2000, 平田俊博訳『人倫の形而上学の基礎づけ』カント全集 7, 岩波書店)

———, 1786, *Was heißt: sich im Denken orientieren?* (＝2002, 円谷裕二訳「思考の方向を定めるとはどういうことか」カント全集 13, 岩波書店)

———, 1788, *Kritik der praktischen Vernunft.* (＝1979, 波多野精一・宮本和吉・篠田英雄訳『実践理性批判』岩波書店) (＝2000, 坂部恵・平田俊博・伊古田理訳『実践理性批判』カント全集 7, 岩波書店)

———, 1795, *Zum ewigen Frieden: ein philosophischer Entwurf aus dem Jahre.* (＝1985, 宇都宮芳明訳『永遠平和のために』岩波書店)

———, 1798, *Der Streit der Facultäten in drei Abschnitten.* (＝2002, 角忍・竹山重光訳「諸学部の争い——三部からなる」カント全集 18, 岩波書店)

Kateb, George, 1984, *Hannah Arendt: Politics, Conscience, Evil*, Oxford: M. Robertson.

King, Richard H., 2015, *Arendt and America*, Chicago and London: The University of Chicago Press.

Klemperer, Victor, 1997, *Das Tagebuch 1933-1945: Eine Auswahl für junge Leser*, Aufbau Verlag. (＝1999, 小川フンケ里美・宮崎登訳『私は証言する——ナチ時代の日記 [1933-1945 年]』大月書店)

Kripke, Saul A., 1982, *Wittgenstein on Rules and Private Language—An Elementary Exposition*, Oxford: Basil Blackwell. (＝1985, 黒崎宏訳『ウィトゲンシュタインのパラドックス』産業図書)

Kuehn, Manfred, 2001, *Kant. A Biography*, Cambridge: Cambridge University Press. (＝2017, 菅沢龍文・中澤武・山根雄一郎訳『カント伝』春風社)

Lacan, Jacques, 1962, "Kant avec Sade," in *Écrits*, Paris: Seuil. (＝1981, 佐々木孝次ほか訳『エクリ III』弘文堂)

Lang, Jochen von, 1991, *Das Eichmann‐Protokoll*, Wien: Paul Zsolnay Verlag. (＝2009, 小俣和一郎訳『アイヒマン調書——イスラル警察尋問録音記録』岩波書店)

Lanzmann, Claude, director, 2013, *Le Denier des Injustes*, Synecodoche-Le Pacte-Dor

Film-Les Films Aleph, 3 hr., 38 min.（blu-ray）

Le Bon, Gustave, 1895, *Psychologie des foules*, Paris: Félix Alcan.（＝1993，桜井成夫訳『群衆心理』講談社）

Lederer, Emil, 1940, *State of the Masses: The Threat of the Classless Society*, New York: H. Fertig.

Leibniz, Gottfried Wilhelm, 1714, *La monadologie*.（＝2005，清水富雄・竹田篤司・飯塚勝久訳『モナドロジー──形而上学叙説』中央公論新社）

Levi, Primo, [1986] 2007, *I sommersi e i salvati*, Torino: Einaudi.（＝2019，竹山博英訳『溺れるものと救われるもの』朝日新聞出版）

Lippmann, Walter, 1922, *Public Opinion*, New York: Harcourt.（＝1987，掛川トミ子訳『世論』岩波書店）

Lipset, Seymour Martin, [1960] 1983, *Political Man: The Social Bases of Politics*, Expanded ed., Heinemann.

Lipstadt, Deborah E., 2005, *Denial: Holocaust History on Trial*, New York: Harper Collins Publishers LLC.（＝2017，山本やよい訳『否定と肯定──ホロコーストの真実をめぐる闘い』ハーパーコリンズ・ジャパン）（Kindle）

────, 2011, *The Eichmann trial*, New York: Nextbook/Schocken.（Kindle）

Luhmann, Niklas, 1984, *Soziale Systeme: Grundriß einer allgemeinen Theorie*, Suhrkamp.（＝2020，馬場靖雄訳『社会システム』（上）（下）勁草書房）

────, 1995, Die *Kunst der Gesellschaft*, Suhrkamp.（＝2004，馬場靖雄訳『社会の芸術』法政大学出版局）

────, 2002, *Einführung in die Systemtheorie*, Baecker, Dirk（hrsg.）, Heidelberg: Carl-Auer-Systeme Verlag.（＝2007，土方透監訳『システム理論入門──ニクラス・ルーマン講義録1』新泉社）

Lyotard, Jean-François, 1979, *La condition postmoderne*, Paris: Editions de Minuit.（＝1986，小林康夫訳『ポスト・モダンの条件』水声社）

Mannheim, Karl, 1935, *Mensch und Gesellschaft im Zeitalter des Umbaus*, Leiden: Sijthoff.（＝Edward Shils trans., [1940] 1980, *Man and Society in an Age of Reconstruction*, London: Routledge）

May, Larry, 2005, *Crimes Against Humanity: A Normative Account*, Cambridge University Press.（Kindle）

Milgram, Stanley, [1974] 2004, *Obedience to Authority: An Experimental View*, New York: Harper Perennial.（＝2008，山形浩生訳『服従の心理』河出書房新社）

Mills, C. Wright, [1956] 2000, *The Power Elite*, New York: Oxford University Press.（Kindle）

Neumann, Franz, [1942] 1944, *Behemoth: The Structure and Practice of National Socialism 1933-1944*, London: Victor Gollancz.（＝1963，岡本友孝・小野英祐・加藤栄一訳『ビヒモス──ナチズムの構造と実際 1933-1944』みすず書房）

Neumann, Sigmund, [1942] 1965, *Permanent Revolution: The Total State in a World at War*, 2nd ed., New York: Frederick A. Praeger.

Ortéga y Gassét, José, [1930] 1966, *La Rebelión de las Masas*, Madrid: Revista de Occidente.（＝2020, 佐々木孝訳『大衆の反逆』岩波書店）

Pelt, R. J. van, 2002, *The Case for Auschwitz: Evidence from the Irving Trial*, Indiana: Indiana University Press.（Kindle）

Pitkin, Hannah F., 1981, "Justice. On Relating Private and Public," *Political Theory*, 9 (3): 357-352.

―――, 1995, "Conformism, housekeeping, and the attack of the Blob: The Origins of Hannah Arendt's Concept of the Social," in Honig, Bonnie (ed.), *Feminism Interpretations of Hannah Arendt*, The Pennsylvania State University Press: 51-81.

―――, 1998, *The Attack of the Blob: Hannah Arendt's concept of the social*, Chicago: University of Chicago Press.

Popper, Karl R., 1959, *The logic of Science Discovery*, London: Hutchinson Education. （＝1971, 大内義一・森博訳『科学的発見の論理』（上）（下）恒星社厚生閣）

―――, 1963, *Conjectures and refutations: the growth of scientific knowledge*, Routledge & Kegan Paul.（＝1980, 藤本隆志・石垣壽郎・森博訳『推測と反駁――科学的知識の発展』法政大学出版局）

Rawls, John, 1971, *A Theory of Justice*, Harvard University Press.（＝1979, 矢島鈞次・篠塚慎吾・渡部茂訳『正義論』紀伊國屋書店）

Riesman, David, Nathan Glazer and Reuel Denney, [1950] 2020, *The Lonely Crowd: A Study of the Changing American Character*, Abridged and Revised edition, New Haven, CT: Yale University Press.

Rousseau, Jean-Jacques, 1762, *Le Contrat Social*.（＝1954, 桑原武夫・前川貞次郎訳『社会契約論』岩波書店）

Rubenstein, Richard E., 2003, *Aristotle's children: How Christians, Muslims, and Jews Rediscovered Ancient Wisdom and Illuminated the Dark Ages*, Orlando: Harcourt. （＝2008, 小沢千重子訳『中世の覚醒――アリストテレス再発見から知の革命へ』紀伊国屋書店）

Schmitt, Carl, 1922, *Politische Theologie, Zweite Ausgabe*, München und Leipzig: Duncker & Humblot.（＝1971, 田中浩・原田武雄訳『政治神学』未來社）

Sennett, Richard, 1976, *The Fall of Public Man*, Alfred A. Knoph.（＝1991, 北山克彦・高階悟訳『公共性の喪失』晶文社）

Simmel, Georg, [1893] 1991, *Einleitung in die Moralwissenschaft: Eine Kritik der ethischen Grundbegriffe*, Bd.2, hrsg. von Köhnke, Klaus Christian, Gesamtausgabe Bd. 4, Frankfurt am Main: Suhrkamp.（＝2004, ［第5章「定言的命法」］大鐘武編訳『ジンメルとカント対決』行路社）

―――, 1903, "Die Großstädte und das Geistesleben," im *Brüke und Tür: Essays des Philosophen zur Geschichte, Religion, Kunst und Gesellschaft*, im Verein mit Margarete Susmann, hrsg. von Landmann, Michael, 1957.（＝2020, 酒田健一・熊沢

義宣・杉野正・居安正訳「大都市と精神生活」『橋と扉』白水社：269-285)

―――, 1921, *Kant: sechzehn Vorlesungen gehalten an der Berliner Universität*, 1 Auflage 1903；5 Auflage 1921, München und Leibzig: Verlag von Duncker & Humblot.（＝1994，木田元訳『ジンメル著作集4　カント／カントの物理的単子論』白水社）

Sivan, Eyal, director, 1999, Un spécialiste: Portrait d' un criminal modern, momento-films Ltd., 2 hr., 3 min.（DVD）

Smith, Adam, [1759] 2002, *The Theory of Moral Sentiments*, edited by Knud Haakonssen, Cambridge [U. K.]; New York: Cambridge University Press.（＝2003，水田洋訳『道徳感情論』（上）（下）岩波書店）

Snyder, Timothy, [2015] 2016, *Black Earth: The Holocaust as History and Warning*, London: Vintage.

―――, 2017, *On Tyranny: Twenty Lessons from the Twentieth Century*, New York: Crown.

Spivak, Gayatri Chakravorty, 1993, *Outside in the Teaching Machine*, Routledge.

Stangneth, Bettina, 2014, *Eichmann vor Jerusalem: Das unbehelligte Leben eines Massenmörders*, Reinbek bei Hamburg: Rowohlt Taschenbuch.（＝2021，香月恵里訳『エルサレム〈以前〉のアイヒマン――大量殺戮者の平穏な生活』みすず書房）

Taminiaux, Jacques, 1992, *La fille de Thrace et la penseur professionel: Arendt et Heidegger*, Editions Payot.（＝1997, Gendre, Michael（ed. & trans.）, *The Thracian Maid and the Professional Thinker: Arendt and Heidegger*, State University of New York Press）

Tarde, Gabriel de, 1901, *L'Opinion et la Foule*, Paris: Félix Alcan.（＝1989，稲葉三千男訳『世論と群集』未來社）

Thomas, Aquinas, *Summa Theologiae*（1888-1906. ed. Commissio Leonina. Sancti Thomae Aquinatis Opera Omnia. vol. IV-XII. Rome.）（＝1963-2012，高田三郎ほか訳『神学大全』創文社）

Vico, Giambattista, 1708, *De Nostri Temporis Studiorum Ratione.*（＝1987，上村忠男・佐々木力訳『学問の方法』岩波書店）

Villa, Dana Richard, 1996, *Arendt and Heidegger: the fate of the political*, Princeton, N.J.: Princeton University Press.（＝2004，青木隆嘉訳『アレントとハイデガー』法政大学出版局）

―――, 1999, *Politics, philosophy, terror: essays on the thought of Hannah Arendt*, Princeton, N. J.: Princeton University Press.（＝2004，伊藤誓・磯山甚一訳『政治・哲学・恐怖』法政大学出版局）

Waller, James, [2002] 2007, *Becoming Evil: How Ordinary People Commit Genocide and Mass Killing*, 2nd Edition, NY: Oxford University Press.

Walsh, Philip, 2015, *Arendt Contra Sociology: Theory, Society and its Science*, Farnham: Ashgate Publishing Ltd.

Wiggershaus, Rolf, 1986, *Die Frankfurter Schule*, München-Wien: Carl Hanser Verlag. (＝Robertson, Michael（trs.）,［1994］2007, *The Frankfurt School*, Cambridge, UK: Polity Press.

Winch, Peter, 1972, *Ethics and Action*, Routledge & Kegan Paul Ltd.（＝1987, 奥雅博・松本洋之訳『倫理と行為』勁草書房）

Wolin, Sheldon S., 1969, "Political Theory as a Vocation," *The American Political Science Review*, Vol. 63（4）: 1062-1082.（＝1988, 千葉眞・中村孝文・斎藤眞訳『政治学批判』みすず書房）

Young-Bruehl, Elisabeth,［1982］2004, *Hannah Arendt: for love of the world*, New Haven, CT: Yale University Press.

Zerilli, Linda M. G., 2005, *Feminism and the Abyss of Freedom*, Chicago & London: The University of Chicago Press.（kindle）

―――, 2016, *A democratic Theory of Judgment*, Chicago & London: The University of Chicago Press.（kindle）

【邦語文献】

安東量子, 2019, 『海を撃つ――福島・広島・ベラルーシにて』みすず書房.

一ノ瀬正樹ほか, 2012, 『低線量被曝のモラル』河出書房新社.

今中哲二, 2012, 『低線量放射線被曝――チェルノブイリから福島へ』岩波書店.

今道友信, 2004, 『アリストテレス』講談社.

岩田靖夫, 1985, 『アリストテレスの倫理思想』岩波書店.

梅木達郎, 2002, 『脱構築と公共性』松籟社.

―――, 2004, 「輝ける複数性――ハイデガーからアーレントへ」『思想』No. 958: 29-58.

大橋良介, 2005, 『聞くこととしての歴史――歴史の感性とその構造』名古屋大学出版会.

影浦峡, 2013, 『信頼の条件――原発事故をめぐることば』岩波書店.

川崎修, 1997, 「アレントを導入する」『現代思想』vol. 25-8：111-127.（川崎（2010）に再録）

―――, 2010, 『ハンナ・アレントの政治理論――アレント論集Ⅰ』岩波書店.

齋藤純一, 2000, 『公共性』岩波書店.

坂部恵, 2006, 「〈理性〉と〈悟性〉――十八世紀合理主義の消長」『坂部恵集1』岩波書店.

佐藤俊樹, 2023, 『メディアと社会の連環――ルーマンの経験的システム論から』東京大学出版会.

島薗進, 2013, 『つくられた放射線「安全」論――科学が道を踏みはずすとき』河出書房新社.

高田純, 2012, 『カント実践哲学とイギリス道徳哲学――カント・ヒューム・スミス』梓出版社.

高橋秀実, 2002, 『からくり民主主義』草思社.（2009 年新潮文庫から再版）

知念英行, 1988, 『カントの社会哲学――共通感覚論を中心に』未來社.

千葉眞, 1996, 『アーレントと現代――自由の政治とその展望』岩波書店.

戸谷洋志・百木漠, 2020, 『漂泊のアーレント　戦場のヨナス――ふたりの二〇世紀　ふたつの旅路』慶應義塾大学出版会.

中岡成文, 2003, 『ハーバーマス――コミュニケーション行為』講談社.

長岡克行, 2006, 『ルーマン／社会の理論の革命』勁草書房.

中村雄二郎, 2000, 『共通感覚論』岩波書店.

納家政嗣・梅本哲也編, 2000, 『大量破壊兵器不拡散の国際政治学』有信堂.

橋本摂子, 2006, 「空白の正義――他者をめぐる政治と倫理の不／可能性について」佐藤俊樹・友枝敏雄編『社会学のアクチュアリティ5　言説分析の可能性』東信堂：123-144.

――――, 2014, 「不正を理解すること――原発事故と『復興』をめぐる一考察」『現代社会学理論研究』8号：14-25.

――――, 2022, 「社会調査データの保存と公開――『双葉地方の住民を対象にした災害復興実態調査（2011）』デジタルアーカイブ化事業の概要」『行政社会論集』第34巻第4号：63-82.

浜田義文, 1981, 『カント倫理学の成立――イギリス道徳哲学及びルソー思想との関係』勁草書房.

日野行介, 2013, 『福島原発事故――県民健康管理調査の闇』岩波新書.

福島大学災害復興研究所編, 2013, 「双葉地方の住民を対象とした災害復興実態調査基本報告書」.

福島民報, 2013, 『福島と原発――誘致から大震災への50年』早稲田大学出版部.

「ふくしま、わたしたちの3.11」証言記録集・製作委員会編, 2013, 「ふくしま、わたしたちの3.11――30人のHer Story」（NPO法人市民メディア・イコール／福島女性フォーラム）.

藤田久一, 2011, 『核に立ち向かう国際法――原点からの検証』法律文化社.

藤原保信, 1987, 「規範理論と価値の多元性――ハーバーマスとロールズ」藤原保信・三島憲一・木前利秋編『ハーバーマスと現代』新評論.

舟場保之, 2003, 「ハーバーマスとロールズ――その論争は不発だったのか」永井彰・日暮雅夫編『批判的社会理論の現在』晃洋書房.

牧野雅彦, 2015, 『精読アレント「全体主義の起源」』講談社.（Kindle）

三上剛史, 2003, 『道徳回帰とモダニティ――デュルケームからハバーマス−ルーマンへ』恒星社厚生閣.

村井洋, 1996, 「ハンナ・アレントにおける判断力の概念（二・完）」『成蹊法学』Vol. 43: 237-281.

森川輝一, 2010, 『〈始まり〉のアーレント――「出生」の思想の誕生』岩波書店.

あとがき

　本書の大部分は、2022 年度秋から 2023 年度夏にかけて、在外研修としてイェール大学に滞在した期間に書かれた。2007 年に提出した東京工業大学の学位論文（『公的世界とコミュニケーション──ハンナ・アーレントの政治的思考における複数性をめぐって』）を骨格とし、いくつかの既発表論文を土台とするが、今回の公刊にあたり全篇を大幅に書き直したため、いずれもほぼ原型をとどめていない。例外として、2 章前半部のみ、以下が初出となる。

　　2023,「アーレント全体主義理解における事実の位相──経験社会学との接続をめぐって」*Arendt Platz*, 8: 2-14.

　本書執筆期間中においては、東京大学の「若手研究者国際研鑽事業」から助成を受けた。事業への応募を後押ししてくださった社会・社会思想史部会の森政稔先生、和田毅先生に心より御礼申し上げたい。また、執筆期間をイェール大学にて過ごすことを受け入れていただいた Julia Adams 教授、アメリカでの研究活動について多くの貴重なご助言をいただいたカリフォルニア大学バークレー校の John Lie 教授に、心より御礼申し上げたい。本書はまた、JSPS 科学研究費助成（基盤研究 C・23K01721）による成果の一部でもある。

　これまで誰にも気づかれたことはないのだが、私が人生で初めて書いた学術論文である卒業論文（その一部は以下で発表されている：1999,「いじめ集団の類型化とその変容過程──傍観者に着目して」『教育社会学研究』64: 123-142）の構成は（おこがましくも）クロード・ランズマンの『ショアー』を真似ている。その時から、今後長きにわたってこのテーマを探求していくことは決められていたようにも思う。そして卒業論文の指導教員であり、いまは同僚でもある佐藤俊樹先生には、卒論執筆時から変わらず、私が自由に思考できるよう、風除

けとなってつねに周囲の雑音を遮っていただいてきた。様々な迂回路をへてようやく本書の執筆がかなったのは、ひとえに先生のご支援の賜物である。

本書の出版にあたっては、東京大学出版会の宗司光治氏に大変お世話になった。特に本書のタイトルについては、最後まで良い案が思いつかないなか、根気よくご相談に乗っていただいた。心より感謝申し上げたい。

また、写真家の小松浩子氏には、表紙の装丁に氏の作品である "Channeled Drawing" の使用をお許しいただいた。カタストロフィの起きた地面を境界に二つの反転像を映し出すこの作品をみたときから、「事実」を地平に喩え、全体主義の反転像としてミニマルな純粋政治を構想した、本書の読解におけるアーレントの手法に通底すると直感した。見知らぬ私からの突然の要請にもかかわらずご快諾くださった氏に、深く御礼申し上げたい。

最後に。学位論文を書いて以降、ずっと書かねばならないことを抱えているように感じながら、実に15年近く放置してしまった。その間に出産と育児をはさんだことは言い訳になるだろうか。出産後しばらく、私は簡単な報告書以上の文章を書くことができなくなった。物理的な時間の制約が理由の大半を占めるが、それとともに、親として「命を預かる」かのような漠然とした重責感が、書くことへの見えない障壁となっていたように思う。執筆に集中すると時間と場所の感覚をなくしてしまう私が、アーレントの思考の最深部に潜ろうとするこの論文に再び取り組むためには、つねに頭の片隅にある子どもの存在を完全に消し去る必要があった。それは絶対にしないという厳しい自戒を徐々に緩められるようになったのは、ようやく最近のことである。

本書執筆にあたって、どうしても一人の時間が必要だった私は、幼い子を日本に残し単身で渡米するという選択をおこなった。母の長い不在に耐えてくれた娘の菫に、本書を捧げたい。

2024年9月　橋本摂子

人名索引

ア

アイヒマン，A. 56, 59, 65, 70-77, 82-83, 85-88, 93-101, 138, 196, 250, 256
アウグスティヌス 168
アガンベン，G. 188
アクィナス，T. 126, 128, 134, 148
アドルノ，T. W. 17, 47, 191, 203, 210
アーペル，K. 203, 215, 231
アリストテレス 36-37, 81-82, 103, 106, 112, 118, 126-127, 144, 148, 153, 175, 186, 200-201, 203, 206, 208, 210-213, 229, 231
アンダース，G. 256
岩田靖夫 103
ヴィーコ，G. 127, 130, 148
ヴィラ，R. D. 10, 31, 35, 40, 213-214, 231
ウェーバー，M. 46, 63, 206
梅木達郎 189
オースティン，J. L. 166-167
オルテガ，J. 46

カ

ガダマー，H. G. 103, 128, 130, 148, 149
カノヴァン，M. 7, 41
カフカ，F. 175
川崎 修 149
カント，I. 5, 11-13, 36-37, 60, 84-90, 92-93, 95, 104, 109-110, 112, 114-118, 120, 122-125, 128-132, 136, 138-140, 142, 145, 146, 147, 148, 149, 151-153, 156, 162, 187, 193, 199, 201, 208, 210, 213, 216-221, 228
キケロ 120, 126, 129
クリック，B. 229
コント，A. 46

サ

坂部 恵 187
ジェイ，M. 230
ジェファーソン，T. 165
シャフツベリ（第三代シャフツベリ伯） 127, 131-132, 148
シュミット，K. 202
ショーレム，G. 65, 184
ジンメル，G. 46, 88-89, 92-93, 105
スミス，A. 128, 147
セネット，R. 40
ゼリリ，L. M. G. 42, 232
ソクラテス 140-141

タ

タミニョー，J. 231
タルド，G. 46
知念英行 104
ディーツ，M. 22
ディッシュ，J. 42
デカルト，R. 13, 132, 187
デュルケーム，E. 46
デリダ，J. 187, 192
ドゥンス・スコトゥス，J. 134

ナ

中村雄二郎 148
ナンシー，J. L. 149
ニーチェ，F. 9
ノイマン，F. 47, 53, 64

ハ

ハイデガー，M. 9, 11, 30-31, 38, 40, 41, 149, 156, 187, 192, 202, 231

ハイドリヒ，R. 71
バウマン，Z. 11, 58-59, 100, 102, 249, 252
ハチソン，F. 127-128, 131-132, 135
バトラー，J. 39
ハバーマス，J. 26-27, 36-37, 39, 40, 63, 147,
　203, 206-211, 213-227, 230, 231, 232
バーンスタイン，R. J. 31, 42
ピトキン，H. 39, 174, 190
ヒトラー，A. 75, 87, 104
ヒムラー，H. 71, 77, 87
ヒューム，D. 13, 128
ヒルバーグ，R. 53, 64, 101, 192
フーコー，M. 188
プラトン 33, 81
ブリュッヒャー，H. 64
フレイザー，N. 231
フロム，E. 47
ベイナー，R. 29, 41, 42, 103
ヘーゲル，G. W. F. 30, 191
ベッヒャー，K. 86, 91
ベル，D. 47
ベンハビブ，S. 25, 27, 31, 36, 40
ベンヤミン，W. 46
ホーニッグ，B. 24, 39, 40, 166, 174, 188
ポパー，K. 232
ホルクハイマー，M. 203

　　マ

マルクス，K. 191, 213

マルクス・アウレリウス 148
マンハイム，K. 46-48
三上剛史 231
ミュラー，H. 71, 77
ミルグラム，S. 57, 106
ミルズ，C. W. 47
ムルメルシュタイン，B. 102
森川輝一 189

　　ヤ

ヤスパース，K. 30, 46, 59, 64
ヤング＝ブリューエル，E. 19
ヨナス，H. 228

　　ラ

ライプニッツ，G. 160
ラクー＝ラバルト，P. 149
リースマン，D. 47, 63
リップマン，W. 46
リプセット，S. M. 47
ルソー，J. J. 147, 213
ル・ボン，G. 46
ルーマン，N. 172-173, 190, 191, 232
レッシング，G.E. 193, 196, 228
ロック，J. 127
ロールズ，J. 232

事項索引

ア

アイヒマン
  ——裁判　54, 59-61, 69-70, 76, 101, 183
  ——実験　57-58, 65, 106
アメリカ独立革命　163-169, 171
アーレント
  ——判断（力）　119, 124-125, 132, 154, 156,
    169, 172
  ——判断論　20, 31, 35-37, 120-121, 125,
    136, 139, 152, 159, 177, 188, 191, 193-196,
    217, 224
  ——政治　5, 5-9, 11, 156, 169, 190
「悪の凡庸さ」　56-58, 69-70, 77, 79, 100, 144,
  185
『イェルサレムのアイヒマン』　71, 183
オートポイエーシス（オートポイエティッ
  ク・システム）　172-175, 190, 200

カ

『革命について』　163
『過去と未来の間』
  ——「真理と政治」　41, 61, 159
  ——「文化の危機」　28, 120, 148, 151
間主観的妥当性（間主観性）　92, 116, 146,
  218-219, 220
カント
  ——実践理性
  ——定言命法　82-89, 91-93, 98, 105, 216-
    217
  ——美的（趣味）判断　27-29, 110-117, 119-
    120, 122-123, 130-131, 193, 199, 217
  ——批判（Kritik）　139-142, 144-145, 201
『カント政治哲学の講義』　29, 121-122, 139,
  143

官僚制，官僚機構　53-55, 58, 75, 97, 249
共通感覚（sensus communis）　115-118, 125-
  131, 133-136, 138
現実感覚（→リアリティ）
現実性（→リアリティ）
権力　204-207, 209-210, 215, 227-228
言論（→プラクシス）
公共性　3, 21, 124, 194
功利主義　197-198, 224

サ

再現前化の思考（representative thinking）
  32, 122, 207-208, 216, 231
思考の欠如（→無思考性）
自己産出（→オートポイエーシス）
実在性（→リアリティ）
実践知（→フロネーシス）
実践理性　12, 80-83, 86, 88, 94-95, 98, 110-111,
  146
実存主義，実存哲学　30-31, 202
社会科学　3, 45-46, 55, 57, 65, 139, 158, 172,
  185, 229, 236, 249
社会学，社会理論（→社会科学）
社会的なもの（the social）　22, 55-56
自由（freedom）　22, 143, 163, 170, 229
趣味判断（→カント美的判断）
「人権のアポリア」　181-182
真理　152-156, 165, 218, 221-224, 232
  事実の——　154, 159-162, 166, 168, 214
〈政治〉（→アーレント政治）
政治的自由（→自由）
政治的なもの（the political）　144-145, 151
政治的判断（→アーレント判断）
『精神の生活』　29, 41, 79, 153

全体主義
　——支配，統治（totalitarian regime）
　　48-49, 67-68, 70, 99-100, 132, 158
　——運動　48-50
『全体主義の起源』　25, 47-48
　——「イデオロギーとテロル」　48
　——「国民国家の没落と人権の終焉」　178

タ

大衆（mass）　46-47
　——社会論　45
テロル（→全体主義運動）
伝達可能性（communicability）　115-117, 123
独我論　88, 93, 132, 153

ナ

『人間の条件』　22-23, 33, 136-137, 157, 212

ハ

始まり（beginning）　166-168
判断力（→アーレント判断力）
判断論（→アーレント判断論）
美的判断（→カント美的判断）
批判理論　63, 192, 203, 209, 214

フェミニズム　20-27, 42, 189
複数性　12, 14, 30, 137-138, 149, 157, 169-172,
　174-176, 178, 181-183, 192, 211, 223, 226, 228
プラクシス　201, 250-206, 208, 225, 227-228
フロネーシス　80-82, 84, 95-96, 98-99, 106,
　118, 127, 131, 203, 213
「暴力について」　205
ポリス（古代都市国家）　25, 82, 175-176

マ

ミルグラムの服従実験（→アイヒマン実験）
無国籍（者）　178-180
無思考性（thoughtlessness）　62, 77-78, 80,
　83, 99, 195
無人支配（rule by nobody）　51-52, 54, 252,
　256

ラ

「理解と政治」　68, 180
リアリティ（実在）　62, 133, 136, 149, 161, 163,
　170-171, 231
　——の感覚　134-135, 137-138, 153
リベラル・デモクラシー　26-27, 34-35, 233

著者略歴
1997 年　東京工業大学工学部卒業
2000 年　東京工業大学大学院社会理工学研究科博士後期課程退学
現　在　東京大学大学院総合文化研究科准教授
　　　　博士（学術）

主要著作
「空白の正義——他者をめぐる政治と倫理の不／可能性について」（佐藤俊樹・友枝敏雄編『社会学のアクチュアリティ 5　言説分析の可能性』東信堂，2006 年）
"Fukushima Nuclear Accident and Its Aftermath: A Survey of Futaba District," in Jun Kobayashi, Junya Tsutsui, Masayuki Kanai, Naoki Sudo（eds.）, *Contemporary Japanese Sociology*, vol. 1, SAGE Publications, 2018.

アウシュヴィッツ以後、正義とは誤謬である
アーレント判断論の社会学的省察

2024 年 11 月 15 日　初　版

［検印廃止］

著　者　橋本摂子
　　　　はしもとせつこ

発行所　一般財団法人　東京大学出版会
　　　　代表者　吉見俊哉
　　　　153-0041　東京都目黒区駒場4-5-29
　　　　https://www.utp.or.jp/
　　　　電話 03-6407-1069　Fax 03-6407-1991
　　　　振替 00160-6-59964

組　版　有限会社プログレス
印刷所　株式会社ヒライ
製本所　誠製本株式会社

©2024 Setsuko Hashimoto
ISBN 978-4-13-050211-5　Printed in Japan

JCOPY〈出版者著作権管理機構　委託出版物〉
本書の無断複写は著作権法上での例外を除き禁じられています．複写される場合は，そのつど事前に，出版者著作権管理機構（電話 03-5244-5088，FAX 03-5244-5089，e-mail: info@jcopy.or.jp）の許諾を得てください．

メディアと社会の連環 佐藤俊樹	四六・3500 円
〈社会的なもの〉の歴史 厚東洋輔	A5・7500 円
社会が現れるとき 若林幹夫・立岩真也・佐藤俊樹編	四六・3800 円
死を超えるもの 森 一郎	四六・4200 円
リベラル・デモクラシーと神権政治 柴田寿子	四六・3500 円

ここに表示された価格は本体価格です．ご購入の
際には消費税が加算されますのでご了承下さい．